重组之道

中国长城资产十大经典案例

辛国奇 著

企业管理出版社
ENTERPRISE MANAGEMENT PUBLISHING HOUSE

图书在版编目（CIP）数据

重组之道：中国长城资产十大经典案例 / 辛国奇著 . —北京：企业管理出版社，2020.10（2023.11重印）

ISBN 978-7-5164-2254-0

Ⅰ.①重… Ⅱ.①辛… Ⅲ.①资产重组—案例—中国 Ⅳ.① F279.23

中国版本图书馆 CIP 数据核字（2020）第 196147 号

书　　　名：	重组之道：中国长城资产十大经典案例
作　　　者：	辛国奇　著
责 任 编 辑：	尚元经　郑小希
书　　　号：	ISBN 978-7-5164-2254-0
出 版 发 行：	企业管理出版社
地　　　址：	北京市海淀区紫竹院南路17号　　邮编：100048
网　　　址：	http：//www.emph.cn
电　　　话：	编辑部（010）68414643　　发行部（010）68701816
电 子 信 箱：	qiguan1961@163.com
印　　　刷：	北京七彩京通数码快印有限公司
经　　　销：	新华书店
规　　　格：	170毫米×240毫米　16开本　21.5印张　388千字
版　　　次：	2020年12月第1版　2023年11月第2次印刷
定　　　价：	108.00元

版权所有　翻印必究 · 印装错误　负责调换

序 言

提升防范化解系统性金融风险的专业处置能力
——为《重组之道：中国长城资产十大经典案例》之序

巴曙松　教授　｜中国银行业协会首席经济学家
　　　　　　　｜北京大学汇丰金融研究院执行院长
　　　　　　　｜中国宏观经济学会副会长

欧洲有一句流传广泛的谚语："不要轻视失败者的劝告，他在不应该做什么的问题上是权威。"银行不良资产的形成与处置，实际上是银行整个业务流程中因为种种风险因素导致的经营失败环节，正视这些不良资产，深入分析其形成机制，探索其化解与处置之道，并从中积累风险管理与金融监管体制不断完善的线索与思路，才能不断提高整个金融体系防范和化解系统性风险的专业处置能力。

中国银行业推动全面改革的逻辑起点，实际上来自于对当时积累在国有银行资产负债表上的大规模的不良资产的冷静评估。正是因为决策者客观评估了当时不良资产形成的历史原因，才相应在后续的银行股改与公司治理改革中，针对性地对这些风险因素进行了管理，并通过不良资产剥离，使得银行可以轻装上阵，也达到"花钱买机制"的政策效果。

将国有银行体系历史积累的不良资产剥离到资产管理公司之后，国有银行可以专注于在新的治理机制下创新业务模式，提高风险管理能力，防范新的不良资产大规模形成与积累，这也成为整个中国金融体系稳定的基石，即使到今天，国有银行改革取得的成果还在为整个中国的金融体系的稳定提供强有力的支持。与此形成对照的是，资产管理公司需要通过专业的不良资产处置方法，立足中国市场的特点，充分借鉴国际经验，创造性地探索处置不良资产的经验。这些经验不仅为将来可能出现的不良资产处置活动提供借鉴和经验积累，也为整个银行体系改进风险管理体系提供了鲜活的案例，同时还为监管机构完善监管框架提供了现实的参照基础。从风险管理体系的完善角度看，尤其不能简单生硬地将剥离不良资产之后的银行经营活动与资产管理公司的活动完全隔开来看，而是要相互印证，相互检验，共同提高。

经济波动有扩张与收缩的不同周期，商业银行则是典型具有亲经济周期特征的金融机构。在经济调整时期、不同产业以及企业的调整阶段，不良资产的出现是资源在企业生命周期和宏观经济周期交互作用下出现错配的一种客观现实，会在经济周期性的波动中产生和积聚，如不能及时进行处置，风险就会逐步积累，并可能会在一定条件下诱发系统性金融风险。资产公司也是世界各国有效处置不良资产的重要途径和模式之一。随着中国经济转型，以及供给侧结构性改革的需要，多元化的不良资产市场处置主体的新格局应运而生。各参与主体各有比较优势，需要各方业务开展既有侧重又有合作，实现功能互补。其中，四家国有金融资产管理公司有条件做好系统性、综合性和引领性的风险防范化解工作。这既是经济发展对四家金融资产管理公司的现实需求，也是资产公司在新的历史条件下履行职责使命、实现存在价值的必然要求。

可以说，从整个中国金融体制改革的进程看，金融资产管理公司在中国金融体系中诞生之始，就肩负着决策者赋予的化解金融风险的历史使命。纵观资产公司改革发展的不同阶段，面对因社会资源错配而积淀的大量低效和无效的存量资产，以及由此可能诱发的区域性或系统性金融风险，资产公司常常能发挥不良资产主业优势，及时有效地化危为安、变危为机，涌现出许多值得系统总结的案例。以长城资产化解中国铁物债务危机为例，无论是在危机爆发后主动介入，或是在债务重组一度陷入僵局，果断收购17.6亿元私募债，促进债务重组方案的顺利达成；还是出于提振债权人信心、维护社会稳定之初衷，承诺在满足风控条件下分阶段为中国铁物提供100亿元偿债的资金支持；以及出资20亿元引导和带动其他6家机构投资者实施的中国铁物债转股，落实偿付重组债务资金来源；并通过推进债转股主体的重组上市，最终实现了中国铁物的可持续发展等等，都彰显了长城资产的大局意识和专业能力。而其对"贝因美"的纾困帮扶，既是对中央支持民营企业政策的具体落实，也是对民族品牌奶粉企业的有力支持。这些都体现了资产公司的政策导向作用。

在中国金融市场上，要有效处置不良资产，寻求系统性金融风险的防范化解路径，需要放眼全局的视野和大格局，运用重组的思维，对存量不良资产进行有效的盘活，进而实现社会资源的优化配置。这是一项综合性的、专业难度高，而且在有的环节还带有艺术性的高难度专业工作。它既无标准模板可依，也无固定的套路可循，而且情况复杂多变。要做好这项工作，除了创新，别无他法。在书稿中的许多案例可以看到，长城资产通过政策性时期"沪东金融大厦""PT渝钛白""信邦制药"为代表的重组案例，以及商业化转型时期"*ST超日""科迪乳业""广誉远"等重组项目的成功实施，实现了对传统不良资产处置技术的革新，探索了不良资产业务新领域，体现了不良资产业务的"创新基因"。同时，我们看到，与许多金融机构从增量上作用于经济的机制和路径之不同，资产公司主要是以不良资产债务重组切入企业的财务重组、资产重组、股权重组乃至产业重组，通过有效盘活存量资产、优化配置社会资源，达到化解金融风险的目的。这都为资产公司防范化解系统性金融风险提供了坚强支撑。

在实际业务过程中，不良资产的处理，以及系统性金融风险的防范化解，涉及主体多、覆盖范围广、利益冲突大、协调难度高，往往需要一个专业和相对超脱的第三方参与其中。从资产公司成立以来，通过托管重组新疆金融租赁、浙江金融租赁、汉唐证券、金谷信托等一系列问题金融机构处置了"德隆系"问题企业的实践看，其在防范化解系统性金融风险方面具有较为丰富的专业基础。其成功的关键之一，在于他们坚持共赢的理念，力求设计一个能统筹兼顾各方利益的、一揽子的综合性解决方案。以化解国内首单公募债"11超日债"违约事件为例，长城资产通过破产重整一次性解决"*ST超日"公司的巨额债务问题，同时引入财务投资者和产业重组方帮助企业恢复生产，结果不但使企业起死回生复牌上市，而且助力企业获得持续发展能力，有效推进我国光伏行业资源整合和产业升级。在此过程中，长城资产一方面为"11超日债"持有人提供连带责任担保，保证了"11超日债"的全额兑付；另一方面设计了分级兑付方案，保护了6000多户中小债民的权益，维护了社会稳定，实现了各方共赢。

《重组之道：中国长城资产十大经典案例》，以多方调研、深度访谈等方式，不仅还原了备受社会关注的国内首单公募债"11超日债"违约，以及央企首单私募债重组中国铁物债券兑付等危机事件的化解始末，还再现了以长城资产为代表的资产公司通过创新，开展不良资产并购重组业务化解金融风险的艰辛历程，更分享了他们20年专注实体企业危机化解工作的经验心得。这对处于当下依然复杂严峻、不稳定性不确定性较大的国内外经济形势下的金融机构做好系统性金融风险的防范与化解具有重要的现实借鉴意义。具体对金融资产管理公司来说，如同长城资产所自我定位的那样，通过系统梳理历史经验，有助于促进他们成为防范化解金融风险、维护社会经济稳定的"国家队"，也有利于整个金融体系共同提高对于不良资产化解和处理的专业能力，积累专业经验。

是为序。

2020年9月20日

目 录

001 第一章 超日危机中的"危与机"

蒙头闯入 /002　闭眼狂奔 /005　毁掉一切，只用两年 /010　舆论发酵致恐慌 /013　寻找起火的源头 /015　扎进水里 /017　联手协鑫，不二之选 /020　苦练方案 /023　临危决断 /026　铆着一股劲，拧成一股绳 /029　始终留着后手 /031　从病人变强人 /033　超日背后 /036

　　一线问答 // 040

　　方法论 // 041

　　启示录 // 045

　　董事长点评 // 047

　　时间轴 // 049

051 第二章 中国铁物："七个圈"复活巨无霸央企

巨震 /051　亢奋 /053　"影子" /056　美梦 /058　净利润：-76.51亿 /062　债务危机，168亿！/065　诚通接管 /067　"长城"出马 /069　两板斧，两百亿 /074　1.19签约：冲在最前面 /076　转股还债，化险为夷 /079　"苦难的日子过去了" /081　从"中国铁物"到"中铁物晟" /084　"主刀"复盘 /086

　　一线问答 // 088

　　方法论 // 089

　　启示录 // 093

　　董事长点评 // 095

　　时间轴 // 097

099 第三章　东盛危机:"减"出来的陕西首富

走出田野 /100　收购狂人 /101　盛极而衰 /103　缘起"收包" /106　解开死结 /109　9个月的谈判 /112　"什么是偷工减料?" /115　"机关算尽" /117　闯关 /122　第一次调整应变方案:最后关头减息 /125　再次变更方案:投行手法孵化广誉远 /127

一线问答 // 130

方法论 // 133

启示录 // 134

董事长点评 // 136

时间轴 // 138

140 第四章　十年科迪:经典的"22511"

900元起步的"84派" /141　巨投十年,巨亏十年 /143　资产深加工的"原料":3亿元贷款 /145　组建"特种部队" /149　"22511"方案出炉 /151　去美国上市? /154　寻求双赢 /157　冲刺IPO /159　一个案例一段回忆 /161

一线问答 // 161

方法论 // 163

启示录 // 165

董事长点评 // 166

时间轴 // 167

169　第五章　摘帽 PT 渝钛白：7 亿债权的救赎

梦境变绝境 /169　"生"逢其时 /173　7 昼夜熬出的超前方案 /176　一句话，大半年 /178　从"救活"到"盘活" /181　连摘两顶"帽子" /185　牵手攀钢 /187

　　一线问答 // 191
　　方法论 // 192
　　启示录 // 193
　　董事长点评 // 195
　　时间轴 // 195

197　第六章　沪东金融大厦：烂尾如何变"药引"

唏嘘 /198　"换电瓶" /199　点亮"东北角" /201　什么，做百货？ /203　赶点开业 /207　"内忧外患"同时出现 /210　"五角场崛起的揭幕者" /211　再投资：从"并不支持"到"大力支持" /215　"大西洋"背后 /218

　　一线问答 // 221
　　方法论 // 222
　　启示录 // 223
　　董事长点评 // 223
　　时间轴 // 224

226 第七章　再开先河：让美国花旗"吃掉"23亿不良债权

与时间赛跑/226　撞"南墙"？立潮头？/228　一点一点往前"磨"/229　"两个封顶"/232　最重要的附件/234　价格拉锯/235　"屏蔽"所有风险/237　闯入"空白区"/238

　　一线问答 // 240

　　方法论 // 243

　　启示录 // 244

　　董事长点评 // 245

246 第八章　纾困贝因美：民族奶企如何迈过生死坎

20年，从萌始到巅峰/247　"很恐怖""很复杂"/250　竭力自救/255　尽调：前前后后、内内外外/257　化解股权质押危机/260　10亿的救赎/263　未来，充满想象/266　小团队，大作战/269

　　一线问答 // 270

　　方法论 // 273

　　启示录 // 273

　　董事长点评 // 277

　　时间轴 // 277

279 第九章 信邦制药：一个"好汉"三个帮

特别的108万注册资本 /279　成为"二股东" /282　向"应收过大"开刀 /285　久违的IPO /290

　　一线问答 // 294

　　方法论 // 296

　　启示录 // 296

　　董事长点评 // 297

　　时间轴 // 298

299 第十章 粤东不良资产包：三个月转乾坤

背景：不得不谈的两次大转型 /300　回归主业：加法容易减法难？/305　"翻了一倍！" /307　拨云见日 /309　三个月！ /310　根治症结 /313　成为"导火线" /315

　　一线问答 // 317

　　方法论 // 319

　　启示录 // 320

　　董事长点评 // 321

324 代后序 "双循环"格局下资产公司防控金融风险的另类投行策略

第一章 超日危机中的"危与机"

> 我们要时时注意：勇气常常是盲目的。因为它没有看见隐伏在暗中的危险与困难。因此，勇气不利于思考，但却有利于实干。
>
> ——弗朗西斯·培根

"2014年3月，超日太阳公募债券违约，爆响史上第一雷。市场哗然震惊。债务压顶、连年亏损，债券退市、股票挂星，超日太阳进退维谷。上海滩打响了保卫超日债券的隆隆枪声，6000多名持券者与6万名股东被裹挟其中。阿特斯、东方日升集结18路供应商聚义苏州，嗜血讨伐，'抗日'英雄真不少。产业投资人、财务投资人走上战场，供给武器弹药。过河拆桥，还是见招拆招，国家队长城资产飞机大炮，两大法宝，抚平战壕。"

这不是在说评书，而是一家名为"野火金融"的公司在线上开设不良资产培训课的广告语，培训内容即为国内首例公募债违约事件"11超日债"的经典处置手段。笔者注意到，有听课者在课件后评论说："经典案例，致敬长城！"

2014年，"11超日债"在海内外引起巨大震动，而长城资产创意般地运用前所未有的多重组合手法将其成功化解，让举世瞩目的债务危机处置，成为破产重整教科书级的经典案例。

当一个不良资产案例可以用"评书"来复述,并被后人奉为经典反复研究学习,可见其传奇,可见其不易,亦可见其意义深远。

在本书采写过程中,长城资产的操盘者披露了大量细节信息。于是,我们有幸了解到了"11超日债"的处理全过程。其实,破产重整过程之艰远超外界想象,险象环生、波澜壮阔、跌宕起伏这些形容词,亦无法准确描述长城资产的决策者、执行者当时在信息不对称、走向不确定、形势不掌控下所承受的压力和所做出的努力。

比如,面对这一棘手的国内首例公募债违约案,长城资产备受外界赞誉的完美解决方案,其实一直面临着三个巨大的风险,只是不为外人所知。

蒙头闯入

2003年,正是光伏行业风起云涌之时,其新潮的概念恰如当今大热的区块链。加之多国政府对这一新能源项目予以大额补贴,各路人马就像19世纪初美国西部的淘金客般,纷纷挺进这一领域。没有进入成功的,也想效仿当年给淘金客卖耐磨牛仔裤发大财,看能否从上下游分一杯羹。

是年6月,事件的主角上海超日太阳能科技股份有限公司(以下简称"超日"),用1.976亿元注册资本,迫不及待地成立了。公司定位为研究、开发、利用太阳能资源的高科技民营企业。

公开资料显示,超日太阳董事长倪开禄出身于农民家庭,有着长三角商人的普遍特质——低调、精明又富有冒险精神。进入光伏产业之前,倪开禄从事的是走外贸路线的加工制造业,他的公司生产并销售童车,主要销往美国。

当时还没有炙热的贸易战,但是有冰冷的"贸易壁垒"。2000年圣诞节前，美国监管机构告知倪开禄，他们公司所生产的 3 万辆童车，由于缺少安全附件而被禁止销售。很无奈，一纸禁令就让倪开禄亏了几百万人民币，这对当时的倪开禄而言，是个很大的数目。

倪开禄决定不干了——这是他第一次受到贸易壁垒的伤害。当然这充其量是一个绊脚石，此时的倪开禄肯定预料不到，10 多年后的一场"贸易战"——欧美对于光伏产业的反倾销、反补贴调查，才将真正成为他事业上的至暗时刻。

在离开童车行业数年后，倪开禄很偶然也很随意地闯入了光伏行业。此前他对光伏行业的了解，只限于某次出差时在交通信号灯上看到了太阳能电池板。

2003 年初，上海交通大学一位研究太阳能的教授找上门来要跟倪开禄谈合作，双方一拍即合随即开干。倪开禄当时投资 500 万元做光伏并没有去调查、去论证，他事后接受媒体采访时说，这有点"撞大运"，因为他当时根本没有时间——估计也没有心思去仔细了解这个新兴行业。倪开禄认为，光伏这个新技术绝对有着很好的应用前景，考虑过多，可能就失去机会了。

的确，在产能还不过剩甚至稀缺的时代，倪开禄这样胆大敢为的企业家，确实抓住了机遇，也尝到了甜头。在管理学上有这样的理念：在谁都没主意的情况下，主意本身就最有价值。谁都不知道往哪儿走、谁都看不清楚的时候，先走开再说。在关键时刻，管理者一定是在信息不完整、不明确的时候决策，先拍板了再说，拍板就有方向，有方向就能凝聚力量，有力量就可能干成。

但这里的"关键时刻"，适用范围却越来越小，先拍板大胆干也有了越来越多的限定条件。庆幸自己果敢踏入光伏行业的倪开禄，这一次"赌"对了。但他所喜好的这种看似果敢实则盲目的决策方式，也为公司的未来发展埋下了隐患。

光伏，即太阳能光伏发电系统，是利用半导体材料的光生伏特效应,直接将光能转化为电能的一种新型发电方式。而光伏产业则是以太阳能发电为核心,涉及上游太阳能电池制造及下游光伏电站发电的复杂产业链。

相较于传统的油炭能源,光伏发电凭借绿色环保、可再生等特点成为未来能源产业结构优化的重要方向之一。在2000年前后,西欧发达国家密集出台的补贴政策开启了光伏电站的建设热潮,海外光伏组件的需求也逐渐传导至中国,超日也很是时候地在第一波产业浪潮中诞生,通过电池组件封装出口积累了后期扩张的原始资本。

光伏产业链主要可分为硅料、硅棒、硅片、电池片、组件和发电系统集成六大环节。先由硅矿加工形成高纯度硅料,再通过高温拉棒形成硅棒,然后打磨切片形成硅片,再将硅片进行加工形成电池片,电池片加工成电池组件提高牢固性,最后将组件集成形成规模发电的光伏电站。其中最为核心、最有技术含量的一段是从硅棒切片到电池片制造的产业链条。而中国光伏企业大多集中在利润较小的光伏电池制造环节。

成立初期,超日生产的产品仅局限于太阳能电池组件,公司通过向国内上游企业采购晶硅太阳能电池片,结合背板、钢化玻璃等辅料对电池片进行封装,提高电池片的寿命和抗击强度,形成晶硅太阳能电池组件产品。成品最后销往欧洲光伏市场赚取外汇,然后转回国内继续投入扩大生产。

期间,由于《中华人民共和国可再生能源法》颁布,加上欧洲特别是德国光伏市场爆发性增长,产品需求量猛增,这都使得中国成为全球光伏制造业发展最快的国家。在倪开禄眼里,确实是德国市场造就了公司发展的巨大空间。可以说,超日就是中国加入WTO后,无数个加工制造企业的缩影,凭借廉价的劳动力优势切入光伏产业链下游的电池组件环节,占据产业链内附加值最低、增值空间最小的生产链条。

受益于欧元持续升值、上游工艺成本持续下降和优越的贸易条件,处于产业中间环节的超日在较为宽松的利润空间下持续扩张,在电池组件环节站稳了脚跟。一组数据显示了超日爆发式增长的轨迹：2005年，超日销售额两个亿，成为当地最大的民营企业；2006年，销售额约4.3亿元；2007年，销售额约7.5亿元；2008年，超日的销售业绩获得50%的增长，当年实现销售额12亿元，净利润8000多万；2009年，公司销售额猛增到15亿元；2010年，销售额突破了26亿元；2011年，销售额达到33亿元。

事实上，不仅仅是超日，所有中国的光伏企业那几年都是风生水起。2006年至2010年间，中国太阳能光伏电池产量连续5年增长接近翻番，并且产量和产能长期居全球首位。各路光伏产业链上的企业活得相当滋润。

笔者查阅了这期间中国光伏企业的产能统计资料，发现所有企业的产能几乎每年都会翻番，呈几何级数增长。

2010年的南非世界杯，"中国英利"四个汉字赫然出现在全球瞩目的绿茵场上。彼时，这家九成业务在国外、总部位于河北保定的新能源公司，耗资数亿，成为中国首家获得世界杯足球赛全球赞助权的企业，也是全球范围内首家赞助世界杯足球赛的可再生能源公司。

与此同时，大量光伏企业开始走资本路线，纷纷开启海外上市之旅。尚德、英利、天合、赛维等十多家光伏企业，相继在海外成功上市，形成了中国光伏产业海外融资的第一波高潮。

闭眼狂奔

上市，也是有扎堆效应的，比如快递业的中通、圆通、申通，"兄弟"几个都是前后脚登陆资本市场。

别人都上市了，你还没上市？素来敢为人先的倪开禄，觉得有些"掉队"了。其实早年就有人奉劝他赴美上市。在失去海外上市的最佳窗口期后，他决定要在国内上市。

2007年，超日引入战略投资者，完成股份制改造备战上市，没想到过程却一波三折：先是遇到金融危机，IPO大门紧闭。到了2009年7月，超日申请公开发行A股，但当年8月3日被告知"未予核准"。被否的原因是："募投项目上马过快，扩张超行业平均增速"——这似乎很有先见之明，超日后来折戟沙场，与此原因别无二致。

事实上，倪开禄一直在觊觎晶硅、电池片、组件甚至电站，从而打通上下游产业链。而当时国内光伏行业已然出现了产能过剩，这依然抑制不住超日的融资冲动。毕竟，这是一家从诞生就有着融资扩张基因的公司。

有媒体报道称，超日成立后便采取了令人眼花缭乱的增资扩股或股权转让动作，玩儿起了"资产证券化"的腾挪术。在资金捉襟见肘的时候，超日公司也十分擅长"画饼"，从银行获取大笔融资。

看一个人可以"三岁看小，七岁看老"，审视一家公司其实也一样，一家公司发展得再壮大，也可以找到其创业时期的性格痕迹。倪开禄几位创始人给超日的"原生家庭"痕迹，似乎就是一件事没有做到不会轻易罢休。

2010年9月，超日再次冲击IPO，其招股说明书如是写道："公司是国内最早从事晶体硅太阳能电池生产的企业之一，是最早获得德国TUV认证和国际IEC认证的国内晶体硅太阳能电池组件制造商之一，并于2009年10月获得了美国UL认证，在国内晶体硅太阳能电池组件行业处于领先地位，公司2009年入选福布斯中国潜力100强企业，排名29位。"

由此看来，超日在电池组件领域还是有一定的竞争力的。但为什么不专注于这个领域呢，就因为利润微薄？

同时，超日描绘了如果进行上下游拓展将带来的好处："产业链的完善将会显著提升公司毛利率，同时降低流转成本。预计三个生产性募投项目达产后公司每年新增净利润近29559万元。"

不知29559万元这么精准的数字是如何测算出来的，但往往看上去诱人的花朵，反而都不会结出果实。

当年 10 月 27 日，超日上市获得核准批复，并于 11 月 18 日上市交易，股票代码 002506。在整个光伏企业的上市道路上，超日算是"晚到"的一个，但超日是唯一一家在国内主板上市的光伏企业，依旧光环十足。更何况，在 2010 年 11 月，光伏产业表面上还处于风光无两的时期。

上市后，倪开禄及其女倪娜，合计持有超日太阳 43.892% 股份。如果按照当日发行价 36 元/股计算，倪氏父女的身价可达 133.3 亿元。百亿身家的倪开禄再也不是当年那个亏损几百万就承受不了、小打小闹的企业家了，他的冒进性格愈发暴露出来。

上市对企业来说，或许是件好事，就像一辆车配置了涡轮增压，将快速成长、发展。但如果开始疯狂而不知节制，那上市就会变成"毒药"。

募集 23 亿元资金后的超日，冒险进入了不熟悉的 LED、水处理、炼油等项目，同时还大肆进军海外电站项目。在上市第二年的股东大会上，倪开禄放出豪言：面对行业整合，超日要拉长上下游产业链、拓展海外电站市场并在国内市场加大投入力度。

其实，倪开禄的这几大目标，每个同行都梦寐以求，但每一项都将耗资不菲——对于大多数不敢冒进的光伏企业而言，只能想想。

在光伏领域，几乎没有企业像倪开禄这样，斥巨资砸向每个环节。即便是名声在外的英利，发展初期也未曾涉足电站业务。但倪开禄却敢作敢为。

我们可以从当年超日的公告中窥豹一斑：2011 年 2 月，出资 4000 万元收购洛阳赛阳硅业有限公司 100% 股权延伸至上游原料硅片企业，接着以 6000 万元价格收购上海卫雪太阳能科技有限公司 100% 股权，扩充光伏电池组件产能。2011 年 7 月，投资 7000 万元与天华阳光新能源投资有限公司设立合资公司并持股 70%，进入下游太阳能电站建设领域。同时以 2000 万元价格收购洛阳银电光伏材料有限公司 65% 股权，涉足单晶硅拉棒、铸锭行业。

富有冒险精神的倪开禄，有着自己的帝国梦。他的设想是，以电池组件环节为支点，利用金融杠杆撬动整个产业链条，搭建起一个光伏领域的"超日帝国"。可以看出，倪开禄似乎一直不满足于在某个细分市场"小打小闹"。他让外人看不懂的逻辑是，从最上游的多晶硅开始，覆盖所有链条，这样不仅能够控制自身的产品质量，还能消化自己的库存。

这一逻辑，在全球产业分工的背景下，有些拧巴。也许，倪开禄是想通过控制供应链、拉拢终端客户的手段，来完成扩张并挤压竞争对手。

但倪开禄没有预料到的是，正当他筹备扩张时，光伏市场却吹来了猛烈的"寒流"：一方面，疯狂的扩张造成了严重产能过剩；另一方面，2011年整个行业遭遇欧美反倾销反补贴的"双反"诉讼，美国裁定中国光伏企业存在倾销行为，并给予31.14%至249.96%不等的临时反倾销税率——这相当于让高速疾驰的光伏列车突然熄火。让光伏企业处境更为艰难的是，随之而来的补贴下调，这导致产业"寒冬"真正到来。

上市前还享受着鼎盛夏日阳光的倪开禄，准备大干一场收获秋天的硕果，结果等来的是转瞬即至的寒冬。

不过，倪开禄却依然乐观，他当时接受媒体采访时说："很多人都认为现在是寒冬，但在我们看来恰恰是光伏春天，还是有很多盈利机会。"于是，当同行们纷纷收缩战线准备过冬时，倪开禄却在产业链各环节跑马圈地，尤其把钱砸到了最为烧钱的电站投资上。

在超日2011年年报里，对于这些东突西进的扩张举动有一句描述："公司形成了超日总部组件带动，南北生产基地协调发展，产业布局合理配置，经济效益显著提升的一体化发展的战略格局。"

当别人恐惧时并不一定意味着可以贪婪，扩张确实要讲究方法，讲究对策，讲究地方。严冬时泡泡脚让毛细血管扩张会延年益寿，但心脏的动脉血管如果扩张却会得冠心病。

当时的光伏行业寒风凛冽，倪开禄没有选择休养生息，他将公司资金的一半以上用于海外收购电站，放手一搏——这是因为公司的电池组件产品发生了严重滞销，超日在海外寻求境外合作方共建光伏电站，采购相当于该电站规模所需的组件，待电站项目取得贷款或股权转让后再收回组件销售回款。

如果说当下有的新兴互联网企业是送硬件靠软件盈利，超日当时的举动则有点像自己花钱买个电脑机箱，还送里面的主板让你先试用。

但在国外这一招并不奏效，超日反而多次被刁难：2012年前后，超日分别于五个不同国家设立了55家全资或控股子公司。但回款速度极慢，保加利亚电站甚至反过来要求征收一定的上网附加费。

其中的风险，闭着眼睛都可以嗅到。

此举造成超日当年报表中的"应收账款"突然大幅增加，其同比增幅甚至超过了营业收入的增幅，二级市场一片哗然。不过，倪开禄当时在和媒体交流时，却对"应收账款激增"并不在意，反而对他领先于国内同行率先赴海外建设电站，显得志在必得。

根据超日2011年年报，当年超日坏账损失约为2亿元，约80%来自海外销售。然而超日对外投资势头不减反增，依然选择大手笔投资建设光伏电站以消化产能，投资活动现金流出依然达到18.2亿元。

彼时，招商证券的相关研报对超日激进的扩张举动进行了如下评述："在2011年和2012年中，超日共计投资了44家直接从事电站项目建设的公司，总容量为101.59MW。以650万元/MW来估算，建设完这些项目需要近6.5亿元的资金。当时欧洲深陷债务危机，这些投资基本不可能获得当地银行的贷款支持，完全依靠企业的自有资金。同时，电站运行的效益预期也有待商榷，可以说超日当时选择如此激进的对外投资让人难以理解。"

凡事讲究"度"，而我们不少企业家的底层思维里貌似很少有"过犹不及"这个词，反而一直被"过度"占据着。

有统计显示，2010年全球光伏组件产能是20.5GW，2011年则达到60多GW，翻了4倍。而实际安装量，2010年是17GW，2011年是

27.5GW，2012年也只是30GW。这一供求关系下，超日选择在行业衰落时期依旧过度扩张，显然是重大战略失误。

当然，我们不能"事后诸葛亮"般评价倪开禄和超日公司，毕竟资金的魔力就像吸毒，一旦陷进去就是万丈深渊。而且，国人一贯追求"做大做强"的思维习惯也让超日难以自拔。据说当时光伏业内最流行的说法是"Swanson定律"——规模每扩大一倍，成本下降20%。当时中国光伏产业结构还较为畸形，原材料和终端市场两端均在海外，中国光伏企业大量"扎堆"在加工环节。因为同质化严重，倒逼着光伏企业只能采取成本领先这一竞争策略，也就是进一步扩大产能，依靠规模效应降低单位成本以获得竞争优势。

几乎所有国内的光伏企业都经历过这一段利用资本迅速扩张的过程。另一方面，我们的大部分企业还没有经历过一个完整的经济周期，下手越早、胆子越大、获利越多，也是那一时期不少企业家的共同认知，他们深谙此道并且屡试不爽，几乎没有碰过壁。这样，他们只想着猛踩油门，闭眼狂奔，而从没想过掌握好发展节奏，休养生息。旁观者清当局者迷，也许，融资初期倪开禄还觉得自己步子迈得不够大。但到了后期，开弓没有回头箭，超日只能不断继续融资填补窟窿。

毁掉一切，只用两年

在上市仅仅不到半年后的2011年，跨国界、跨行业扩张的超日就申请发行公司债，目的是"为了归还即将到期的银行贷款并补充流动性资金需求"，规模10亿元，债券票面利率为8.98%，存续期限为5年，是为"11超日债"。

超日当时说，这些募集资金到位后，将把其中的4亿元用于偿还贷款，以进一步改善财务结构，降低财务费用，剩余部分则用于补充公司的流动资金。而偿付公司债券本息的资金主要来源于公司经营活动现金流。

2012年3月7日至9日,"11超日债"顺利完成网上向社会公众投资者公开发行与网下向机构投资者协议发行,4月开始便在深交所集中竞价系统和综合协议交易平台挂牌交易。彼时,行业龙头无锡尚德和江西赛维已深陷危机不能自拔。然而,在9%高利率的诱惑下,虽然超日公司盈利面已出问题,"11超日债"依然获得投资者追捧。

发债显然也没有解超日的资金之渴,公司又陆续十多次将全部可用股权进行抵押融资,最终形成约33亿元人民币的负债余额,再加上30多亿元的应收款和50亿元相关项目的担保,资产情况到了极度恶化的局面。

笔者发现,超日公司上市当年的资产负债率为31.31%,2011年则飙升至57.99%,此后一路攀升,2012年为84.21%,2013年竟然达到104.44%。

狂飙突进的超日帝国已经到了暴风雨来临的前夜。

纸永远盖不住火,对外表现一直超级自信的倪开禄,还是让公司公告掀开了遮羞布。2013年1月18日,超日发布最新业绩预告,公司2012年度归属于上市公司股东的净利润为负9亿元至负11亿元,比去年同期下降超1500%!降幅成为当时2012年A股业绩预告下降之最。然而就在3个月前,超日在2012年三季报中仍然预计2012年度与上年同期相比扭亏为盈,归属于上市公司股东的净利润为1000万元至3500万元。

从2012年度预盈1千万~3.5千万元,一夜之间变为预亏9亿~11亿元。对于如此突变的主要原因,超日的说法是:之前没有将投资的几十个境外子公司纳入合并范围,所以母公司对子公司的销售全部算作收入。但将境外子公司纳入合并范围之后,由于投资和扩张的盲目性,这些子公司大都经营不善,集团内部交易抵消,从而导致这一结果。

已然陷入债务泥潭的超日,成了媒体和公众的众矢之的。最终,2012年的准确亏损数字是16.8亿元。

2013年，倪开禄很长时间都待在国外，以至于被投资人质疑为"跑路"。那时还没有"下周回国贾跃亭"，倪开禄其实是在国外变卖电站，以改善公司的流动性。当时超日在德国、意大利、保加利亚、美国大举投入的电站，都被打折变现。四处"救火"的倪开禄曾这么比喻自己："这一年我的感觉是，自己就像个消防队长。"

这一年，超日的公告里几乎都有这样一句话："公司正在与各方积极沟通，争取帮助和支持。"

但是，超日的流动性状况并没有得到改善，倪开禄想尽办法也"开"不出来"禄"。募集资金几近消耗殆尽，据说当时超日把能抵押的资产都抵押了——就连公司里的每把椅子都被抵押了。

截至2013年年底，超日总资产24.5亿元，总负债却有69.7亿元，净资产为负45.2亿元，净利润是负49.3亿元。最终，超日3.8亿的银行逾期贷款难以按期还款，成了压垮超日的最后一根稻草。

风险里面的"风"，往往不是七八级的大风，而有可能是台风。危险的来袭，往往是让你预料不到的措手不及。

巨额亏损、贷款逾期、诉讼、停产纷至沓来，埋在债券市场的那颗信用违约"炸弹"，终于还是被超日公司引爆。2014年3月，"11超日债"当期利息8980万元已无法按期全额支付，超日公告说，只能支付400万元——这还是从"牙缝里"挤出来的。

2014年3月4日，上海超日不得不宣布违约。"11超日债"打破了中国债券市场零风险的记录，成为中国债市第一个违约案例被载入了金融史。此前，许多人认为公司债和国家债一样安全。

随后，证监会对超日违约事件进行了调查，发现超日在经营过程当中存在六大违规之处，分别包括海外收购光伏电站项目、贷款项目中的股权质押、《电站公司管理协议》、虚假确认在途销售收入、提前确认销售收入、产品价格调减的情况。

为自己购买防弹加长奔驰，为公司高管建"超日半岛"别墅群的倪开禄，怎么也想不到会有资不抵债的这一天。"这一天是我永远的耻辱日！"正式宣布违约当日，倪开禄在自己的微信朋友圈里如此写道："成了全国第一人，羞愧难言，无地自容。"

超日沉浮，令人唏嘘，这家上市还不到4年的公司就濒临破产。当时，就有学者分析说，超日借助资本市场实现"腾飞"的时候，企业还远未达到上市公司的管理水平，现代企业制度没有健全，这才导致一连串的重大决策失误。

甚至有评论说：从500万元起家到坐拥百亿市值财富，倪开禄用了8年时间，而毁掉这一切，只用了两年。还有人质疑，短短两年，超日募资接近50亿元，这笔巨款究竟是如何"败光"的？

笔者留意到，在当时报道超日债违约的新闻评论区，有超日公司的员工发帖道："个人认为，有两个原因导致此事。第一，超日是典型的家族企业，管理层混乱。第二，发展太快，没扎好根。一心想上市，扩张自己规模，没给自己留什么后路。希望老板能反思一下，找出问题，解决问题，重振光伏企业。"

其实，不是命运在捉弄超日和倪开禄，超日仅仅是众多光伏企业的一个负面典型。披着环保、高科技靓丽外套的光伏产业背后，是同质化严重、产业结构畸形、核心竞争力缺失、研发能力缺乏、管理水平低的暗影——光伏行业可以照亮别人，却一直没有投射到自己的阴影处。超日对外部资金、国家补贴和政策支持高度依赖，加上对海外市场与宏观环境的双重错判，方才导致这一败局。

舆论发酵致恐慌

"11超日债"是国内公募债首例违约事件，首次打破了债券产品的刚性兑付，但该违约事件所引发的风暴远超过事件本身。它不只震惊了素来安稳的债券市场，不少投资者甚至开始担心钢铁、有色和煤炭等过剩产能行业的信用债和信托产品。当时有证券分析人士认为，"11 超日债"违约事件对资本市场有三大挑战：挑战了债券信用评级体系、挑战了整个债券中介承销体系、挑战了股票加债券审核体系。

业内人士甚至将 2015 年比喻为"后超日时代"，可见此事件带来的冲击与影响力之大。

深陷财务危局而命悬一线的超日公司，在拖累了其股民账户市值的同时，还重创了中国的债券市场，一时炸开了锅，各路学者、官员也纷纷对此事发表评论。

时任证监会上市一部主任的欧阳泽华在当年的"两会"证券期货系统代表委员记者见面会上说，超日债违约是公司债券市场历史上首个付息债务违约事件，监管部门将重点关注是否由此引发局部的或系统性的风险。他同时为此事的处理方式定调，对待这个事件的总体原则是市场化和法制化。

时任深交所理事长陈东征随后在证监会系统全国政协委员媒体见面会上说："超日债打破了债券的刚性兑付，是债券市场发展的进步。任何金融产品都存在风险，目前最重要的是如何妥善处理中小企业债的风险问题。"

国泰君安固定收益部研究总监周文渊则认为，超日的违约引起市场非常高的关注，标准债务工具的实质违约对市场预期会形成明显冲击。经济学家管清友甚至担心"各类债券违约或进入倒计时"，他预测银行将更加谨慎，流动性或因此收缩。兴业银行首席经济学家鲁政委则深情地写下以下文字：古时，夸父逐日，以生命追求光明；今日，超日太阳，以自身的陨落让信用利差回归正常。

更悲观的是海通证券分析师姜超，他分析说，超日违约对民营高收益债产生系统性冲击。这将影响机构投资者行为，意味着银行信贷和投资将更重视安全，非标资金供给趋降，或影响社融总量，加剧经济下滑。

清华大学中国与世界经济研究中心主任李稻葵的担忧在于，超日债违约会蔓延到信托市场，引起恐慌，使得投资者撤资。他说，应该让风险充分释放出来，按照之前设计好的关于公司债的机制来进行重组。

全国人大财经委副主任委员吴晓灵当时则表示，公募债券的"隐性刚性兑付"神话的破灭将为投资者上一堂风险课。出了问题，只能接受债务重组，产品违约后，并不是血本无归，但只能承认亏损的结果。就像一个苹果，把它烂的部分挖掉，然后剩下好的地方再来切分一下。

总体上看，大家普遍担心超日债的风险会蔓延，同时都觉得应打破刚性兑付的惯有思维，政府不应再兜底，市场性质的问题就应由市场来解决。但，这个烫手山芋，市场里谁敢接呢？

寻找起火的源头

"超日太阳当时总债务高达58亿元，面临近百项诉讼和仲裁。"长城资产总部资产经营三部总经理许良军双手一展，向笔者介绍说，"和一般企业遭遇破产危机不同，超日的牵涉面太大了！包括近6万名股东、6465名'11超日债'持有人——其中不乏用养老钱投资的退休老人，以及大量上下游供应商和金融机构。资产情况很复杂，还有大量海外资产需要处置。"

债券属于"固定收益产品"，而"固定收益产品"很容易被误认为是"确保固定收益"的"低风险低收益产品"，所以有不少人买债券从未想过会有风险，他们买"超日债"，目的竟然是为了"跑赢通胀"。

忽视风险、单纯追求高利率的背景下，超日发行的10亿元"超日债"中，竟有高达7亿元为散户投资者持有。

"11超日债"的违约，一度引起股东和债权人上访维权，甚至有人把"养老钱""救命钱"之类的字眼抬出来，开始"一哭二闹三上吊"。超日公司自身还有 1000 多名员工，员工安置同样也是大问题，甚至超日还有大量的民间借贷存在，超日总部所在的上海奉贤区因此承受了极大的维稳压力和风险。

据当时媒体报道，在维权队伍中，多数投资者是四五十岁以上的中老年人，年龄最大的是一位来自武汉的投资者，已经 80 多岁高龄。与股票投资者不同，这些投资者并不能承担较高的风险。

笔者发现，当时还大热的门户论坛天涯社区，充斥着"还超日债民血汗钱！"的帖子。

各项危机信息扑面而来。其实，此前超日急速扩张造成资金链紧张，长城资产上海办事处已看到了其出现危机的苗头。

"从 2013 年 11 月开始，上海办在收购不良资产包过程中，通过梳理大量数据后发现，中行、农行、广发行、进出口行等多家金融机构拟转让的资产包中，有部分不良债权都指向了同一家上市公司，即*ST 超日。"上海办事处总经理陶永平说。

巧的是，当时长城资产正处于商业化转型初期，他们通过各个渠道收集不良资产的资源和信息。而与长城资产上海办打过交道的一位律师，就给陶永平介绍来了超日的债权人——一家小额贷款公司。

"一般小贷公司会比较灵敏，出了问题钱收不回来，就比较急迫，到处想办法，就找到了我们。"长城资产上海办高级经理赵明回忆说，加上当时上海银监局把超日债列为急需化解风险的几大项目之一，他们就开始收集超日的所有资料"做功课"。

但很快，赵明等人对这个项目从"有兴趣"变为"有点蒙"。

毕竟债务太庞大了，而且错综复杂，对于当时还没有太多商业化项目处置经验的长城资产上海办事处来说，几十亿的超日债确实像一座高不见顶的大山横在面前。

长城资产上海办事处通过小额贷款公司联系，约见了倪开禄。"第一次谈，双方都互相不摸底，虽然倪开禄对我们了解超日债务问题很欢迎，但也没觉得你能解决什么大问题。"赵明说。

随后，长城资产上海办去超日公司实地考察。此时正是2013年底，超日债还未正式公告违约，前去调研的赵明已经感到了超日公司上上下下的焦急。"当时感觉这一关他们没法安然渡过了。"不过，赵明也发现，整个超日生产线还在正常运转，各个生产部门的规章制度也较为健全。

这正是超日在竭力自救的最后时刻。而上海奉贤区政府和本地金融机构，也在全力救助着超日。

和超日高管见了三次面之后，双方还是没有找到破解危机的切入口。"因为刚开始了解的还是只言片语，对整个债务结构还没有彻底摸透。"赵明说，此时对超日公司发展十分了解的时任上海奉贤区副区长缪京，起到了很关键的作用。"有一次，缪区长专门把超日的整个债务结构给我们讲了一下，整体脉络瞬间变得清晰了。"

长城资产上海办事处终于发现了蕴藏在"危急"之中的"机会"：超日能在A股上市，说明其"底子"还是过硬的。这次债务危机的导火索是海外市场的盲目扩张后血本无归，但超日的国内生产线还是可以继续运转的——这给长城资产团队带来了启发。他们的关注点，不在于壳资源的利用，而在于破产重组后对困境企业的价值重塑。

2014年年初，长城资产上海办便提出了对*ST超日进行重组的想法。当其他金融机构都急于退出时，长城资产却有点像一位"最美逆行"的消防战士，在寻找起火的源头。

扎进水里

在重组思路下，长城资产上海办对超日进行了全面分析评估。陶永平说，当时他们发现超日公司主要面临几大挑战：主营业务附加值低、回报率低、门槛低，竞争激烈，生产经营极有可能陷入停滞；债务问题庞杂，银行账户及资产被冻结，出现了严重的流动性问题，处于退市边缘；海外扩张过快，合作方资金链断裂，18亿元应收账款形成巨额亏空。

陶永平觉得，*ST超日债务问题主要是由于其主营业务附加值低、竞争激烈、海外扩张过快、资金断裂，以及管理团队经营不善造成的。而只要厘清思路，超日就具备重组可能。一旦超日通过恢复生产带来经营性利润，那么一切问题便都可解。"所以我们认为，超日当时貌似危机，实则正是重组契机。"

深交所决定超日公司股票自2014年5月28日起暂停交易，昔日光鲜的超日面临退市风险。随着超日债务危机的持续发酵，相关机构债权人组成了债委会，给出的解决方案最为"了断"：卖壳。一些企业也"跨界而来"，目的也是单纯借壳。

2014年5月6日，超日公司的供应商上海毅华金属材料有限公司以超日不能清偿到期债务为由，向上海市第一中级人民法院申请对超日进行重整。

上海一中院于2014年6月26日裁定受理该破产重整申请，由于超日公司所涉债务规模大、重整时间紧、海外资产结构复杂等原因，上海一中院采取市场化的方式，选择了北京市金杜律师事务所上海分所和毕马威华振会计师事务所上海分所作为超日公司联合管理人。可以说，这种优势互补的"律师事务所+会计师事务所"的管理人模式为超日公司的破产重整创造了基础条件。

根据北京市金杜律师事务所上海分所和毕马威华振会计师事务所上海分所作出的评估报告，以2014年6月26日为基准日，超日太阳全部资产的评估价值为4.76亿元左右，全部债务也就是各方所主张的债权合计约59.56亿元。

这意味着，超日资产已不值钱。如果单纯破产清算，债权受偿率还不足4%，各方面肯定都不会满意，这如何是好？

而超日债处置是有时间大限的，为避免破产清算，2014年12月31日要完成债务偿还，并且要实现扭亏为盈，否则超日2015年将被退市，一切都将成为空谈。

这意味着，留给重整方的时间，最多只有半年！情急之下，即便单纯借壳可能都来不及，遑论盘整。

时间紧、问题大，光伏产业水也太深，弄不好就打了水漂，不要参与其中的声音开始出现。但时任长城资产副总裁的周礼耀听取汇报后觉得，可以试一试，光伏行业产能过剩并不可怕，解决之道在于产能集中整合后削减并优化，"就像手指缩回来变成拳头一样"。

不过，持续低迷的光伏行业大环境仍然不好，超日债又像一颗手雷，人们避之不及，哪还会主动去合作。此外，超日此前的信息披露多次出现矛盾之处，名声已然"败坏"。这种情况下去谈重组，真是难上加难。

在办公室看资料就像站在河边看水，不下水永远不知道水有多深，更不知有多少暗流，又有多少可以借势的潮涌。

"世界上唯一确定的是不确定。我们需要从不确定中尽可能地寻找确定性。"带着这个想法，周礼耀决定出去转一转。他要带团队深入了解光伏这个行业，他称之为"边学习，边实践，边推进，边总结"。

调研之路并不顺畅。有一次，周礼耀和涉及超日债的各家中介机构沟通碰面后，准备去超日公司实地考察。结果消息传到部分中小债民那里，他们就去超日公司游行施压，调研团队不得不半道折回。

最终，长城资产团队花了3个多月跑遍了光伏行业所有龙头企业，从基础的多晶硅开始，到切片、组件、电站，全部看了一遍，哪个环节当中能赚钱，哪个环节可能会出现问题，做到了如指掌。

赵明回忆说，几乎所有光伏行业的上市公司他们都跑遍了，比如东方日升、新日恒力、天龙光电等。"一边调研一边谈判，因为这些公司都和超日有债务关联，他们也愿意和我们谈，但一旦谈到能不能救助超日时，他们都觉得不太可行。"

美股上市的晶澳太阳能有些想法，但最后还是选择了放弃。"谈了三个多小时，他们还是觉得难度太大，或者说给自身带来不了什么利益。他们并不看好我们能救活超日。"赵明说。

即便别人不看好，大家对于推进此事却"有了底气"，因为他们把光伏行业摸透了——扎进水里，哪里清澈，哪里混浊，看得一清二楚。

联手协鑫，不二之选

要在短短半年内解决棘手的超日危机，选择同行进行重组可能是最佳的选择。因为这样不但可以解决超日现有员工的就业问题，还可以让超日迅速恢复生产，从而改善经营能力实现盈利。

这就不是给"病危"的超日单纯输血，而是强其筋骨，激活其骨髓让它自己造血，从而"缓"过来。

陶永平说，当时他们认为"这个同行"应具备三大基础条件：

一是具备雄厚的资金实力。"超日总体债务约58亿元左右，重组现金在23亿元左右，其中全额受偿部分约为14亿元、打折受偿部分约为9亿元，但超日资产变现仅有约2.5亿元，资金缺口高达20亿元以上，所以重组方必须有能力支付。"

二是具备强大专业能力。重组方必须能整合行业上下游，从而提高产业集中度，增强超日的市场竞争力，提升超日的经营管理和盈利水平。

三是具备迅速恢复超日经营并带来经营性利润的能力。"因为超日主营业务位于光伏产业中游，所以需要寻找一家处于光伏产业链下游，有光伏发电等业务的龙头企业，通过订单帮助超日迅速恢复生产实现当年盈利。"

此前一直很低调的协鑫集团，进入了长城资产团队的视野。这是一家以清洁能源、新能源及能源相关产业为主的能源集团，是全球最大的光伏材料制造商、中国最大非国有电力控股企业，位于超日公司产业链的上下游，与其有很强的互补性。

同时，协鑫集团是世界上最大的多晶硅生产企业，绝大多数光伏企业都要从他们那里购买多晶硅，所以协鑫有极强的资源整合能力，满足陶永平所说的"三大基础条件"，简直是进行产业重整的不二之选。

长城资产团队希望协鑫集团能够一同参与盘活超日公司，但可以想象，刚开始协鑫高层还是有些顾虑。"他们是香港上市公司，非常规范，对于超日他们此前并不十分了解，自然很慎重。"许良军说。

换位思考一下，一家几乎没有产业并购经验的企业，突然要担此大任，即便有参与盘活救助同行的意向，第一反应肯定也是：容我想想。

"做什么事情都会有顾虑，只要想办法。"数年后，协鑫集团董事长、亚洲光伏产业协会主席朱共山对笔者笑言。

"协鑫有点犹抱琵琶半遮面的感觉。"赵明回忆，当时谈判主要就是阐明利害，憧憬未来。协鑫之所以犹豫，一方面当时自己的资金并不十分充足，另一方面对于A股的融资力量还是不太了解。赵明觉得朱共山确实是中国的顶尖商人，很有格局，"野心很大但接地气能落地"。

在协鑫还未下决心的情形下，长城资产上海办几乎每三天要和协鑫方面谈一次。恰好协鑫集团在上海的办公地点，距离当时长城资产上海办很近，只隔了一条马路。双方的谈判频次再高，也可以"随叫随到"。而长城资产总部的投资投行部也会定期派员前来参与。

"面对这么一个庞然大物般的债务，当时上海办也刚刚开始转型，说实话压力还是很大的。"赵明回想，双方从资本端谈到产业端，从债务整合谈到后期业务发展，还必须考虑重整阶段的人事安排、业务订单走向等大量细节，同时所有环节都必须符合证监会的要求，"如果不是总部的不断打气，不断支持，真坚持不下来。"

在长城资产上海办将项目整体方案汇报给总部后，周礼耀觉得有必要和朱共山再谈一次。他和朱共山一块吃饭，描绘了愿景："我们一起做一桩看起来'不可能'的事，如果能做成，你做了贡献，长城资产也做了贡献，我们一起共同努力，把协鑫做成世界光伏行业的龙头企业。"

周礼耀接着对朱共山娓娓道来：国内光伏行业目前正在洗牌式大整合，协鑫作为产业龙头，一方面借此机会可以A股上市，实现融资功能，同时有机会进行上下游的产业重组并购，让协鑫的发展道路更为广阔。同时，能一同化解举世瞩目的国内首家公募债违约危机，也是功德无量的事情。

这些话坚定了朱共山的信心。"因为和长城资产这样有社会责任感的央企一起合作，实体企业和金融企业两个龙头的强强合作，相信这个事情会做好。"朱共山对笔者回忆说，"我跟周总（周礼耀）过去不熟，通过这件事打交道认识的，得知他每天早上6点就上班了，上班有时间，下班没时间，全年无休，这样的国企领导我见得很少。他是一位非常专业的、值得尊敬的金融专家，其对于事业的忠诚和敬业，是值得我们企业家学习和敬佩的。这种担当精神也让我更加有信心了。"

朱共山说，这是第一家光伏行业的上市公司破产，证监会、上海市政府各方面都很重视。"长城资产肩负着社会使命，和我们实体企业产融结合，我们都要负起责任。从担当的角度也要去做这个事，不然协鑫也可以申请IPO上市。"

朱共山心里也想，长城资产作为专业的不良资产处置公司，和一般人的眼光肯定不一样，超日的不良资产在长城资产团队的运作盘活下，很有可能去伪存真、变废为宝。

应该说，破产重整超日公司，也是协鑫集团自身产业链布局的需要。超日从事的太阳能电池与组件制造业务，是光伏产业链的中间环节，如果重组成功，协鑫不但能在内地获得一个资本平台，还能形成从多晶硅生产—铸锭切片—电池—组件制造—系统集成—电站—运维的完整产业链，进一步提升行业地位及话语权，有望成为光伏行业的巨无霸。

苦练方案

说服了朱共山后，长城资产专门为超日项目成立了联合工作组，实行总部投行部总经理和上海办事处总经理组成的"双组长制"。

周礼耀作为时任分管副总裁主抓，下面两个组同步往前推进。"因为要考虑联动的问题，日常的细节由上海办事处来做，整个方案的沟通、协同由总部来做。"周礼耀说。

为处置项目成立专门的项目组，是长城资产的惯常做法，这样打破了原有组织格局，对提升项目工作的优先级、获得更高授权、加速决策有极大帮助，甚至可以举全公司之力来攻坚克难。

周礼耀总结说："在整个协作过程当中，我发现这个双组长模式很成功，既不是总部隔山打虎，又不是一个分公司用很小的力量单打独斗，形成了集团和办事处的上下联动，整合资源，用宏观加细节的方法来推动工作。"

为了制订针对超日项目"兼顾各方利益"的系统方案，长城资产团队前前后后花了五个月的时间。"很多决策都是凌晨做的，可以说大家熬了无数个通宵。我经常在这儿凌晨三点、五点听汇报。"周礼耀指了指自己的办公桌说，"因为晚上决定好了，来来回回很多个电子邮件沟通、电话沟通，第二天一大早张晓松总裁（时任）敲定后就抓紧去谈判、去推进。"

对于这段刻骨铭心的经历，赵明回忆，那时经常发出"灵魂之问"质问自己：为什么非要做这个项目？

当时，就在长城资产上海办对面，协鑫集团拿出一整层的办公室给超日项目团队，包括保荐方中信建投、律师事务所、会计师事务所等中介机构都在这里没日没夜地封闭式办公。

夜里12点之前，陶永平、赵明等人主要处理产业方、资本方、债权方和地方政府各方面的汇总信息，12点过后，才是写方案的时间。

每一个问题都是问题，没有一个不是问题，甚至没有预料到的问题都出现了。

"经营层面、审计层面的信息，所有中介机构的信息都反馈到我们这里，我们再找企业方协调。白天根本处理不完，每天都会与中介机构就某个问题争论，甚至拍桌子。"赵明说，方案经常写到天快亮，回到家睡几个小时又奔赴公司。

即便如此马不停蹄，因为实在来不及，报给总部的方案，有时还是残稿。"比如分重组前、重组中、重组后列一个框架，后面的问题还没展开解释，写了多少当天就报多少，非常急。"赵明回想。

最棘手的问题是超日的海外电站，由于有时差，为了沟通就必须熬夜。"难点在于，超日的电站是贸易项下出去的，在海外又变成了资本项下，这些脱轨资产还要出审计报告，就要协调海外各方来配合。"赵明说，写方案有时需要数据，经常半夜两三点给超日的留守人员打电话。"晚上不睡觉专门配合我们，要什么数据半个小时内给调取出来。"由于作息不规律，超日方案出炉后，赵明胖了一圈。

外界往往认为有的国有企业人浮于事、办事拖沓，至少在长城资产这里，我们看到的是科学的团队配置、畅通的信息流动、上下级无缝对接的零间隙决策机制，比民营企业员工还要敬业的责任心及更高的工作强度。

陶永平回忆，因为超日项目的复杂性超乎想象，公司要求项目组每进展到一个环节，都要以签报的方式详细向分管副总裁及公司总裁报告，同时以表格的形式列示长城资产参与环节的投入、收益、可能存在的风险及风控措施，其他重组方的投入情况、各阶段的完成情况、后续工作时间安排等内容也要体现出来，做到随时更新，随时汇报。"审批的签报至少有20份，总部还会定期召集项目组主要成员讨论项目推进情况，提前发现问题，做好应对措施。"

在如此高效的运转下，长城资产的决策甚至可以做到随时提出，数小时后就决定拍板，不论白天黑夜。而超日项目长城资产是2014年3月介入的，直到 2015 年 8 月 12 日超日复牌，长达 16 个月，整个团队就是这么披星戴月、没日没夜地熬过来的。

"做不良资产重组，需要的就是恒心和耐心。"许良军说。

2014 年 9 月底的一天，长城资产上海办带着所有与超日相关的中介机构去北京汇报最终方案，他们占据了半个高铁车厢。时间紧急，方案当天就获得了长城资产总部的批复。

于是，经过无数个通宵决策，长城资产拿出了反复调整后"节奏感"十足的重整方案："经营性保壳 + 上市公司破产重整 + 优质资产注入"。

事实上，提供方案的不止长城资产一家，参与竞争的还有中融信托等，超日债保荐方中信建投上报了三个方案给相关方面。最终，监管层对长城资产的方案最感兴趣，该方案也获得地方政府、企业及重组方的一致认可，从三个备选方案中脱颖而出。

按照方案设计，归还超日债权的资金来自两部分：超日将以资本公积之股本溢价转增股本 16.8 亿股，由超日的现有全体股东无偿转让、并由协鑫集团等 9 家投资人有条件受让，9 家投资人受让上述转增股份应支付 14.6 亿元。再加上超日通过处置境内外资产和借款等方式筹集的不低于 5 亿元，合计不低于 19.6 亿元将用于支付重整费用、清偿债务、提存初步确认债权和预计债权以及作为超日后续经营的流动资金。

其中，协鑫集团出资 3.4 亿元，并向超日提供 2.5 亿元的无息借款，获得了超日 21% 的股权，而长城资产通过旗下嘉兴长元基金获得了超日 9.51% 的股权。这一股权比例足以控股超日，保障了之后的重组方向。

赵明透露，就在长城资产制订重组方案时，已有风投资金给超日补充了流动性，即便在市场非常绝望的时候，他们的生产一直没有完全中断，这给后期实现盈利打下了坚固的基础。

可圈可点的是，在破产重整中，长城资产采用资本公积转增股份的方式较好地兼顾了各方的利益。当时债转股、增发新股等方式显然均不可行，资本公积转增股份的转让既未将超日的原股东剔除出上市公司的股东名单外，也让协鑫集团获得了控股权，长城资产的这一设计十分巧妙。

为了精细设计这一环节，长城资产团队研究了各种重组案例，反复讨论，最终排除了损害股民利益的缩股等方案，确定了资本公积转增股份的方式。资本公积转增是全转还是有所保留，长城资产也曾与中信建投据理力争。

"方案在不断变化，从立项到最终方案的敲定，中间经历了至少两次交易结构的调整，反复论证才形成了最后的实施方案。"陶永平说。

就如我们欣赏世界名曲、品鉴文豪著作时，对于某个音符、某段语句之精妙使用而感慨万千一样，我们看到的是反复推敲、磨炼的成品，作者当时创作时耗费的精力、花费的心血，我们永远无法感同身受。长城资产团队拿出的经典方案，不知经历过多少次数易其稿、倒推计算，方能如此环环相扣、面面俱到、模型式缜密、乐章般完美。

临危决断

这么多年过去，周礼耀仍然不忘当时大家做方案时面对的艰辛和压力。而备受外界赞誉的"经营性保壳+上市公司破产重整+优质资产注入"的解决方案，其实有三个巨大风险，一直藏在他的心中。

"楼下坐了很多白发苍苍的老头老太太，说来讨回他们的养老钱。"许良军去超日开会时，这一幕让他印象深刻。"当时买公司债都觉得有担保，比存银行强很多，所以6000多债民里有大量的老年人。"

为此，长城资产的解决方案里最大程度地体现了保护几千中小债民利益的思路：首先，超日公司职工债权和税款债权100%受偿。其次，普通债20万元以下部分全额受偿，超过20万元部分按照20%的比例受偿。与破产清算不足4%的清偿率相比，此方案一出，即刻获得广大中小债民的认可。

而为实现中小债民100%的清偿这一承诺，长城资产和另一合作方上海久阳要提供高达8.8亿元的担保函，如果方案能在债权人会议通过，将提供不超过8.8亿元的连带责任担保，即保证"超日债"的持有者能够收回全部本息——这在外界掀起一阵波澜。有债权人甚至表示，对本息可能全额偿付的结果很"意外"。

长城资产之所以使出这个"出人意料"的奇招，原因在于：法院初步确认的2306位超日公司债权人当中，"11超日债"债券持有人数量为2114人，占据全部债权人数量的90%以上。因此，他们对破产重整方案的通过有举足轻重的作用。

而8.8亿元是经过倒推，精密测算出来的。普通债受偿比例从不到4%提升到20%，则意味着包括长城资产、协鑫集团在内的9家投资人，共要出资近30亿成本来重组超日。

"这个过程是不可控的，你吃不准。"周礼耀认为这是第一个风险。如果担保函生效，但后期哪个环节出现问题，"这个担保就白白兑付了。"而许良军事后回想："这当中只要有点幺蛾子就会出现问题。"

根据长城资产提供的重整计划，债权人会议表决通过重整计划的标准为财产担保债权组、职工债权组、税款债权组和普通债权组四个表决组均表决通过，出席会议的同一表决组的债权人过半数同意、并且其所代表的债权额占该组债权总额的2/3以上。

同意人数应该没什么问题，毕竟小额债权人人数众多，并且方案最大程度照顾了他们的利益，但债权总额上，似乎还拿不准。

在超日第二次债权人大会召开前，"幺蛾子"果然来了。有超日的供货商牵头了18家普通债权人，认为20万元以上部分偿付比例过低，要求提高他们的偿付比例，否则将投反对票。

早上五点，月亮在长城资产办公地点附近的北京月坛公园上空打转，太阳还打着盹欲醒还休。

事关重大。天刚蒙蒙亮，得知消息的许良军等人匆匆赶到周礼耀的办公室，紧急汇报了这个被视为"第二个风险"的突发状况："经过长城和协鑫的多方斡旋争取，预计能拿到 66% 的赞成票。"周礼耀询问了 66% 的构成，当得知有不少国有银行后，他开始有点担心。

"当时我们还是挺乐观的，认为银行都能同意，谁会选择收益更低的破产清算？而且既是同行又是朋友，应该问题不大。"许良军回忆说。周礼耀却不这样认为："要研究国有银行的心理，他们不会太多考虑偿付比例的问题，宁可破产清算拿 4% 的补偿也不会赞成重组，因为破产清算对他们来说'顺理成章'。"周礼耀觉得，要另做准备。

为了确保重组方案投票万无一失，长城资产必须收购一些非金融债权以增加赞成票，而换算下来这一数字是 7.47 亿元！如果投入，到时重组方案没通过，将显性损失 2700 万元。而如果不投入，前期的工作就全都白做了，超日只能破产清算后退市，各方已投入的资金也无法收回。

风险敞口就在那里，左右为难。赵明记得很清楚，在决策前夕，时任总裁张晓松给具体经办人员打了一个多小时的电话，反复在问：有没有问题？

经过反复研究、综合分析后，长城资产高层断然决定：收！

"这还不是胆量的问题，是胆识的问题，这后面得有担当。"长城资产董秘史剑事后回想，此决策在当时是很难做出的，"一些突破性的工作，很多人第一步能想得到，但是担当方面，再三权衡之后，就说我还是别担责了。"

而许良军则认为，领导们至少有了七成把握，才会顶着巨大压力做此决定。"艺高人胆大，实际上肯定想明白了，否则就成匹夫之勇了。如果出现问题，是要问责的。"

可以说，7.47 亿元非金债的收购决策，是信息极不对称、事件走势完全不掌控的情况下做出的，因为即便各方再去做债权人的工作，再去争取更多的赞成票，也只是测算。人心是最不可控的，就如美国总统大选，不到最后一刻，谁也无法预知最终结果。所以，长城资产团队当时所背负的巨大压力，我们无法单纯用文字去还原，也许，是夜不能寐，是不思饮食……

而对付压力的唯一办法，就是像龙舟赛的划手一样，在统一指令下更加齐心协力、上下同欲。

铆着一股劲，拧成一股绳

知名 NBA 球星、前北京首钢队员兼"政委"马布里说过："每当球队遇到困难的时候，我总是强迫自己按照自己的方式去做。"关键时点的决策人，和一般执行人不一样的地方就在于，他会主动把责任往自己身上揽。

在周礼耀看来，风险偏好因人而异，"就像收购不良资产一样，有的人打三折就感觉价格高了，有的人打五折没感觉什么。这和前期尽职调查、价值判断、后续处置能力都有关系。当时总体希望这个事情能往前推进，第一步已经走了，第二步一定要走，每一步都脚踏实地往前走。"

保壳的机会只有一次，稍有闪失超日就直接进入退市状态，根本没有第二次机会。只许成功不许失败，所以周礼耀觉得士气非常重要。"作为一个团队领导，你必须有这种底气鼓舞着大家往前走。如果领导都感觉不行，往后退，即使员工有再好的信心，再好的想法，可能到领导这里就'消亡'了。"

有了高层的担当和鼓劲，大家的士气都被激发了。陶永平甚至说："如果将来真出什么问题，这个损失我们上海办来承担。"

"当时，如果说有一个人公然提反对意见的话，这个事情基本上就终止了。"许良军唏嘘说。但是整个团队在各个层面都有了担当意识，没有一个人拖后腿。

周礼耀感觉，大家已拧成了一股绳，"确实是一个团队在战斗，具体操盘的几位同事的技术能力远远要超过我，而整合能力、综合判断能力我应该比他们强。这实际上是一种非常好的优势互补。"

2014年10月23日，超日第二次债权人会议就要召开，长城资产必须抓紧在此前完成非金债的收购。

时间不等人，加上为了做好保密工作，长城资产对于收购非金债的批复，没有走传统的通道，而是派专人将批复函在凌晨午夜送至上海。

当时负责接机的长城资产上海办工作人员张宏建回忆说："我们感到很震惊，因为以前从来没有过。总部投行部的同事凌晨到上海，然后在自己亲戚家休息一下，第二天首班飞机又飞回北京。当时感觉这个批复函的分量真是沉甸甸的。"

一方面是高度保密，一方面是全力以赴地争取通过票。"中信建投、协鑫、律所……各个渠道都在做争取，甚至做到了'人盯人'，每天项目组都在推算投票率。"赵明回忆，"当时感觉各方也很齐心协力，同穿一条裤子都嫌肥。"

10月23日，上海奉贤区人民法院人头攒动，超日第二次债权人会议当天在此举行。大量"11超日债"债券持有人有意选择到现场投票，而之所以不选择网络投票，是因为都想第一时间得到消息——毕竟这段时间很煎熬。

债权人会议看上去风平浪静，再没有人拉横幅"闹事"，也没有人公开提反对意见。许良军、赵明等人也在静静地等待最终的投票结果——至关重要的一个百分比。

最终，债权人大会公布了赞成票比例：69.89%——很险地越过了2/3的通过红线。周礼耀的判断很准确，几乎所有银行最后都投了弃权票。而7.47亿元债权的收购决策，成为重组得以顺利推进的关键——假如这7.47亿元债权的原持有人投反对票，或者干脆不参与投票，赞成票比例显然将大幅缩水。

"回想当时整个团队每个岗位都在等待7.47亿元债权的收购决策，大家都铆着一股劲往前推进，最后艰险过关可以说是长城资产上上下下齐心协力的一个结果。"许良军说。

始终留着后手

据当时的新闻报道，有超日债权人得知重组方案通过的消息后振臂欢呼，甚至相约去搞一个庆祝活动。

"现场很多人都在欢呼拥抱，我们赶紧回来了，因为还有很多的事情要做。"赵明说。

无暇庆祝的长城资产团队艰险过了第二关，还没等缓口气，第三个风险就随后到来。按照原有方案设计，在香港上市的协鑫集团准备把多晶硅生产这一重资产转回内地，但香港的股民们否决了这个方案。

所以说，人心是最不可测的，人性也是最为复杂的。所有预想往往都是想当然。

消息传来，大家有些慌，外界也开始质疑：这下没有重资产了，是否意味着重组宣告失败？

周礼耀记得很清楚，当时他和协鑫集团董事长朱共山在同一辆考斯特中巴车上。此时他正在协鑫公司考察，这时急促的电话声响起，公司同事焦急万分地告诉他："出事了！"

周礼耀安抚了下同事，笑着说：这其实是好事。

起初，长城资产团队提出和协鑫联合起来做电站，因为电站的收益期很长，至少有20多年。每个电站的投资回报率是8到11个点，而且这是长期稳固的收益。但朱共山有自己的一盘棋，他只想把多晶硅生产这一重资产转移回来。

长城资产最后做了妥协，既然一起做电站协鑫没有积极性，而转移多晶硅生产显然可行性不大，所以他们预留了没有重资产支撑下的第三种方案：近几年，以产品制造为核心的传统发展模式，加快向基于产品提供综合服务模式的方向转变，从生产型向服务型转变正在成为制造业发展的一个基本趋势。长城资产给超日公司注入了协鑫集团旗下的高效能组件资产和运维资产，将其打造成轻资产、高技术、高附加值的系统集成服务商。

现在由不得协鑫不重新审视重组路径了。"前两个方案不行,第三种方案也是我们所希望的。"周礼耀说,"给光伏产业链提供一条龙综合服务的科技类公司,也是很有市场的。"

做最大的努力,但也要有最坏的打算。人工智能AlphaGo,能横扫围棋世界冠军,靠的全是精确的计算和判断。每一步落子前,它都已经仔细计算了对方的各种可能应对及自己的跟进策略。所有风险背后都留着后手,这也正是长城资产团队的高明和厉害之处。

长城资产预留的第二方案最终成功落地。2014年12月17日,超日发布公告,公司将以2014年12月22日作为还本付息日,对每手"11超日债"面值1000元派发本息合计1116.40元,至此,超日违约事件宣告结束。2014年12月24日,*ST超日重整计划执行完毕,更名为"*ST集成"。

而随着入主*ST超日,协鑫集团在完善产业链的同时也做出了承诺:"在符合法律、法规规定的前提下,重整后通过恢复生产经营、注入优质资产等各类方式,使超日太阳2015年、2016年实现的经审计的归属于母公司所有者的净利润分别不低于6亿元、8亿元。如果实际实现的净利润低于上述承诺净利润的,由江苏协鑫以现金方式就未达到利润预测的部分对超日太阳进行补偿。"

因为,超日公司若想恢复上市,必须达到2014年营业收入不低于1000万元、净利润净资产均为正等条件。这时,协鑫集团的功能就得到了最大程度的发挥。为了快速达到财务方面的要求,盘活超日公司的生产线,协鑫集团给了超日公司不少生产订单。超日主要向协鑫集团旗下的保利协鑫能源采购硅料等原材料,加工成电池组件,再向协鑫集团旗下的协鑫新能源销售。

陶永平说,在资产重组阶段,重组方要围绕超日复牌的四大必备条件积极推进:即当年扣除非正常性损益其净利润反映为正值,当年扣非前净利润为正值,当年净资产翻正,未来有持续稳定增长的主营业务及利润预期。

"这里面需要大量的准确推算，十分精妙。按照正常的市场销售，协鑫提供多少订单，超日才能达到一定的营收和利润指标，我们和相关机构进行了大量协调、计算。"赵明说，买原料、签合同、发订单，每一个环节都需要精准考虑到。

就这样靠着与协鑫集团相关公司签订的约 32.8 亿元的采购与销售订单，并通过更换管理人员、恢复生产、拓展市场，超日公司具备了持续经营能力。*ST 集成 2014 年营业收入最终达到 26.99 亿元，扣除非经常性损益后净利润为 1.46 亿元，实现扭亏为盈，解除了退市风险。

这些事情，都是长城资产团队计划内的，辛苦大半年时间，他们对待超日项目就如同呵护一株幼苗，让其免受天灾和天敌的困扰。这棵幼苗在挺过三个不确定性极强的巨大风险之后，此时他们要做的，就是静待花开。

从病人变强人

换做另外任何一方，可能都没有选择协鑫集团如此完美的结局，这是长城资产团队长达 3 个多月的走访、斡旋和谈判换来的。

事情继续按照长城资产的部署进行，2015 年 8 月 12 日，"上海超日"更名为"协鑫集成"恢复上市。当日股票价格从停牌前的 1.22 元涨至 13.25 元，全天涨幅达到惊人的 986%，显示了资本市场对此次转型的高度认可。

涨这么高，这是长城资产团队没有想到的，但他们却一股没卖。"我们是流通股，如果第一天卖大概就可以赚 25 亿元。但这里面有社会责任，也要保证重组各方的信心。"周礼耀说。

长城资产操盘的项目，往往要对政治责任、社会责任和经济责任三位一体进行通盘考虑，其中，前两个责任是最重要的。这也是央企和纯粹图利的市场化资本不一样的地方。

超日项目中，长城资产共获受让*ST超日2.4亿股股本，每股成本均价1.89元，略低于*ST超日的停牌价1.91元/股（停牌之前，*ST超日收盘价为1.91元，停牌期间协鑫集成通过了每10股转增5.694334股的方案，股价在恢复交易当天进行除权，由此停牌前收盘价前复权为每股1.22元）。这么多年过去了，长城资产在超日项目的年化收益率还是超过了30%。而长城资产也"陪伴"协鑫集团至今，一直还是协鑫集成的第二大股东。目前，协鑫集团已成为世界光伏龙头，拥有保利协鑫、协鑫集成、协鑫新能源三个上市平台，分别专注于硅材料、系统集成、光伏电站，对应光伏产业链的上游、中游、下游。

而经过多年发展，协鑫集成目前已将自己打造成全球领先的一站式智慧综合能源系统集成商，成为以技术研发为基础、设计优化为依托、系统集成为载体、金融服务支持为纽带，智能运维服务为支撑的一体化"设计+产品+服务"包提供商。

协鑫集成2018年年报显示，在复杂的宏观环境下，公司依然实现净利润0.45亿元，同比增长87.5%。

面对还准备陪协鑫集团走多远的问题，周礼耀透露："应该说有两种可能。如果继续转型，就得长期跟着走，我们还要继续做不良资产的整合，比如在产业合并时继续做服务商，陪企业共同成长。另一方面，如果哪一天企业说自己可以了，长城资产就退出了，当别人成功的时候我们就'隐'到后面去了。"

周礼耀做了个形象的比喻：长城资产的问题企业重组，就是陪伴企业"治愈"到可以独立，让一个病人变成一个健康的人，直到变成一个强壮的人。

时隔多年后，赵明每天还都要看下协鑫集成的股价走势。"其实，我们对超日不良资产的处置到今天还在继续，还在做收尾。"在产业层面，长城资产上海分公司还在海外追偿当年超日遗留的电站资产。"超日这块资产总共十几亿，如果不处置就是一堆废纸，说没就没了。我们就想探索和尝试一下，看能不能追回一部分。"

但其难度可以想象，海外法律体系和国内完全不同，超日原有资产又分散在海外多个国家，要适用各个国家不同的法律。

"国外公司的董事并不都是股东，但董事的权力非常大，所以也会经常碰壁。但我们既然想做不良资产收购及处置，就必须尝试着把触角伸到海外，因为你看不论是华信系，还是海航系，当时在海外都存有大量的不良资产。加上一带一路倡议的推进，这方面以后肯定是一个大市场。所以国际化追偿的能力必须提升。"赵明笑言，"等于还在帮超日处理着烂摊子，但也是在练手。"

经过两年的准备，长城资产上海分公司做了大量铺垫工作，他们准备先打造一个样板，逐步推开。

2018年11月6日，长城资产董事长沈晓明专程来到苏州能源中心，深入协鑫集团考察调研，并与协鑫集团董事长朱共山共同分析市场困境，研究金融风险防范对策，规划高质量发展战略路径。

沈晓明董事长当时表示：经过此次考察，长城资产对协鑫布局新能源和清洁能源产业、打造完整的产业链有了全面认知和高度认同，长城资产将把协鑫集团列为民营企业服务标杆企业，从而促进双方谋求深度合作，共创高质量发展示范标杆。他还说，长城资产与协鑫集团的合作互补性强，基础牢固，潜力巨大，下一步将在政策扶持、金融产品设计等方面提供全方位服务，多元化合作，谋求最大化共赢。

2016年6月，最高人民法院公布了企业破产重整及清算十大典型案例，其中，上海超日破产重整案名列其中，成为推进供给侧结构性改革的典型案例。

经济学家巴曙松曾对超日危机化解评论说："资产管理公司牵头多方进行资产重组，合作方实现借壳上市，实现了投资人、债务人、债权人、地方政府的多方共赢。"——这代表了主流经济学界对长城资产重组项目的高度认可。

而即便没有直接参与其中的长城资产员工,也对超日债重组这一经典战役感慨万千:"超日项目中,长城资产在中间起到了一个总协调人的作用,它是一个轴心,离开了长城资产这个角色,可能整个重组就会全部黄掉。"作为长城资产的"财务总管",曹祥金以"旁观"的视角告诉笔者,"领导经常提及重组时要有'上中下、左中右、前中后'七维一体的概念,需要把各方面的利益都兼顾到,各个链条都理顺,包括十几家银行、大量供应商、那么多债权人,利益关系很复杂,任何一方利益受损,可能就推进不下去——你想想难度有多大?"

"蒸蒸日上的企业,不是资产公司关注的对象,他们也不会来找我们,所以它一定是像超日这样的,出现重大危机,但资产公司可以化腐朽为神奇,提升不良资产的价值。"长城资产子公司国富置业前董事长徐沪江深谙同事们的思路,"就像广东顺德的大厨,鸡肠、鸭肠、鱼肠,他们都不扔掉,做出来的鱼肠粥,相当可口。再不好的原材料,你只要有心,都可以成为美味佳肴。做不良资产与此是一个道理。"

超日背后

超日项目这一堪称商学院教材的案例,还只是长城资产大投行战略下运作的冰山一角。

在对不良资产进行资源整合的过程中,长城资产正是通过旗下银行、证券、保险、信托、租赁、基金等多元化金融平台协同打业务"组合拳",把牌照功能运用到极致,"创意般"提升不良资产的内在价值。

这与长城资产管理层一直倡导的差异化发展之路密不可分。那么长城资产与其他三大资产公司的差异化到底在哪?这个问题不但笔者感兴趣,想必外界也同样好奇。

已任长城资产总裁的周礼耀饶有兴致地给笔者讲了一个故事:"2006年,我在上海参加一个国际会议,路透社约我采访。结果就问为何长城转型最慢?说信达、华融等都做平台了。我就告诉他:长城正在探索过程当中,今天有不等于未来好,今天没有不等于未来不好。长城一定会采用差异化的发展战略。他就问这个差异化是什么?我说十年后你再来采访我,就知道了。"

时光荏苒,到了2017年,路透社另一位年轻记者前来采访,问了周礼耀一个问题:据说资产公司现在根本就不是在做不良资产,有的在做"二道贩子"。

周礼耀告诉她:"十年前你同事的问题,我现在可以回答了。"

一个问题,十年后再来回答,听起来颇为传奇,且听周礼耀是怎么回答的:

"用并购重组的思路做不良资产的投资运营,应该是长城资产差异化发展的精髓和核心竞争力。在具体的业务布局上,我们始终坚持不良资产经营处置为主业,重点在并购重组领域打造领先的投行品牌。这也是别人模仿不了的。"

同时,不良资产领域的每一家公司都有自己独特的特点,各家公司在每个环节的能力都是有限的,长城资产以并购重组著称,他们在整个不良资产市场寻求的就是有重组价值的资产,而没有重组价值的资产自然会打包出售。"这是一个不良资产处置的生态链。"周礼耀说。

而显然,长城资产位于这个生态链的顶端。

这么多年来,长城资产一直主动在不良资产资源中寻找通过债务重组切入到财务重组、资产重组、企业重组乃至产业重组等全产业链服务的机会,以并购重组的方式解决存量中的资源错配问题,开发了一系列差异化、特色化的产品。

许良军给笔者解读了这几个重组方式的"功效":资产重组可以帮助企业获取未来可持续发展的有效资产;债务重组可以帮助企业改善负债

结构、降低杠杆率；企业重组可以帮助企业"吐故纳新"、重新配置资源、调整资产结构，拆分重组公司的业务结构，剥离"有毒"资产、提升有效资产价值；财务重组则可以帮助企业优化财务结构，并通过盈利结构的重组帮助优化企业业务结构。

在周礼耀看来，在当前经济金融形势下，谁能把握机遇打造出差异化的核心竞争力，谁就赢得了未来可持续发展的主动权。

有一次，周礼耀给花旗中国的一位高管介绍了长城资产做的6个案例，花旗的这位高管惊呆了：花旗还是传统的中间商业务，而长城资产已经是综合性的另类组合式投行做法。周礼耀说："我们很多并购重组项目年化收益率没有低过30%，花旗的年化收益率大概是15%到25%，所以他们也很惊讶。"

2008年，巨无霸式的花旗因次贷而陷入危机，这家公司当时就坏在"大"上，全方位、全业务、一站式经营，各种业务相互关联，互相影响，好的时候相互促进，一荣俱荣，不好的时候则相互拖累。但是危机后，这个老牌金融帝国的核心主业却越做越好。能让花旗集团"意想不到"，可见长城资产的做法之超前。

"长城资产人眼里没有不良资产，其实遍地都是黄金和机会。但最佳时点对不良资产这一行非常重要，我们是一个资源错配和逆周期的行业，所以第一有时空性的问题，第二是非标准性，每个项目都会不一样，第三是不良资产概念的相对性。"周礼耀与花旗中国高管探讨说，他搞了十几年不良资产行业，才悟出了不良资产的两个最大价值：债权价值和追索价值。债权价值就是复利，空间非常大。追索价值就是法律追诉，比如无限大的罚息等，只要把这个企业追根到底，至少能回收60%~70%。"实际上这是个组合拳，在资产处置当中价值增长十倍并不稀奇，只要你能够挖掘到真实的价值，并一直跟踪。"

那么，资产公司究竟应成为什么样的角色呢？"我认为是三种银行的角色，坏账银行、好银行和投资银行，必须是差异化的错落式的业务盈利模式，东方不亮西方亮。"周礼耀这样概括长城资产在经济金融体系中的作用和独特的商业逻辑。

差异化错落式盈利模式，为这几个字，周礼耀十年前想了很久才总结出来。

"我们争取用3年的时间做100个重组项目，这里面也是需要节奏的，东方不亮西方亮，通过时间、空间跨度去实现收益平衡。"周礼耀说，这个目标是可以分解的，30个分公司一年各做一个，3年后就大约是100个。"当然，这需要功力，也需要有耐心。"

"通过这些年的历练，最具有能力做金融控股集团的是资产公司，资产公司可以成为未来另类的投行。"周礼耀告诉笔者，他多年前就说过，中国的第一代投行一定出在资产公司，这个另类投行是资产、资本、资金、技术、管理、人才融合的一个综合体。

有人说过，什么叫投行？变不可能为可能，这就是投行。另类的投行又是什么？

许良军告诉笔者："另类投行既有佣金收益，又有债权收益、重组收益和投资收益，可以说是皇冠上的明珠，难度最大，对于问题企业，你要发现别人看不到的整合价值。而另类投行业务的最大魅力在于，十个人做就有十种方案，所以肯定是一批业界精英在做。"

长城资产在超日项目的操作上确实有几分秃鹫基金的意思。在国际大投行这个行业中有一种特殊的、另类投行就是秃鹫基金。秃鹫吃腐食，就是有问题的不良资产，他们通过掌控股权，利用基金的方式增加流动性，同时优化管理团队，通过技术提升进行产品改造，最后将问题企业化作新生。

事实上，业界一直很诧异，为什么投行业务是"农行背景"的长城资产在做？

一个不可否认的事实是，四大资产公司中，长城资产"出身最不好"——长城资产承接的是农行的不良资产包，"散、小、差"是其最大特点：3458亿元的资产，竟涉及195万户、475万笔！其中170多万户的资产分布在全国各个县乡。当时，不良资产基本上是平均分配给四大资产公司的，但长城资产的户头却是其他三家之和的10倍还要多！

长城资产总部审计部总经理汪柏林，印证了这一说法："可以说长城资产当时是最'穷'的，而其他几家资产公司还比较'有粮'。比如：建行的很多资产涉及房地产，大多都是基础建设的贷款，工行也有很多政策性债转股的资产。"而长城资产，这些"肥债"都没有……

或许，正是因为发展初期获得的资源"先天不足"，所以长城资产管理层内生性地产生一个思维，必须走一条跟别人不一样的差异化道路，才能在市场竞争中占据主动。

"大投行"已成为长城资产的核心战略之一，被长城资产视为"核武器"。"未来长城资产能不能成为中国版的高盛、摩根士丹利？我们一直有这样的梦想和目标。"周礼耀说，长城资产的独特思路是——小股权、大债权、中杠杆。"股权是未来稳定发展的基础，债权解决当期现金流，杠杆解决资本不足问题以形成合力。"

一线问答

笔　者　在超日项目中，您先后接触了协鑫集团和超日公司的负责人，他们给您留下了什么较为深刻的印象？

赵　明　协鑫集团董事长朱共山的执行力特别强。比如给超日注入流动性后，他就可以做到立刻组织生产，立刻组织销售。协鑫集团超强的管理能力和物流能力迅速对接过来，整个生产、运输流程非常顺畅。协鑫专门成立了一个经营小组和我们对接，所以组织生产方面根本不需要长城资产过多操心。也可以说，我们选对了人。

因为要处置超日原有的海外电站资产，我和倪总（倪开禄）还有接触。

他让我看到了一个老板的生生不息，他还在继续创业，60多岁了依然很有激情，这样一种企业家精神也值得敬佩。所以，抛开盲目扩张来说，倪开禄性格上的闪光点还是有不少的。比如，他没有为自己的利益而去伤害股民们的利益。一位企业家不论成功还是失败，人品还是至关重要的，可以赔钱，但不能赔了人品。倪开禄选择了全力配合，这是整个重组、重整的基础。超日的工作人员可以半夜三四点熬夜留守，给我们提供数据，没有这样的配合，在时间极为紧急的情况下，重组重整是无法顺利完成的。

方法论

模式：破产重整+资产重组（经营性保壳+上市公司破产重整+优质资产注入）

思路：针对因亏损严重、负债过重、经营陷入困境而濒临破产的企业，长城资产以"破产重整+资产重组"模式，对这类企业实施金融救助，化解金融风险。

收益渠道：在破产重整及资产重组的业务中，长城资产主要通过获取目标企业的股权，以取得未来股权升值后的超额收益。具体来说，可以从两个方面实现收益：

（一）以低于整体清偿比例的对价收购目标企业债权，待法院清偿后，获取差额收益

（二）通过参与设计破产重整计划，获取目标企业股权

1. 目标企业为上市公司的，通过债转股或直接认购的方式低成本地直接或间接（通过基金、资管计划等）持有上市公司股票，待上市公司复牌后分享股价上涨带来的收益；

2. 目标企业为非上市公司的，通过债转股获取目标企业股权，待目

标企业核心资产注入到上市公司后，目标企业的股权以合适的价格转换为上市公司股票，未来可在二级市场上获得高额收益。

3.通过为目标企业设计破产重整计划及后期资产重组方案，提供财务顾问服务，可以获取一定金额的财务顾问服务费。

如何风控？

（一）将整体方案嵌套于破产重整的司法流程中

由于目标企业已濒临破产，因此开展破产重整及资产重组类业务时，难以要求目标企业提供资产抵押或股权质押。这类业务最重要的风控措施是将整体方案嵌套于破产重整的司法流程中，例如在目标企业《重整计划草案》拟定后确定收购方案；在管理人向法院和债权人会议提交《重整计划草案》后，实施收购；目标企业《重整计划》经法院裁定批准后，实施后期资产重组等。将项目的操作节点与司法流程的审批环节对应，分步骤有序推进，最大限度保障资金的安全回收。

（二）与重组方共担风险

可以考虑在项目的具体操作中，联合主要重组方，共享收益，共担风险。

六大步骤

1.通过破产重整一次性解决超日公司高额的整体债务；

2.以附条件保函的创新形式收购"11超日债"；

3.收购上市公司不良债权锁定投票通过率；

4.遴选产业龙头企业作为主要重组方，引入财务投资者帮助企业恢复生产，充分利用了破产企业的生产能力；

5.向超日公司注入优质资产，提升持续经营能力；

6.达成恢复上市条件，帮助超日公司实现复牌。

调节+稳定

金融调节器：作为国内公募债首例违约事件，"11超日债"受到境内外高度关注。长城资产从超日重整（保壳）及后续重组（资产装并）两个阶段出发，通过破产重整一次性解决"*ST超日"公司的巨额债务问题，同时引入以江苏协鑫能源有限公司这一产业投资者为首、另7家财务投资者为辅的重组方，帮助企业恢复生产。不但使企业起死回生复牌上市，而且还助力企业获得了持续发展能力，并有效推进了我国光伏行业的资源整合和产业升级，促进这一典型产能过剩行业的结构改革和风险化解，发挥了资产管理公司金融调节器的作用。

金融稳定器：长城资产在超日破产重整中还充分发挥了其金融稳定器的作用。一方面，为"11超日债"持有人提供了连带责任担保，保证了"11超日债"的全额兑付。另一方面，设计了分级兑付方案，特别是"普通债权20万元以下部分（含20万元）全额受偿"的原则，获得了广大散户债民的一致拥护。长城资产在此过程中保护了6000多户中小债民的权益，维护了社会稳定，实现了各方共赢。

对症下药：善待有恢复生产经营能力的问题企业

超日债务的顺利化解，是极为典型的通过盘活企业存量资产、行业整合提升产能、提高企业经营效率，并最终通过在资本市场转股获取回报的方式。所以，不应过度关注壳资源的利用，应重视破产重整对困境企业的价值重塑。

通常情况下，重组比清算在经济上更有效率，因为它维持了企业的就业和资产。超日项目中，普通债权受偿率从3.95%提升到20%，小额普通债权甚至获得足额兑付。就问题企业而言，其价值已跌入谷底，甚至资不抵债，如果对其进行单纯的破产清算，债权人也只能得到极低比例的清偿。而如果对有运营能力的问题企业进行重整，进行挽救，就能为企业注入新的活力，恢复生产经营，公司价值也会随之提高，债权人的利益也将得到更大程度的保障。

事半功倍：选择同行作为重整方

重组方的战略高度、经营策略以及对问题公司主营业务的熟悉程度起着举足轻重的作用，选择同行业企业作为重整方，让问题企业以最快速度恢复生产经营,是超日项目在短短半年内迅速重整成功的关键。

巧妙设计:担保函和资本公积转增股份的妙用

长城资产和合作方提供的8.8亿元担保函,一举解决了国内公募债首例违约后刚性兑付的问题,从而可以把主要精力放在如何应对"11超日债"债权人之外其他债权人的诉求。担保函以重整成功为先决条件,具有追偿权,风险在可控范围,却能解开破产重整方案中最核心的难点。

资本公积转增股份的转让既未将超日的原股东剔除出上市公司的股东名单外,也让协鑫集团获得了控股权,较好地兼顾了各方的利益。在破产重整情况下,由法院裁定实施,可以有效避免原股东债权人对转增股本形成的股权进行查封,保证破产重整方案的顺利实施。

资本公积转增股本有以下两种形式:对破产重整主体账面上的资本公积转增股本,然后由全体股东让渡给重整方;重整方收购债权或代偿债务后形成的对破产重整主体的债权让渡给原控股股东,然后由原控股股东进行豁免债务,原控股股东的债务豁免给破产重整主体带来的重整利得可以计入资本公积,与原账面资本公积一同转增股本,然后一并让渡给重整方。

管理创新:"律所+会所"的新型管理人模式

根据《最高人民法院关于审理企业破产案件指定管理人的规定》,人民法院审理企业破产案件应当指定管理人。

由于超日公司所涉债务规模大、重整时间紧、海外资产结构复杂等原因,为了推进重整进程并确保工作稳定、有序展开,上海一中院采取市场化的方式,邀请社会中介机构参加竞争,在综合考量参与竞争机构的专业经验、规模、价格等因素的情况下,上海一中院指定北京市金杜律师事务所上海分所和毕马威华振会计师事务所上海分所作为超日公司联合管理人。这种优势互补的"律师事务所+会计师事务所"的管理人模式为后期超日项目的推进起到了一定的辅助作用。

启示录

1. 民企老板：决策习惯要改一改

从文中可以看到，超日公司董事长倪开禄当时投资 500 万元做光伏根本没有去调查、论证，只是凭感觉认为光伏这个新技术绝对有着很好的应用前景，就拍板上马。他还担心，考虑多了可能就错失机会了。

不得不说，中国不乏这类有着"豪赌精神"的企业家。管理大师赫伯特·西蒙说过："决策是管理的心脏，管理是由一系列决策组成的，管理就是决策。"决策如此至关重要，直接影响企业的生死存亡。然而，很多企业家还是习惯"拍脑袋"做决策，缺乏科学分析和程序，最后一失足成千古恨。

其实，与优柔寡断相比，盲目决策危害更大，前者最多的后果是懊悔，后者则有可能搭上身家性命。

在中国经济降速换挡的大背景下，慎重一些、多评估、多往后想几步，绝对没有错。

2. 发展节奏：跑不动了就歇一歇

超日可谓成也资本、败也资本，其发展战略过于激进、行业衰落时期依旧过度扩张，都是"蒙眼狂奔"的结果——而这种借助资本迅速做大市场、做大规模占据高地的做法，出现在很多新兴行业公司身上，他们乐此不疲，忽视创新，认为做到一定规模自然就会盈利。

事实上，就在超日债违约发生时，光伏行业已有回暖迹象，不少光伏企业的开工率陆续增加，而超日没有在寒冬里休养生息，自然也等不到春天的到来。

超日后期在海外疯狂收购电站，目的竟然是为了解决电池组件产品严重滞销的问题，某种程度上是自己出钱买自己的产品，可悲亦可笑。如果此时歇一歇，放缓脚步，瞅准时机再进行战略调整，或许超日也不会在光伏行业里"日落西山"。

相比之下，日本作为全球百年企业最多（达2万家以上）的国家，那些百年老店的经营理念中有一条，值得我们反思："等身高经营"。他们从不做超出自身控制能力的激进经营。说白了，就是有多少金刚钻才揽多少瓷器活，他们能够"长寿"，就在于他们不相信超常规的火箭式经营具有可持续性。

3. 风控管理：零应收必须学一学

超日选择了错误的经营模式，使得其现金消耗速度过快，以致拖垮企业。资本市场的资金错配不仅导致了超日对资金使用效率的下降，也导致了投资者直接亏损。

超日当年报表中的"应收账款"的增幅甚至超过了营业收入的增幅，而倪开禄却对"应收账款激增"并不在意，甚至后期采用了半买半送的策略进行销售，将资金链断裂的风险无限放大。

海尔集团CEO张瑞敏一直在公司践行零库存、零应收的原则，继而在企业管理实践中创造出了具有中国特色的管理模式：人单合一。在张瑞敏看来，所有被危机困扰的企业，无一例外都是被库存和应收账款拖垮的。

张瑞敏曾说："库存太大，经济危机一来，你有什么办法？只能把它贱卖，贱卖之后，更加难以为继。第二，应收账款收不回来，资金链断掉。没有资金链，你没法运作，导致恶性循环。所以库存和应收是企业管理永恒的主题，如果解决不了，只要一来经济危机，企业肯定完蛋。"

张瑞敏的这番话，如果倪开禄听到，会是什么感受？

4. 顶层规划：家族式管理减一减

在一系列债券违约事件中，公司治理结构不合理是导致债券信用风险增加、加速债务违约的直接原因。从股权结构来看，超日是一家典型的家族企业，倪开禄和倪娜父女合计持有上市公司股权达43.89%。倪开禄在海外焦头烂额地处理电站资产时，辞任了超日太阳总经理，这一职务随后由其女婿担任。

家族企业往往具有比较强的凝聚力，但其弊端在公众公司中会被无限放大。比如，家族企业的经营管理者对外来人员的重用程度不高，难以发挥职业经理人的能力，从而出现思维定式。超日在发展后期思维已经固化，但他们从未思考过调整企业经营方式。此外，家族企业难以形成有效的人员管理和考核机制，人情替代制度现象时有发生。家族企业的危机公关也是软肋，2012年底传出倪开禄"携款潜逃"的舆情时，公司并未及时发声辟谣，导致恐慌蔓延。

5. 时代难题：黑天鹅事件防一防

倪开禄在企业发展的过程中，先后遇到了两次堪称"黑天鹅"的事件，一次是因为童车缺少安全附件而被禁止销售，这让倪开禄踏进了光伏产业。而另一次则是欧美对于光伏产业的反倾销、反补贴调查，直接让包括超日在内的国内光伏企业由波峰跌入谷底。

黑天鹅事件非常难以预测，但通常会引起市场连锁负面反应甚至颠覆。黑天鹅事件的基础逻辑是：你不知道的事比你知道的事更有意义。在人类社会发展的进程中，对我们的历史和社会产生重大影响的，通常都不是我们已知或可以预见的东西。在公司成长过程中，黑天鹅事件往往是政策突变、公司重大负面新闻等，在笔者看来，防止黑天鹅事件只要记住我们传统文化的两个字就可以了：中庸。

董事长点评："超日项目"方案当前仍有极强借鉴意义

为实体企业纾困、化解金融风险是长城资产的历史使命与职责所在。面对困境中的超日公司，长城资产依托多年的不良资产收购与处置经验，结合资本市场要求，整体设计了"经营性保壳＋上市公司破产重整＋优质资产注入"的一揽子方案，经过艰苦努力，前后实施一年多时间，最终获得了包括债权人、中小股东、重组方、地方政府、监管部门在内的有关各方的高度认可，取得了良好的经济效益和社会效果。

超日项目是四家资产公司成立以来，在重组方面做得最为经典的案例之一，开创了很多先河。比如这是非金融债权收购和案外担保首次运用于破产重整。某种程度上可以说，没有超日项目就没有长城资产的差异化发展。

首先在破产制度下，长城资产引入了协鑫集团作为产业重组方，为超日公司带来了资金与订单的双重支持，超日公司在停工停产的状态下，快速恢复经营并持续加班加点生产，最终2014年扣除非经常性损益后的净利润实现正值，满足申请恢复上市的利润要求，避免了退市的风险，最大程度挽救了企业重组价值。其次在项目运作过程中，长城资产作为方案设计者和资金服务提供者，不断平衡、说服各个利益方，求同存异，尽量使各利益方的诉求得以最优实现。在遴选重组方时，项目组花了3个多月的时间跑遍了光伏行业的龙头企业，选择了与*ST超日互补性强的协鑫集团；同时，为了全额兑付"11超日债"，长城资产为公募债持有者出具附条件生效的保函，并联合其他方共同担保，确保"11超日债"本金利息的全额兑付，最大程度挽救了几千中小债民，维护了地方稳定。最后在第二次债权人会议召开之前，以供货商为主牵头的18家普通债权人共同要求提高偿付比例，否则将投反对票。若整体破产重整方案未能通过，则超日公司将直接破产清算，清偿率不足4%，各方已投入的资金无法收回，债务人的权益也无法保障。面对严峻的投票局势，长城资产召集管理人、重组方等各方召开会议，迅速在媒体上以客观公正的角度对此次重组方案的实质进行了解读。同时长城资产快速决策，通过不良资产收购的手段，收购了超日公司7.47亿元的非金融债权，进一步锁定重整计划的通过率。最终经过各方努力，债权人会议以

69.89%的债权通过比例，顺利越过"三分之二债权同意"这一红线，长城资产所掌握的债权金额占全部同意债权金额的42.98%。最大程度地为上市公司的破产重整成功保驾护航，避免了上市公司破产清算的命运。

我国资本市场第一单公司债券违约就此成功化解。时光荏苒，长城资产为超日公司设计的整体方案和操作手法在当前公司债券违约频发、民营企业经营困难的经济形势下，仍有极强的借鉴意义。超日项目的整体方案，是以纾困民企、支持民企发展、化解金融风险为核心的破产重整方案，不仅有效纾解了上市企业的破产困境，而且通过资产重组实现了产业升级，扶持了民营实体企业的可持续发展，是践行长城资产"化解金融风险、提升资产价值、服务经济发展"企业使命的最好注解，赢得了地方政府、监管机构、社会各界和客户的高度赞誉。

——中国长城资产管理股份有限公司董事长　沈晓明

时间轴

2014

3月4日　超日公告称10亿元债券（11超日债）无法按期兑付，国内公募债市场的首例违约案爆发。

5月6日　超日公司的供应商上海毅华金属材料有限公司以超日不能清偿到期债务为由，向上海市第一中级人民法院申请对超日进行重整。

5月28日　深交所决定超日公司股票暂停交易，昔日光鲜的超日面临退市风险。

长城资产拿出了反复调整后的重整方案："经营性保壳＋上市公司破产重整＋优质资产注入"。超日将以资本公积之股本溢价转增股本16.8亿股。

6月26日　　上海市第一中级人民法院裁定超日公司进入破产重整程序。

　　　　　长城资产承诺，如果方案能在债权人会议通过，将提供不超过8.8亿元的连带责任担保，即保证"超日债"的持有者能够收回全部本息。

　　　　　长城资产作出了收购超日公司7.47亿元非金融债权的决定。

10月23日　债权人大会上投票通过了破产重整计划，10月28日获得上海一中院的裁定批准。

12月17日　超日发布公告，公司将以2014年12月22日作为还本付息日，对每手"11超日债"面值1000元派发本息合计1116.40元，"11超日债"中6000多名债权人的债权全部得到全额保障。

12月24日　*ST超日重整计划执行完毕，更名为"*ST集成"。

12月31日　超日公司归属于母公司所有者的净资产为3.24亿元，扣除非经常性损益后归属于母公司所有者的净利润为1.46亿元，达成恢复上市的全部指标。

2015

8月12日　　"上海超日"更名为"协鑫集成"恢复上市，当日股票价格从停牌前的1.22元涨至13.25元。

第二章 中国铁物："七个圈"复活巨无霸央企

> 侵欲无厌，规求无度。
> ——左传·昭公二十六年

2018年的圣诞节，时任长城国融投资管理有限公司总经理的许良军坐在签约台前一丝不苟地签下自己的名字，站在后排见证的长城资产董事长沈晓明和总裁周礼耀都缓缓地松了一口气。签完字，许良军的眉头舒展了很多，面对媒体镜头，他微微一笑，过去两年，整个团队的振奋、激动、懊恼、纠结，像过电影般从他脑海里闪过。

这个不平凡的12月25日，终将写进中国金融史……

巨震

因第一起实质性违约而举世瞩目的超日债危机爆发之后，整个中国债券市场并不风平浪静，大大小小的违约事件接连不断，且出现数量和规模不断攀升的态势。2016年，就发生了49起债券违约，违约规模达到296亿元，二者均超过2014年和2015年之和。

而2016年4月爆发的中国铁物债务危机，堪称"核弹"级别，这是超日债违约后最严重的一起信用事件，再次引发了中国债市巨震，并在上空留下了久不散去的"蘑菇云"。之所以"震感"强烈，原因有几大因素：中国铁物巨量的存量债券规模、枯竭的流动性、极大的违约风险、国资委直管的央企身份。

中国铁物出现债务危机，可以说颠覆了公众央企信用崇拜的"信仰"，一时间债券市场风声鹤唳，极度恐慌下，人们担心信用债违约潮伴随着"逃废债"来袭。

由于中国铁物债务规模大、构成复杂、债权人众多，产生了巨大的社会影响，国家领导人对此高度重视，多次进行批示。

长城资产处置的不良资产项目，往往不是"排雷"，而更像一次次风险度极高的"核爆"拆除。刚刚妥善拆解完超日债危机这颗"原子弹"，面对这一枚"氢弹"——国内首家央企私募债重组的中国铁物债务危机，长城资产又要成为关键时期出鞘的那把宝剑。这是体现其全牌照综合金融服务功能的第二场经典之战。

如果要论历史渊源，由中国铁路物资集团总公司核心资产组建而来的中国铁路物资股份有限公司（简称中国铁物），资历极老，可以追溯到洋务运动时期，其源于1887年设立的中国铁路公司塘沽材料处，距今已有130多年历史。它的前身是铁道部物资管理局，几经改制后成为国务院国资委直接监管的大型中央企业，可谓衔玉而生、系出名门，被业内称为中国铁路"总后勤部"。

中国铁物官网用了多个"唯一""第一""最"来形容自己，可见实力不凡：公司是我国历史最悠久、规模最大、服务能力最强、专业经验最丰富、行业领先的铁路生产性服务综合提供商，在各个历史时期，中国铁物都承担着全国铁路战略物资供应与管理工作，是全国"唯一"的铁路用油供应商、大维修钢轨供应商、铁路线路产品质量监督商，是全国乃至全球"第一"的铁路物资供应商、铁路物资招标代理商，拥有"独一"的铁路线路全寿命管理系统、高速铁路打磨技术、轮轨保护技术。

这家经营主要围绕国内外铁路运营、装备制造、建设施工等领域的巨无霸央企，曾经有着辉煌的业绩：2011年至2014年，中国铁物连续4年跻身《财富》"世界500强"。其中，2012年中国铁物营业收入为2345.30亿元，位列《财富》"世界企业500强"第292位，"中国企业500强"第38位。

而让这个巨无霸身陷困窘的，是数年前旋风般来袭、令人胆寒的钢贸黑洞，为了迅速扩大自己的体量疯狂逐利而藐视风险，导致这家曾经筹备多年拟上市的强势企业，深陷其中难以自拔。

这还得从世纪之交说起。

亢 奋

作为制造业大国，钢铁工业曾为中国国民经济的快速发展作出了巨大贡献，也是国家的支柱性主导产业。十多年来，极度繁荣的房地产市场，产销强劲增长的汽车市场，机械设备和家电产品的旺盛需求，都支撑了钢铁业的大发展。

特别是2000年后，中国钢铁产业发展势头越发迅猛，2001年到2008年间，钢产量年均增长率达到20%，其占全球钢产量的比重从17.8%提高到38.2%。2007年，中国粗钢产量排名世界第一，甚至比第2名到第8名的日本、美国、俄罗斯等7个国家的总和还要高。

人们统计发现，在过去的30多年里，中国的钢材消费与GDP总量同步增长，而且明显地受到投资的拉动。所以，这是一个相当耗钱的行业。

在此期间，钢铁贸易成为一个暴利的生意，20世纪90年代，一吨钢材甚至可以赚上千元，后期，每吨钢材的利润稳定在数百元。但钢铁贸易需要大量的资金支持，一单生意往往需要货款的数倍资金支撑方可顺利完成。

所以，银行起到了很关键的作用。当时，银行与钢铁贸易商也逐渐摸索出了一套看似互利多赢的放贷办法，被称为"赎货"：银行、钢贸商、钢厂三方共同签订协议，钢贸商只需支付20%的货款作为保证金，全额订货款由银行直接支付给钢厂，钢厂接单发货后，这批钢材的所有权归银行所有。货物从钢厂运输到钢贸商指定的货场，钢贸商想要在市场上销售这批货物，就需将对应的货款汇给银行，银行收款后解除抵押。

抵押时，钢贸商需要按期支付给银行利息。银行有实物抵押并且回报不菲，钢贸商放大了资金杠杆，可以撬开更大的市场，在钢铁贸易鼎盛时期，这一做法很快普及开来。

2008年，尽管国家之前已出台相关产业调控政策，中国粗钢产能还是一路攀升至年产6.6亿吨。美国次贷危机引发的金融海啸随后到来，国内钢铁行业受到极大影响。国际市场需求严重萎缩，钢材出口大幅度下降，造成全国钢材库存猛增10倍，继而导致钢铁价格持续下跌，整个行业盈利面发生恶化。

正当整个钢铁行业一片哀号之时，"四万亿"经济刺激却如缓解严重饥渴的甘露，让这个行业又"亢奋"起来。"加大基础设施建设，尤其是房屋建设，加大铁路、公路、机场等大型交通类设施建设，加大金融对经济增长的支持力度，取消对商业银行的信贷规模限制，合理扩大信贷规模"……这些"四万亿"政策都跟钢铁业息息相关，当时甚至有人说，四万亿投资其实主要就是投给钢铁行业的，没有之一。

各地迅速上马的"铁公机"项目，将一度萎靡的钢材需求完全逆转了，已经关停了生产线的部分钢厂和愁眉苦脸的钢铁贸易商，日子又都好过了起来。

在"取消对商业银行的信贷规模限制，合理扩大信贷规模"的背景下，部分银行拿着钱袋子到处"撒钱"，有的钢厂又购买了新设备扩大产能，钢贸商也发现，贷款流程变得简单多了。甚至有银行干脆在钢材市场里"摆摊儿",打着广告吸引钢贸商贷款,钢贸商申请贷款就像申请信用卡一样简单。

在"四万亿"的盛宴之下,钢贸商开始大肆炒作钢材,同时出现利用钢材反复担保融资,套来资金投向房地产和股市的现象。部分钢贸商在投资领域获利后已无心再做实业,钢材只是他们用来融资圈钱的摆设。

自己赚钱了,老乡朋友也都跟着进来分一杯羹。福建省有一个地方叫周宁县,人口20多万,可据说有三分之一的人当时被吸引做起了钢贸生意。他们还在上海设立了周宁上海商会,这一组织后期发展成为庞大的联合担保体——当商会某位成员资金出现问题时,商会可以号召大家集体凑钱共同承担。

这一"独创"做法被总结为"互保融资模式":抱团的企业可以享受互助增信,联保体成员们可以互相提供连带责任保证。除了联保,不少钢贸市场也开始设立担保公司为市场内的小企业提供融资担保。在流动性旺盛的时候,这一做法确实可行,以至于周宁上海商会放出豪言:"我们在银行没有一分钱坏账。"

于是,部分银行疏于监管,觉得有各种担保制度支撑,逐步放松了对钢材的管控,在钢贸行业的信贷上开始"重担保,轻质押"——正是这个重大隐患,导致了后期愈演愈烈的钢贸黑洞并让中国铁物牵连其中。

《南方周末》当时的一篇调查报道揭开了这一做法背后的风险:"如果按照极端情况估算,以上海逸仙第一钢市的4亿元资本金为例,银行给钢市的保证金放大10倍,他可以为一家银行担保总额为40亿元的贷款,如果他与十家银行合作,那么就在40亿元的基础上再次放大,第一钢市可以担保的额度达到400亿元,杠杆倍数被放大至100倍。"

而此时不论是钢贸商,还是钢厂乃至银行,貌似都没有"以后"的概念,他们躺在流动性极大的"资金泳池"里享受着。

"影子"

2010年4月——中国铁物债务危机整整6年前，国务院下发《关于进一步加强淘汰落后产能工作的通知》，钢铁产业被划入淘汰产业。这场钢铁行业的饕餮盛宴好像没有"闭幕式"，突然来袭，谁都措手不及。

2011年，钢贸圈空单质押、重复质押、虚假骗贷等猫腻被爆出，短短数年内为钢贸企业和钢厂发放了大量信贷的银行，纷纷开始变得谨慎。越来越多的银行加入对钢铁业抽贷和限贷的行列，从钢贸商到钢厂再到矿业公司，信贷全面收缩。

钢贸行业对资金如饥似渴，加上之前杠杆巨大，银行的信贷限制对于这个钢铁产业链中最可有可无，也是最脆弱的群体，打击巨大。长三角地区爆发了钢贸企业集中大面积违约，钢贸商破产跑路的比比皆是，多家银行开始成批起诉数量巨多的钢贸商，不少银行都收到总行通知，对钢贸停贷，对钢厂控制额度。

一方面，随着中国经济增速放缓，钢铁行业颓势明显，产能严重过剩、供给严重大于需求的问题更强烈地凸显出来，上游钢铁企业出现大面积亏损。另一方面，下游用钢企业开始拖欠钢贸商货款，应收账款被无限放大。而钢贸商自己被彻底关在了银行信贷业务大门之外。

三种不利因素交织下，钢贸行业彻底掉进资金链断裂的泥潭，"互保融资模式"更成为天方夜谭。新华社当时报道称，作为自2011年年底开始的信贷危机的一部分，中国的20万家钢贸企业估计有三分之一将要倒闭。

要生存就要融资，否则也是死路一条，而因失信于银行被列入黑名单的钢贸商去哪里筹钱？

生死存亡之际，一种另辟蹊径的"信贷潜规则"开始浮出水面并日益兴盛：托盘。

所谓托盘，即拥有资金优势的企业先垫资帮助资金紧张的钢贸商订货,将购买来的钢材放在第三方仓库进行监管,货权暂时属于托盘方,一段时间后钢贸商再通过加付一定的佣金或利息偿还资金后,就可拿回货权。

可以看出,这与银行之前的"赎货"模式并没有什么两样,但当时却被美其名曰为供应链金融名义下的信贷再批发。唯一不同的是,托盘方会要求比银行更高的利息——因为他们的钱也是从银行那里贷来的!同时,保证金可能不用银行那么高,一般5%到10%就可以。

据说,一般托盘利息定价是月息1.3分到1.8分,年化达到12%~18%,账期为6个月,从而托盘企业可以赚近10%的利差——10个点,这比苦兮兮卖钢材赚得还要多。另一方面,托盘方可以要求钢贸商的采购交易走自己的营收渠道,从而可以制造贸易规模猛涨的假象。

其实,这种现象在2009年前后已经出现,有的钢贸商觉得银行放款和放货都过于慢,满足不了他们的周转需求。要知道,钢铁贸易涉及资金往往很大,前后时间多几天都会增加不少利息支出,而钱到了放货慢无形也增加了物流成本。

久而久之,一些资金实力雄厚、融资成本极低的大型国企,便被钢贸商拉入局中。中国铁物正是其中之一。

"涉水"的国企一看利润丰厚,便成立专门的业务部门对接此事,以至于有的涉足钢贸的国企甚至不知道螺纹钢长什么样,就敢帮融资困难的钢贸商进行资金腾挪。

到了后期,托盘业务越来越疯狂,直至延伸到了原料端:钢厂没有钱买原料,托盘企业垫资将原料买下来,交给钢厂进行生产。钢厂有钱时就按时还款,卖不出货就干脆用钢材来抵。

中国铁物等拥有融资成本和渠道优势的大型贸易类央企、国企,纷纷涉足托盘业务后越来越"上瘾",俨然成为了影子银行。

实际上,托盘业务暗藏着极大风险,一旦市场环境发生变化,钢贸商违约或钢厂亏损,极度贬值的钢材就全砸在托盘方自己手上。更糟糕的是，仓储钢材如果重复质押，可能最后连根钢材的影都找不到，只能将自己推向万丈深渊。

或许觉得有信用度高的央企、国企兜底，加上这些企业自身也有专业的供应链，不会出什么事，饱受钢贸信贷问题困扰的银行，并没有收缩对涉足钢贸托盘企业的支持力度。一项数据显示，截至2013年底，全国钢贸贷款敞口约为1.5万亿元，其中，中小钢贸企业所占银行贷款比例微乎其微，真正的贷款主力则是大型国企和央企，信贷敞口大约在5000亿元至1万亿元。

这里面，由于业务范围与钢材贸易、物流密切相关，中国铁物发力最猛，最后也伤得最重。

美 梦

其实，在介入钢贸托盘之前，中国铁物的主业——铁路物资供应服务发展得很稳健。但从2009年开始，中国铁物盲目追求规模，开始多元化扩张，开展了大量钢材、铁矿石、煤炭等大宗商品融资性贸易。

对此，当时中国铁物在一个宣传资料中如此阐释："公司紧密结合企业发展战略目标，审慎开展资本运作，确立了打造资本平台，拓宽融资渠道，多方位开展投资，发展金融产业的发展思路，逐步在产业链条上下游相关领域中开展投资，不断优化企业的经济结构。"

同时，其发展模式也从"物流＋贸易"转向"贸易＋投资"，中国铁物对此描述为："在大力推进资本运作的进程中，物资集团完成了简单粗放、可模仿性强的传统业务模式'物流＋贸易'向新型商业模式'贸易＋投资'的蜕变，为集团利润增长提供了有力的支撑，并撬动起后续物流、贸易、加工完整盈利链条，在闭合产业链中寻求业务的最大利润。"

显然，中国铁物并没有像其自称的那样"审慎"开展资本运作，而是非常激进，恨不得一口吃成"世界100强"。很短时间里，它似乎已经"嫌弃"起了自己的主业，业务迅速扩展为"物流贸易、加工制造、国际业务、资本运营、集采代理、电子商务"六大板块。

中国铁物自己主办的一个名为《铁路采购与物流》的内刊，在2011年初有一篇《做钢铁贸易综合服务的领先者》的报道，或许我们可以从中品出一些激进的味道。

文中透露，2008年11月，中国铁物借助"外脑"，启动了对公司总体战略和钢铁业务战略的咨询项目。2009年2月，中国铁物的战略已经明晰："以铁路产业综合服务为核心，以钢材贸易为重点，打造行业领先、国际知名的大型企业集团"。所以，铁路产业综合服务和钢铁贸易综合服务，被正式确定为彼时中国铁物的两大核心业务，他们还明确提出了做"钢铁贸易综合服务领先者"的钢铁业务战略发展目标。

钢铁事业部在当时的中国铁物显然有着至高无上的地位："钢铁事业部作为中国铁物核心业务的专业化管理平台，指导和协调中国铁物系统钢铁业务的具体运作，配合公司发展战略，在践行钢铁贸易综合服务领先者方面，做了大量创新工作，为公司创新发展跨越发展做出了贡献。"

这篇文章还描述出了中国铁物发展钢铁业务的"无比兴奋"：目前，各二级公司对建设钢铁经营网点热情高涨，为此，钢铁事业部将大力支持二级公司利用各自优势，投入经营资源，建设专营公司，形成总部与二级公司共同建设，合力完善营销网络的新局面。中国铁物计划用3年时间，分阶段在网点空白或经营能力薄弱的地区新建网点，最终形成覆盖全国71个大中城市的强大钢铁营销网络。

可以说，由于制定了快速扩张的战略，中国铁物总公司鼓励下面各子公司发展钢铁业务，而"眼红"效应下，后发者定会比先行者更加大胆。

从而，"中国铁物钢铁业务取得了迅猛发展，到2009年钢材销售量已经达到1588万吨,处于国内领先水平,2010年全年实现销售数量逾2000万吨。"——这里面有多少"走账"业务,我们不得而知。

在钢贸领域,中国铁物下的功夫最大,投入精力也最多,以至于2010年至2012年,中国铁物连续三年位列"中国钢贸企业百强"首位。当时的中国铁物,"见到外人"时是这样做自我介绍的:"中国铁物是专注于铁路物资和钢铁、矿产品的特大型供应链服务企业集团,在钢铁领域,公司也是中国最大的钢铁供应链集成服务提供商之一,主要围绕钢铁贸易向钢铁产业链上下游延伸,开展包括钢铁、铁矿石、煤炭等在内的大宗商品贸易、运输、仓储、加工、配送、监管、信息管理等供应链集成服务。"

凭借着自身底子很厚的物流网络,中国铁物大力布局托盘等融资性贸易,他们在全国50多个大中城市和主要钢材市场设立了130多个销售网点,同时还在20多个城市设立了近30家物流基地。

中国铁物迅速将自己吃成了胖子。他们2011年首次入围《财富》世界500强后,2012年和2013年又连续在世界500强的位置上前移,营业收入也从2010年的226.307亿美元增长到2012年的371.72亿美元。可以看出,中国铁物达到第一个千亿营业收入用了几十年,而第二个千亿仅用了三年——正是钢贸托盘火热的三年。

饱尝融资贸易甜头的中国铁物,在发展势头正劲的2012年,头顶国内最大钢铁供应链集成服务商的光环冲击资本市场,拟于A股上市并已进入上市排队审核的实质程序。他们在招股说明书中这样"炫耀"自己的业绩:公司的营业收入从2009年的1046亿元增长至2011年的2068.2亿元,增长97.72%,复合年均增长40.61%。

招股说明书还透露了中国铁物当时的业务组成:铁路物资供应和钢铁供应链服务,两者分别占公司主营业务收入的32.41%和65.42%,可见融资类贸易已经远远超过了其原有主业,占到营收的近三分之二。但奇怪的是,两部分业务的利润却是对半开,分别占50%左右。

招股说明书说，中国铁物欲 A 股公开发行 6.85 亿股，预计募资 31.99 亿元，如果成功，这是 2012 年 A 股募资规模第二大 IPO 项目。

然而，赚取快钱，就如刀口嗜血。中国铁物的美梦没有成真，其巨量托盘业务所埋下的致命风险开始显露。

2011 年，中国铁物主办刊物的内刊记者也问了关于风险的问题："有市场就有风险。面对错综复杂的钢铁市场经营环境，钢铁事业部是通过何种手段来规避市场风险，提高盈利能力的呢？"

中国铁物时任钢铁事业部总经理这么说："中国铁物对钢铁业务市场研究投入了极大的力量，钢铁事业部牵头，联合各二级公司建立了具有中国铁物特色的市场研发体系，目前自主研究成果已达 10 余种。这些市场研究成果对业务经营的指导作用在实践中不断得到印证，几乎在钢市出现每一个重要拐点之前，都有较准确的判断和提前预警。有了市场研究成果的指导，中国铁物钢铁业务市场应变能力得到了很大提高，从而更好地把握住市场机遇。确保了钢铁板块的稳健经营。

"为了确保经营成果，从 2009 年 10 月起，中国铁物就开始在钢铁板块试点建设全面风险管理体系和客户信用评价制度，目的就是加强对各个风险环节和业务流程的监控，最大限度地降低和规避各种风险。目前，一系列风险管理咨询成果已经落地推广，中国铁物针对钢铁业务出台了《客户信用风险管理办法》《客户信用级别免评名单》《风险控制规范》等多项规章制度。对于现有和即将开展业务的上下游客户、仓储商、运输商，中国铁物都制定了严格的信用级别评价标准；对于重大风险事件，还要定期逐级上报。目前，钢铁事业部正在与专业保险公司研究对预付款进行信用保险，进一步防控钢铁业务预付账款风险。"

在这位负责人的描述下，中国铁物对于风险防控信心满满，不但自主研发出了相关风控模型和软件，还有全面覆盖的规章制度，甚至还准备引入外部保险进行保障。但事实上，这些防范机制在真正的行业性风险来临时不堪一击，就如不断蓄积的风险堰塞湖溃坝时，几个围栏能够抵得住？

而事实上，事后查明，中国铁物时任领导层，为了能让融资型业务畅通无阻，甚至违规废止了相关风险防范制度——仅有的几个跟风险沾边的文件，竟然被揉烂了扔进废纸篓。

中国铁物毫无防护地站在了即将溃坝的湖边，但却依然高喊着口号：中国铁物未来的钢铁业务将拥有遍布全国的分销网络、遍布全国的钢材市场、遍布全国的加工中心以及最先进的电子商务平台，到那时，我们"钢铁贸易综合服务领先者"的目标就能真正实现！

净利润：–76.51 亿

物极必反，中国铁物开始为其过去几年的飞速扩张付出代价。

2011 年后，"四万亿"的"药劲"过去了，钢材生意越来越难做，大宗生产资料价格持续下跌，一斤钢材没有白菜贵的新闻屡见报端。一些钢贸企业干脆破罐破摔，与货场串通，将手中的钢材反复抵押给多家银行，套取资金挪作他用，甚至放起高利贷。

2012 年，相关组织在上海举办了一个名为"第一届中国钢铁物流高峰论坛"活动，"如何看待钢材重复质押的起源和本质"成为此论坛上反复争论的热点。

有银行业人士表达了"愤慨"：钢贸行业中钢材质押已经"变味"了，出现了以虚假仓单、重复质押，骗取银行贷款的不法行为。这些钢贸企业取得的贷款不是用于钢材贸易，他们通过多重的重复质押融出资金后转而从事股票、期货、房地产，甚至投放民间借贷市场，引起了许多危机诉讼案件，破坏了正常的金融秩序，损害了货主和质权人的合法权益，败坏了诚信经营的钢铁物流企业的声誉，所以银行谈之色变！

其实，某种程度上说，银行过度放贷是钢贸危机的始作俑者，后期对托盘业务的信贷放松也起到了推波助澜的作用，但问题症结在于，为何向来谨慎的银行会监管不力，造成虚假仓单、重复质押的骗取行为极度猖獗？

原来，还是对钢材质押缺乏检查和监管。银行最多在质押的钢材上贴上标签，但这类标签可以轻易揭掉，最后谁也不知道同一批钢材被抵押了多少次？

上海银监局2011年公布的一则数据揭开了谜底：截至2011年6月末，上海用于质押的螺纹钢总量为103.45万吨，是螺纹钢社会库存的2.79倍。

2012年8月，一个事后被称为"华东钢贸事件"的事情蹊跷发生：一家公司去中国铁物旗下的上海宝杨仓库提货，但仓库人员百般阻挠，拖延不放，最后发现，货没了！

事后查明，中国铁物宝杨仓库主要经办人与多家钢贸商联手，虚开仓单进行重复质押，套取资金超5亿元。令人唏嘘的是，中国铁物一度被认为拥有业内最安全的仓库。重复质押、骗取资金的丑闻事件的发生，暴露出中国铁物混乱的管理机制，也推下了其走向危机的第一张多米诺骨牌。

此事件就像一根点燃的导火线，导致钢贸危机全面爆发。银行、部分国有企业甚至民间资本开始意识到危险就在身边，已到期贷款收回后基本不再续贷，信贷极度收缩，导致钢贸商大面积出现资金链断裂。

事件发生后，上海市国资委下发《关于排查钢贸领域融资问题的紧急通知》：接上海市公安局通报，部分在沪钢贸企业使用虚假仓单向国有企业融资，已形成国有企业的重大风险。各企业要逐笔核查为钢贸企业提供融资的情况，及时迅速开展排查工作，清理整顿。

2012年8月8日，国有重点大型企业监事会向中国铁物发出要求"采取有效措施，确保公司货权的安全"的《提醒函》。

2012年11月起,国资委对中央企业融资性钢贸业务清理做出专项部署,明确要求"严禁开展无商品实物、无货权流转或原地转库的融资性业务"。

钢贸商支付了10%的保证金,而钢材价格跌了不止20%,这时还能指望他们履约还钱吗?相关客户频频倒闭、破产、跑路,这导致中国铁物的大量外部应收账款成为死账、呆账。

大批钢贸商自知无力回天甚至选择了自杀。据澎湃新闻当时不完全统计,自2011年起,钢贸行业因债务问题有超过10人自杀、300多人入狱、700多人被通缉,导致的坏账规模近100亿美元。

中国铁物从托盘贸易的受益者,迅速转变角色成为受害者。当时,中国铁物旗下多家子公司纷纷"抢货"自保,以致被封存的争议钢材就达几十亿元之巨,甚至发生子公司状告子公司这一令人啼笑皆非的事情。

在钢贸危机摧枯拉朽的颓势之下,财大气粗的央企亦无法幸免于难。中国铁物的2013年年报终于露出了自己的危机面貌:中国铁物2013年的利润总额为-73.45亿元,净利润为-76.51亿元。过去几年因为托盘贸易而积累的风险,被暴露无遗。

中国铁物这么解释2013年的亏损:由于境内外宏观经济环境未得到改善,钢铁行业持续低迷,2012年下半年以来,部分钢材贸易企业所出现的不能及时履行合同及信用违约的情况,并且相关风险在2013年又从钢材贸易延伸至钢铁生产及煤炭贸易企业,进一步导致公司的资产出现风险(包括存货灭失风险及合同方的信用风险),并形成新的纠纷和诉讼情况。

中国铁物在钢贸领域的损失到底有多大?其年报显示,2013年度的坏账损失中,因诉讼或纠纷影响的应收账款、预付账款、其他应收款及长期应收款计提的坏账准备金额为人民币50.49亿元,较2012年同比激增680%。2013年度存货跌价损失中,因诉讼或纠纷影响的存货已计提跌价准备金额为人民币5.96亿元,较2012年同比增长128%。

年报中，中国铁物并没有直接反省托盘业务的危害，但显然是这个从天而至的滚烫陨石，砸出了中国铁物的财务"大窟窿"。

债务危机，168亿！

中国铁物2013年的巨亏只是开始，风险这只猛兽是咳嗽了几声，到2014年，它才发出了怒吼。

学者、官员们相继在2014年初发出了"钢贸地震"即将来袭的预警。

交通银行首席经济学家连平当时说："2014年将是钢贸风险最终大面积爆发的一年。钢贸和其他行业有很大不同，损失率非常高，若短期内全部暴露，商业银行不良资产会急剧上升。"

而在2014年初，时任中国银监会主席尚福林在一次会议上谈及钢贸风险时说："因企业互联互保引发的风险传染比较严重，部分地区的钢贸企业从'抱团欠款'转向'抱团逃废债'，区域信用风险有所恶化。"

2014年3月11日，就像一个身患顽疾的病人，经营继续恶化的中国铁物主动撤下了A股上市招股书。

其实，早在2013年8月，中国铁物高层就发生了人事变动，董事长、总裁、党委书记相继被换——这是对过往激进战略的否定和未来风险的防控。中国铁物要求下属公司避免新的"托盘"业务，同时通过诉讼进行维权。

同时，中国铁物希望转型，其对外发布：将推动钢铁集成供应链业务转型发展，建立大渠道，发展大客户，并拓展铁路业务领域，推进铁路物资供应链业务的快速发展。

新的管理层有回归主业的意思："2014年以来，国家进一步加快铁路建设，铁路投资计划已增至8000亿元，新线投产里程由6600公里调增至7000公里以上，新开工项目由44个调增至64个，城市轨道交通和地方铁路市场快速发展，中国高铁'走出去'步伐加快。作为最大的铁路物资供应企业，这同样给中国铁物提供了历史机遇。"

但事情远没有想象的那么简单，让中国铁物病情严重的沉疴痼疾不是一两天得下的。

笔者查阅中国铁物近几年的财务报表，其营业收入从2012年的2345亿元，断崖式下滑到2015年的478亿元。中国铁物的资产负债率在不断攀升，而自身却产生不了多少现金流。早在2012年底，中国铁物的资产负债率已经接近90%，而2013年巨亏后，其资产负债率更是跳升至97%的警戒线。

中国铁物曾经尝试增资和剥离资产以自救，2014年股东增资18亿元，剥离了13家资不抵债的子公司，这一做法除了使负债率降到88%外，并无实质收益。2014年底，中国铁物资产负债率达109.7%，所属能源公司、厦门公司等13家子公司均已资不抵债，生产经营基本停止。

随后，中国铁物通过发债勉强度日，但此做法无异于饮鸩止渴。2015年底，中国铁物总资产451.38亿元，总负债549.87亿元，净资产为-98.50亿元，已严重资不抵债。

苦苦支撑数年后，中国铁物还是没有填平自己的高额负债深坑。对资金相当渴求的中国铁物只能继续通过大量债券融资，缓解流动性压力，在烂账的泥淖中越陷越深。

这就像用9个锅盖去轮换盖10个敞口大锅，直到有一天，危机实在遮掩不住了。

2016年4月11日，中国铁物宣布相关债务融资工具全部暂停交易，涉及其发行且尚在存续期的债务融资工具共9期，合计规模为168亿元——这一下创造了纪录，之前国内债券违约最多几十亿元。从而，若其债券违约，将引发的市场连锁风险要大于以往任何一例债券违约。

对于此次债券交易暂停的原因，中国铁物的官方解释是：随着近几年公司业务规模的持续性萎缩，主营业务收入以及营业利润都出现明显下滑，企业正在商定下一步的改革和战略调整计划，并对即将需要偿付的债务这一重大事项进行论证。

随后，中国铁物与部分银行、机构开了一次债务沟通会，说出了更为触目惊心的数字：截至2016年3月末，中国铁物有息债务规模约360亿元，其中包括银行各类贷款190亿元左右，债券（超短融、中票、PPN）168亿元左右。在168亿元的债券中，约有48亿元超短融、20亿元中票及100亿元PPN。其中68亿元公募债券（超短融、中票）将在2016年5月到8月陆续到期，而100亿元PPN将于2018年末到期，短期兑付压力极大。

短短数年，从曾经的世界500强沦落至这番景象，全世界估计都很难找到如此加速度的陨落，中国铁物的境遇令人感慨万千。

诚通接管

中国铁物信用评级为"AA+"的央企身份，危机出现后造成极为不好的示范效应，迅速在债券市场掀起了波澜，成为债市"黑天鹅"，负债率70%以上的央企也成为惊弓之鸟。当时，信用债里国有企业占大头，约占八成以上，市场开始担心，如果国企连续发生这类事情，后续其他国企还能不能通过债券手段融资？

海通证券首席宏观分析师姜超当时的评论，直击了此次危机的"颠覆性"：此次停牌的存续债券数额之大、涉及机构之多远超过往，还需防范信用风险和流动性风险的双重冲击。该事件颠覆了投资人对央企信用价值的评估，更关键是若其产生示范效应，导致国企接连效仿，会对一级市场发行定价产生较大影响。姜超还给出了破解之道：债转股或为可行选项，但刚性债务中债券占比很高，很有难度。

舆论哗然，债市动荡，铺天盖地的传言袭来，说中国铁物要"逃废债"，人们担心恐慌情绪引发连锁反应，钢铁、有色、煤炭等产能过剩行业是否也将成为违约重灾区？而亦有不少货币基金持有中国铁物债券，不少投资人担心，基金净值会不会大跌，甚至2013年年中的"钱荒"景象会不会再次上演？

人们并非杞人忧天，因为体量巨大，债市对实体经济融资影响远大于股市。而且债市的投资者大多是机构投资者，往往行动一致，从而引爆流动性危机。

中国铁物债务危机已经引发债市系统性风险，国家领导人对此高度重视，多次进行了批示。

随后，国资委对中国铁物债务危机定性：中国铁物2009年至2013年，盲目追求规模扩张，违规开展大量钢材、铁矿石、煤炭等大宗商品融资性贸易，企业管理粗放，内部控制系统性缺失，风险应对处置不力，造成巨额损失，目前债务风险进一步暴露，偿付能力严重不足。

与此同时，国资委对央企各类债券进行了全面摸底和风险排查。当时，至少有103个发行人的近1200亿元人民币债券发行计划推迟或取消，涉及的发行人包括中国铝业、大唐发电、青海国资、广晟资产等大型企业。一级市场一度陷入停滞，债券市场也遭遇了一场前所未有的评级下调潮。

2016年4月29日，国资委召开了中国铁物全体干部大会。会议宣布了有关决定：一是由中国诚通控股集团有限公司（以下简称中国诚通）对中国铁物实施托管；二是对中国铁物领导班子进行改组，由中国诚通董事长、党委书记马正武兼任中国铁物总经理、党委书记；三是成立中国铁物管理委员会。此外，国资委对造成巨额资产损失的中国铁物原有关领导班子成员作出免职处理并立案调查。

选择诚通集团作为接管方，很多人没有想到。官方对此解释，其是国资委资本运作平台之一，先后接收或托管中国寰岛、国企合作等困难企业，具有成功的托管经验，其仓储业务与中国铁物业务相近，具有较好的业务整合基础和较强的整合能力。

中国铁物在经营管理中采用过于激进的战略使自己深陷危机，这说明原管理层的能力或思路存在问题。国资委调整中国铁物领导层及管理体制，目的显然是想通过托管调整思路，倒逼中国铁物加快风险处置和改革脱困工作进程。同时国资委牵头成立的中国铁物管理委员会，负责中国铁物的债务重组、业务整合以及资产盘活等工作，自然是为了保证中国铁物的核心业务能够正常经营和员工队伍的稳定。

从国家政策层面讲，清理僵尸企业、去产能，当时已提倡"少破产退出、多兼并重组"，诚通集团作为国有资本运营公司走到前台，正是此意图的直接体现。

诚通集团的主业确实与中国铁物接近，这家公司具有 60 余年的专业物流经营管理经验，拥有全国最大、分布最广，集仓储、配送、信息一体化的物流网络，具备供应链管理综合服务能力。从物流资源上看，诚通集团也是国资系统中第三大综合物流企业。

有报道称，当时国资委曾提出两个方案，一是建议中国铁物 168 亿元债券也能实施债转股，二是做最坏打算直接破产清算，但如此债权人能受偿 10% 就不错了。中国铁物这只巨型休克鱼，能否被激活？谁都不好说。

"长城"出马

以 2016 年 4 月 5 日为债务重组基准日，中国铁物应偿还债务约 350 亿元，其中私募债 100 亿元、公募债 68 亿元、银行等金融机构债务 178 亿元。

对此，中国铁物的新管理层铁下了心：将通过多种途径努力筹措偿债资金，尽最大努力保障债券到期正常兑付。同时，积极通过盘活土地资产、变现部分股权投资项目等方式"瘦身"来还债。

中国铁物并非没有优质资产，由于做铁路物资供应，他们在铁路沿线或交通枢纽还有数十块处于黄金地段的土地，这些土地都是无抵押的干净资产，多年来伴随地价上涨，已大幅升值。债委会最后盘活了北京卢沟桥丽泽铁物大厦项目、成都泰博房地产等项目，并清收了相关央企回款 11.38 亿元，风险事件处置回款 8.49 亿元。到了 2016 年 8 月，加上诚通集团的支持，中国铁物按时兑付了所有公募债 68 亿元。

迈过这第一道坎后，债券市场的恐慌情绪得到了些许修复，但市场对中国铁物的心理阴影并未消除，仍心有余悸。国资委此时表态，将进一步完善债务风险动态监测机制，对近三个月即将到期的债券进行重点监控，逐笔分析，防止发生债券违约，自觉维护国家金融市场稳定。

更为麻烦的是第二道坎：100 亿元私募债。私募债权人诉求各有不同，众口难调，一碗水似乎怎么也端不平。债务重组一度陷入了僵局，破解的突破口到底在哪里？

此时，"拆弹专家"长城资产开始与中国铁物接触。但他们发现，已有不少同行"在谈了"，甚至完成了尽职调查。信达、工银、华融、九鼎等机构纷纷先期介入，甚至有 AMC 当时已经把中国铁物在北上广的黄金地块考察完毕，形成了处置这些土地的相关方案。

全程参与了中国铁物项目的长城国融企业重整业务部总经理李晨，事后回想："当时介入的几方，正好代表了几个不同思路，比如工银是因为工行在其中存量债权很多，有自身化解不良债权的目的。信达的地产板块比较强，所以主要想着如何盘活土地。而九鼎则主要想从外部募集资金来切入这个项目。"

"不能烂肉没人吃，好东西都想去叼一块。所以我们介入的原则就是，不能只盯着中国铁物的土地，准备卖资产，而不是搞重组。这些核心的资产一旦卖掉，只会让资金窟窿越来越大。"许良军说。长城资产则想把中国铁物做成未来央企改革的典范案例。

有人评估中国铁物的土地价值 140 亿。但周礼耀很清楚，其中大部分都是工业仓储用地，而评估方法却按照商业土地、住宅土地在评。"土地性质能不能变？安置成本又有多大？如果只想把里面的好资产拿出来，获得高额回报，这怎么可能呢？"周礼耀觉得，做重组一定不能理想化，不能跟着感觉走，同时不能只单方面考虑，那样只能四处碰壁。

不允许破产，又要去堵两百多亿的债务窟窿，确实是件挺头疼的事。周礼耀带着团队去中国铁物走访，在和中国铁物总经理廖家生的首次沟通中，周礼耀提出把中国铁物的债权债务关系全部梳理一遍。廖家生详细介绍后，周礼耀当场提出了七个圈的理论：即将中铁物整体视作一个资产包，并将其划分为"优质资产"和"问题资产"两个圈。其中，在"优质资产圈"中画两个圈——未来可上市资产（主业资产）和非主业资产；在"问题资产圈"中画两个圈——有价值资产及无效资产。

长城资产要做的，就是针对中国铁物的优势主业资产和问题有效资产，通过"逆周期培育、顺周期提升"实现跨周期的价值后，来弥补问题资产的损失，进而提升其发展能力和市场竞争力。

在不到两个小时的高效沟通中，周礼耀这个灵光一现的理论，让中国铁物高层颇感兴趣，双方便对接洽谈起来。

随后，长城资产组织成立了由资产经营部、投资投行部等多部门联合组成的专门工作组，并聘请了券商、律所、会计师事务所、资产评估事务所等中介机构。

"前后总共尽调了整整三个月。"在一线负责尽调的李晨——这位在长城资产做完超日项目后从其他 AMC 慕名而来的 80 后，直言长城资产的工作强度更大，压力更大。

面对中国铁物当时这个风险极大的资产，长城资产首先要判断一个终极问题，就是如果把资金投过去，最坏的情况下投资能不能得到清偿。

"这也是一个完全市场化的项目，不是说我们赔钱赚吆喝，也要考虑风险、考虑各方面收益、考虑退出渠道，完全按照市场化的逻辑来做。"李晨说。

长城资产团队分析判断了其中的风险和收益，以及参与救助能够带来的社会效益。他们觉得，中国铁物作为铁路物资服务的行业龙头，主业还是健康的，甚至具有一定的垄断性，具备持续盈利能力和偿还能力，后期也有将核心资产整理上市的可能性。同时一二线城市的土地等优质资产也给债务处置带来了帮助。

"资产确实不能只看账面价值，一块土地可能只登记了 2 亿元的无形资产，但也许现在价值已经有 20 个亿了。账面上看来资不抵债，但如果加上资产增值部分，或许完全就是另一个样。"带着这个理念，李晨等人先后对中国铁物的大部分子公司和各个板块都做了详细了解，与中国铁物的高管也进行了多次访谈，彻底摸清了中国铁物存在的问题、依然存有的优势、优质资产和不良资产的状况，最后他们判断：有转机。

长城资产团队开始设计不得出一点差错的方案。又是一个难熬的"三个月"。从方案构架问题到资金价格问题，再到授信问题，他们一次又一次的调整。

但再好的合作初衷，也有谈不拢的时候。由于有多家机构在同时提供方案，优中选优的中国铁物，有时会在不同方案间"摇摆不定"，甚至有人会提出保留意见：为什么要卖我们的黄金地块？

所以双方不时会"僵"在一些细节条款上。因为长期工作压力很大，李晨的手下甚至抱怨过：我们是不是一定要做这个项目？

这时，长城资产的决策机制再次发挥了巨大作用。"卡住走不动时，双方领导就开始沟通，各做一些让步，保持一种战略性的高度，推着往前走。"许良军觉得，领导会把控好方向，让大家抬起头来往前看，从而绕过障碍，这种总后方的大局意识、立体式决策的方法，很有借鉴意义。"我经常半夜给中国铁物时任董事长马正武发信息，来促进问题的化解。"周礼耀说。

李晨将此形容为"螺旋式推进"："中间过程很曲折，有很多磨合。"

高层间的良好互动，确保了合作不会"夭折"，在操作细节上，长城资产高效的决策体系也让中国铁物逐渐和自己思路一致。"中国铁物提一个诉求,我们汇报完之后马上就开内部的决策会议,大家加班加点完成,最后再第一时间反馈给他们。"李晨说。

长城资产也起到了财务顾问的作用,有好的思路和想法,他们都会及时与中国铁物沟通,"大家也都认识到了长城资产的价值,感受到了长城资产的专业性。"李晨说。

最终,长城资产在与中国信达、工商银行、九鼎集团等多家对手的竞争中脱颖而出。2016年12月15日,长城资产与中国铁物、中国诚通签署了《合作框架协议》,正式全面参与中国铁物债务重组工作。

"这需要连续研究他们的诉求,测算未来这个方案能不能执行,不是随便踏进去就好了。"让周礼耀颇感欣慰的是,这是不良资产行业里央企救助央企的第一单,具有极大的示范效应。

事后,周礼耀在一次内部会议上,脱口总结了长城资产此次担当大任的原因:"专业、敬业、效率、诚信、智慧、担当"——这12个字正是长城资产项目团队文化的结晶。

周礼耀展开说,专业、敬业是核心,效率则是最后促成合作的关键。从专业、敬业看,长城资产做了大量的尽职调查,同时借助综合金融服务的优势,设计了各方都乐于接受且最佳的重组方案。

而董事长沈晓明将此归功于决策效率,也是他对这支队伍颇感自豪的地方:"最后中国铁物在两家竞标机构中选择,两家都是国企,但是我们的决策拍板比对手果断很多。处置债务危机最重要的是快刀斩乱麻,负责人一定要敢于拍板决策。最终,中国诚通被我们的诚意所打动,选择与长城资产合作。"

身处一线的李晨觉得,长城资产站在一个整体的角度,全面考虑如何将之"救活",而没有只考虑自身的利益。"我们没有想着怎么去便宜拿资产,实际上做到了第三方的公平公正,方案更客观,集合了多方的诉求。"

不过,长城资产是主动将自己置身于一个深不见底的债务黑洞,即便充分考虑了风控因素，系好了多个安全带，但眼前还是一片漆黑。下面，他们要"摸着黑"帮助中国铁物迈过第二道坎——100亿元的私募债。

两板斧，两百亿

经与金融机构债权人和私募债券持有人的艰苦谈判，几经周折，中国铁物拿出了债务重组草案："本金安全＋部分还债＋留债展期＋利率优惠＋转股选择权"。其前提是保障债权人"本金不受损失"，思路则是"现金偿付一部分、展期与利率优惠一部分、债转股一部分、股东支持一部分"。

按照这套方案，350亿元债务中，对于178亿元银行债务，在两年内偿还约30%本金，剩余债务展期5年。对于100亿元尚未到期的私募债，2017年偿还15%本金，剩余部分展期2年，到期后一次性偿还。综合利率下浮约50%，同时银行债及私募债均预留了"债转股"选择权。

不过，草案看起来很完美，但执行起来却颇有难度。草案能不能通过，展期后钱从哪里来，都是未知数。

为了促成这个方案，长城资产祭出了第一板斧：收购17.6亿元本金的敏感私募债，主动成为中国铁物的债券持有人，这让"本金安全＋部分还债＋留债展期＋利率优惠＋转股选择权"五句话成为一个综合体，用周礼耀的话说，就是"起到了定海神针的作用"。

100亿元的私募债中，有不少是资管计划，比如企业年金、保险产品等，他们不允许延期，只能到期收回，所以不可能同意债务重组的核心条款。有的债券持有人觉得无力回天，急于脱手，也不赞同展期。中国铁物债务重组一度陷入僵局。

债务重组协议与破产重整不同，破产重整只需要三分之二同意即可，这一次，如果想让债务重组协议达成，必须所有债权人同意。如不整合这些债务，就永远不能朝一个方向使劲。

"我们就一家一家的去谈，有情绪的、敏感的、不稳定的，谁不同意方案就卖给我们。"李晨说。最终，为掌握重组的主动权，长城资产出资，一把收了10余家机构持有的中国铁物17.6亿元本金的私募债，整合了散小债权，化解了部分资管计划的兑付要求，消除了债务重组方案的通过障碍。"过程很艰难，各有各的诉求，一家一个想法，沟通协调难度极大。"周礼耀回想。

按照设计，长城资产还将和中国铁物、中国诚通共同设立一个专项基金，专项基金可以用于承接前期长城资产出资收购的私募债券。这样即便出现极端情况，长城资产的损失也将可控。

"通过收购私募债进入实质性重组，这在全行业是第一家。这样减少了债权人的数量，降低了债务重组沟通成本，对推动债务重组方案最终获得审议通过起到了关键的作用。同时，取得债权转股权的优先权，也为长城资产未来参与中国铁物的债转股做了铺垫。"周礼耀说。

解决了敏感私募债问题，中国铁物又要迈第三道坎了：178亿元的银行债务。然而，一些金融机构由于受过"伤害"，开始对中国铁物不那么信任了。

银行不愿意去让步，也不愿打折，只好把矛盾往后推，就是展期。按照债务重组方案，中国铁物需以现金偿还部分债务，而部分金融机构对已经严重资不抵债的中国铁物是否具备现金清偿能力持怀疑态度，所以他们一开始并不认同这个方案。

"谈具体条款时他们往往持怀疑态度，相当于觉得你把我'坑'过一次，你说展期、分期偿还，到时有没有资金偿还，能不能上市？你的土地能卖出多少资金？"李晨分析，金融机构的想法也是对的，他们要竭力避免二次危机。

此时，长城资产的作用再次显现，他们使出了第二板斧：提供100亿元授信。

中国铁物将待盘活土地房产等按照一定折扣进行抵押，长城资产便可以在满足风控的条件下，分阶段提供 100 亿元资金支持，该部分资金专项用于中国铁物偿还金融机构借款。

银行的关注点在于本金不形成损失，长城资产此举起到了很大的"背书"作用，给金融机构以极大的"安全感"。由于长城资产团队做超日等项目的名声在外，所以也给了中国铁物强有力的支撑。"他们再到外面去谈合作，说那些债务长城资产都在兜着底，也就顺畅多了。"周礼耀说。

李晨则回忆说："开会的时候很多金融机构都来问我们，一听长城资产有方案，心里都有些底了，我们确实相当于给中国铁物来站台。"

从而，众多银行纷纷同意了"两年内偿还约 30% 本金，剩余债务展期 5 年"的方案。2016 年 12 月 28 日，中国铁物官网发布消息，银行债委会第二次全体会议就银行债务重组方案达成一致，标志着中国铁物整体债务重组工作已取得实质性进展。

这 100 亿元授信，按照设计是中国铁物土地盘活获取资金再归还长城资产，但在后来实际重组过程中，连一分钱也没有动用。

这是整个团队设计出来的一个"妙笔"，李晨说："关键是让债权人恢复信心，让你感到踏实，让市场有信心，信心比真金白银还重要。"

长城资产凭借"两板斧"，帮助中国铁物迈过了两个"百亿"大坎，这不像是在跨栏，而是像撑竿跳。此时的长城资产，就是中国铁物手中紧握的那根"长竿"，它没有杠杆作用，而是让你支撑后，再反弹。

1.19 签约：冲在最前面

一波三折，但终有成效。自 2016 年 4 月中国铁物债务危机引发债市动荡九个多月后，备受关注的中国铁物终于公布了一个令各方满意的债务重组方案。

2017年1月19日，长城资产与中国铁物签订资产重组合作协议，从而为同日中国铁物与私募债持有人和银行债委会成员之间达成的债务重组框架协议，提供了坚实的保障和有力的支撑。

最终的债务重组方案的确照顾到了各个债权方的利益，在保障本金不受损失的前提下，对超过300亿元金融债务余额进行了期限和利率的重设，缓解了中国铁物短期偿债压力和巨大的财务负担。按照"同债同权"原则，各方最终通过了"本金安全＋部分还债＋留债展期＋利率优惠＋转股选择权"的一揽子债务重组方案。

不得不说，长城资产的介入为中国铁物盘活资产、筹集后续偿债资金起到了坚实后盾的作用。

时任中国铁物董事长、党委书记马正武当时表示，回顾过去300天的日日夜夜，是各位债权人和中国铁物异常难忘的一段时期。长城资产作为中央金融企业，在此次解决中国铁物债务危机的过程中，充分发挥了并购重组的业务优势，积极帮助中国铁物盘活资产，为中国铁物整体化解债务问题提供了强有力的支撑，中国铁物对此深表感谢。这次资产重组体现了金融扶持实体经济发展的要求，是市场化解决困难企业债务问题的成功实践。

马正武说，下一步将加强与长城资产的合作，加大资产盘活与风险事件处置力度，努力筹措资金，确保现金偿债计划顺利实施，债务本息按期支付。

"这对维护债券市场健康发展具有重要意义。"国资委副主任孟建民在签约仪式上评价说，此次重组按照"市场化、法治化"的原则，实现了企业、银行、债券持有人等利益相关方合作共赢，对市场化债务重组具有积极的示范作用。

银行债委会主席、中国农业银行总行副行长康义表示，此次债务重组按照市场化、法治化、同债同权的原则，以最小的代价，维护了债权人的利益，反映了银行支持实体经济的精神。重组协议的签署并不意味着重组的结束，希望中国铁物加快推进业务改革重组、资本运作和上市进程，希望各债权行严格执行债务重组协议。

金融机构也喜大普奔，一位中国铁物的主要债权银行人士当时说：关键是银行资产保全了，没有形成不良。与中钢集团等其他央企债务重组方案相比，中国铁物的债务重组方案算是比较圆满的方案。

有研究人士也觉得，中国铁物私募债重组好于预期。中信建投研究员黄文涛对此分析说，此次中国铁物私募债重组引入了长城资产，在完成一揽子债务重组协议的同时避免了对公开市场的冲击，在未来也是一个可资借鉴的重组方式，值得投资者关注。

在各方努力下，中国铁物终于在2016年扭亏为盈：实现营业收入559亿元，利润总额1.6亿元，扭转了公司连续三年的亏损局面。而这一数据，是在中国铁物2016年兑付债券76亿元、偿还银行债务69亿元、支付利息20亿元的情况下取得的，实属不易。

中国铁物的发展战略转回正轨：以轨道交通产业综合服务为根本，适度多元。生产经营也回归了主业：铁路物资供应保持稳定增长，2016年全年供应钢轨197万吨，同比增长7%；销售油品416万吨，同比增长11%。紧随国家"一带一路"倡议和"走出去"战略，成功中标中老铁路、蒙华铁路、京津冀城际、上海轨道交通项目。

李晨告诉笔者，事后回想为什么执行过程"坎坷并曲折"，因为是有时间节点在"倒逼"着，"2017年1月19日对外发布重组方案，而长城资产是2016年12月15日才与中国铁物签署的《合作框架协议》，2016年12月底拿下的私募债，这个过程中时间很紧张，一天一天地倒着算，即便'卡壳'了每天也得用力推着项目往前走，一分一秒都不敢浪费。"

1月19日的签约，意义非凡，这是国内央企私募债重组达成协议的首例案例。同时，这也是2016年10月国务院出台《关于积极稳妥降低企业杠杆率的意见》及《关于市场化银行债权转股权的指导意见》以来，金融资产管理公司重点参与的首个市场化债转股项目。

长城资产，再次成为大浪遮顶、脚踏狂澜的弄潮儿，冲在了最前面。

转股还债，化险为夷

2017年2月6日，长城资产还与中国诚通签署了《战略合作协议》，双方在"问题企业""问题资产"重组等方面展开全面合作，联手处置中国铁物债务危机，为中国铁物债务重组顺利实施保驾护航。

签约之后，中国铁物2017年还需要偿还银行贷款本息22.06亿元，债券本息15.32亿元。长城资产"枢纽加桥梁"的作用再次凸显，他们就像横跨在兰州黄河河面上的那座可变形铁桥，时而立起让过往船只有序通过，时而连通两岸，让多方产生交集，碰撞出互通和合作。

李晨说，方案落实时，长城资产就发挥了综合金融服务商的角色，成为"米"字中的那个焦点。比如资产盘活，中国铁物有很多的土地、房产，需要处置回收现金，那么如何最大地体现其价值？"长城也有很多存量的客户，比如碧桂园、恒大等，我们就动员了这些感兴趣的客户，不间断地向他们推介。"

2017年，中国铁物共完成哈尔滨土地处置、柳州物流园土地处置，并完成了北京大红门地块的疏解关停、广州石牌地块收储协议的签订，回款30多亿元。

就这样，长城资产积极协助中国铁物处置闲置资产、强力清收清欠、增加经营积累等措施，落实着中国铁物的偿债资金。2017年12月29日，根据债务重组方案，中国铁物如期兑付非公开定向债务融资工具约定偿还的本息，标志着中国铁物把2017年37.38亿元的债务还清了！

中国铁物有了"喘口气"的机会，负担减轻，公司经营也回归正常。2017年末资产总额615.8亿元，负债总额474.9亿元，资产负债率

77.1%，保持在较为健康的水平。而其营收和净利，也有了昔日世界500强的"风采"：2017年营业收入518亿元、利润总额9.9亿元，分别较2016年增长8.7%和11.5%。

中国铁物身上的包袱，越来越少，从负重前行变得能够跑起来了。

不过，还有关键的一环没有解决。方案中提到"转股选择权"，但转股的上市主体在哪里，还是未知数。是IPO，还是借壳？新设主体还是继续利用既有主体？这里面，又有金融央企引导实体央企的有趣故事。

多方讨论后，大家一致认为新设主体借壳上市是唯一的可行途径。不过，就先设主体还是先申请壳资源，双方又有些分歧。

李晨回忆，与中国铁物接触后，他们就提及，如果给债权人以重组上市的预期，这个壳一定要事先选好。但中国铁物方面则觉得设置债转股的主体才是优先级最高的事情，有了眉目再去向国资委申请壳资源。

这似乎陷入了"先有鸡，还是先有蛋"的难题中。长城资产团队反复解释，这其实也是一个"倒逼"性质的工作，得先有壳，才能明确上市路径，否则没有退出渠道，就拿不出合理的方案，是跟投资人谈不拢的。"这个时候挺纠结的，债转股的投资人在哪里当时肯定还不知道，但我们一直很坚持，毕竟类似的运作手法我们操作过很多，但对他们来说毕竟是头一次。正是由于我们坚持去引导，他们才重视起拿壳的工作。"

中国铁物最终"想明白了"，给国务院、国资委做了多次的专题汇报。终于，国资委在2018年11月将一家上市公司划转至中国铁物名下，专项作为中国铁物重组上市公司的平台，债转股的工作有了节奏。

做重组项目就像爬山，你刚刚翻了一个山头，以为前面就是遍地牛羊的大草原，但往往还是会有更多的山头矗立在你面前。

到了2018年，随着处置的不断深入，好肉吃掉后剩下的骨头变得越来越难啃。后续资产的处置难度不断加大，周期变得更加漫长。此时，处置回款与偿债在时间上已出现严重错配，已无法通过资产重组来满足偿债资金需求。

2016年年底的债务展期，两年后也陆续到期了。2018年末到2019年初，中国铁物需偿还110亿元债务，除已确定来源的偿债资金外，尚有70亿元左右偿债缺口。此时，事先计划的债转股这一杀手锏需要使出了，以解决偿债资金的缺口，使中国铁物的资产负债率回到正常水平。

但是，因为本次债转股投资机构与债券持有人不完全一致，不能直接实施债转股。经过与众多转股投资机构反复沟通商议，长城资产又杀出了第三板斧："转股还债"。

这一创新之举的具体操作手法是：中国铁物将债转股主体中铁物晟的部分股权对外转让，长城资产等债转股投资机构出资认购股权，中国铁物取得转让子公司股权的资金后，再专项用于清偿长城资产等私募债券持有人的出资，最终实现市场化、法治化债转股。

一句话解释清楚，就是：设立平台公司归集优质资产业务，出让平台公司股权，募集资金专项偿还有关债务——可谓是与债务重组、资产重组有效衔接的商业化债转股。

周礼耀将这种全新的债转股模式形容为"雪中送炭的主动型债转股"，其功效主要有：减少企业负债，减少财务成本；降低企业杠杆，降低资产负债率；增强企业实力，增强企业活力；增强债权人信心，增强投资者信心。最终目的则是促进企业债务问题的根本性解决，增强企业可持续发展能力，实现多方利益主体的合作共赢。

"对内稳住企业，对外稳住债权人，使这家央企未来既能够获得重生，又能够在此过程中不采取破产重整的方式，已有的损失通过未来的增值来进行反哺。"周礼耀说。

"苦难的日子过去了"

债转股的路径破冰后，一切继续按照计划执行。

2018年12月13日，长城资产与中国铁物签署了债转股的一系列协议，长城资产出资20亿元与中国铁物、中国诚通共同组建芜湖长茂投资基金，成为债转股主体中铁物晟的第二大股东，为其他债转股投资机构起到了引领和带动作用。

2018年12月25日，中国铁路物资股份有限公司债转股协议在北京签约。

中国铁物与包括长城资产在内的7家投资机构达成债转股协议，通过"主动型债转股"的形式，转让持有的中铁物晟科技发展有限公司66%股权，债转股金额共计70.5亿元，具体投资机构及转股金额分别是芜湖长茂投资30亿元（长城资产与中国诚通、中国铁物搭建的基金，长城资产出资20亿元）、国调基金20亿元、工银投资10亿元、农银投资5亿元、民生银行3亿元、招商银行2亿元、人民日报伊敦基金0.5亿元。

至此，中国铁物债转股额度全部认购完毕。中国铁物在2018年底、2019年初即将到期的85亿元私募债资金大部分有了着落，堵上了展期后仍存在的资金缺口。

有关部委负责人对中国铁物债务危机的化解予以高度肯定。时任中国铁物董事长马正武感慨地说，签约那一刻，中国铁物终于解开了沉重的枷锁。

马正武在签约仪式上特别感谢了长城资产，他高度评价了长城资产作为国有金融资产管理公司体现的使命和担当：在前期债务重组阶段，通过出资收购中国铁物部分私募债，保障和促进了中国铁物债务重组顺利实施；在债转股阶段，出资20亿元搭建债转股专项基金，助力企业改革脱困。在长城资产的引领和带动下，中国铁物债转股额度全部认购完毕，落实了公司2018年底、2019年初私募债券的兑付资金来源，保障了其如期完成2018年度债务清偿工作。

长城资产董事长沈晓明则表示，十分欣慰长城资产能够在中国铁物债务重组过程中发挥关键性作用。他在发言中说："今天的签约仪式，标志着中国铁物在历经 2 年多的债务重组和资产重组后，全面恢复了可持续发展的能力。未来，长城资产将继续发挥在不良资产并购重组领域的经验优势，依托不良资产主业及集团综合金融服务功能，协助中国铁物做好资本运作规划，并围绕铁路运维服务、铁路高端装备、高端物流服务及平台建设等业务模块，为把中国铁物打造成中国一流的铁路运维服务商提供全周期、全产业链的综合金融服务，助力中国铁物做优做强做大。"

在沈晓明、周礼耀的见证下，许良军一丝不苟地在协议上签上自己的名字，整个团队近三年的努力终于见到了成效。

笔者当时参加了这个在"圣诞节"举行的签约仪式，感到中国铁物上上下下有"一扫往日阴霾"的兴奋。不论是门口引领嘉宾的工作人员，还是签到台的办事人员，脸上都挂满了微笑，似乎在给中国铁物办一场盛大的"婚礼"。

在签约仪式后，中国铁物总经理廖家生和项目团队成员们举杯相庆，继而拍着肩膀互相鼓劲："苦难的日子终于过去了。"在餐桌上，诚通、长城、铁物三方团队依然掩饰不住成功化解债务危机的喜悦，商讨着下一步的计划。

廖家生对笔者说，此次债务危机处置充分利用了长城资产的智慧和经验，长城资产介入此事件后拿出的方案是最优的。他说，中国铁物将从扭亏脱困向谋求改革发展转变。下一步，中国铁物将深刻吸取风险事件的教训，同时在经营创效上狠下功夫，不断巩固提升油品、铁路轨道、铁建工程服务等传统业务市场，深度挖掘铁路养护领域市场潜力，加快铁路物资"走出去"步伐，推进优质业务重组上市。

中国铁物领导在送别签约嘉宾时，不顾外面凛冽的寒风，一直将嘉宾送到铁物大厦的门外。

毕竟，这是一家自称"面对极端困难和生死考验"的问题央企，重压之下必有重担。每位重组参与者，在这近三年的时间里都不敢有丝毫的放松和懈怠。

自 2016 年整体扭亏以来，中国铁物已实现连续三年盈利，营收节节攀升，2018 年营业收入 630 亿元，实现利润超过 12 亿元，资产负债率将从最高时的 125% 降至 80% 以下，债务风险基本化解。

长城资产前期收购私募债的出资，也通过债转股得到清偿，实现从债权到股权的转变。偿还全部私募债券后，经测算，中国铁物剩余 120 亿元债务为合理负债水平。至此，中国铁物债务重组顺利收官。

从"中国铁物"到"中铁物晟"

债转股只是一揽子盘活计划中的一环，意味着中国铁物债务危机实现了化险为夷。从债权人变为股东后，长城资产凭借在资本市场投资投行和并购重组领域的丰富经验，协助中国铁物重组上市。

长城资产帮中国铁物制订了资本运作规划，他们会同瑞银证券、大成律所等中介机构启动中国铁物重组上市工作，对中国铁物核心资产进行了全面梳理，通过对可上市的核心资产整合，确定了未来上市的资产范围。

这些核心资产将通过中铁物晟注入上市公司，重组上市后最终实现债权置换为上市公司股票，未来可通过资本市场退出。

从 2012 年 7 月首度冲刺 IPO，到 2014 年 3 月意外终止，中国铁物的 IPO 之路走得异常艰辛。现在它终于有机会，通过中铁物晟脱胎换骨、涅槃重生。

其实，长城资产整个方案的画龙点睛之笔在于——第 8 个圈。"除了 7 个圈，我们其实还有第 8 个圈，一旦可以上市就把优质资产往里装，企业的核心能力自然提高了，我们真正的收益是在后面。"周礼耀告诉笔者。

被周礼耀视为"优质资产孵化基地"的第8个圈，其玄妙之处，就在于给瘦身健体后的中铁物晟增加优质蛋白。"如果把中铁物晟的核心资产装到上市公司去，盈利水平大概一年在10亿元左右，我们觉得可能还不够，还做了一些并购项目储备。"李晨说。

长城资产在系统内发出通知，通过各种渠道去寻找与中国铁物上下游有关的标的，随后他们相继考察了几十个市场化优质项目，并向中国铁物推介了其中的优质标的。

"这些都可作为未来注入上市公司的并购对象，以提升投资价值。"许良军说，"以后这个上市公司不是说只有中铁物晟一个资产，未来陆续有优质资产加入，利润加起来可能会很大，从而把上市公司做强，这个公司不单单是中国铁物的上市公司了。"

许良军说的没错，在债转股额度上，中国铁物是33%，而长城资产领衔的长茂基金是28%，仅仅少五个点。这个数字确实说明了长城资产的支持和担当，但也同时说明，长城资产会将之视为自己的公司一样呵护。

"中国铁物虽然有可持续的盈利能力，但铁路物资供应业务的成长性还是有天花板的，所以不能仅仅依靠中国铁物的现有业务。我们目前计划的第一步就是助推其上市，第二步就是把上市公司的业务和利润继续做大。"李晨说。

李晨的话转化成官方语言，就是：长城资产将采取包括增资、应收账款收购、金融租赁、并购企业等方式，协助拟上市主体切实将利润做大，提升未来估值；拟上市主体上市后，中国长城资产将充分发挥在资本市场并购重组领域的优势，挖掘上市公司内在价值，支持上市公司设立并购基金进行海外并购、收购其他优质资产，做大做强上市公司。

2020年9月25日，经证监会并购重组委2020年第44次工作会议审核，天津一汽夏利汽车股份有限公司（以下简称"一汽夏利"）重大资产重组项目获无条件通过。本次交易的整体方案由上市公司股份无偿划转、重大资产出售、发行股份购买资产及募集配套资金四部分组成，前三部分互为条件，共同构成本次重大资产重组不可分割的组成部分。

一汽夏利将向中国铁物、铁物股份、芜湖长茂、结构调整基金、工银投资、农银投资、润农瑞行、伊敦基金发行股份购买其合计持有的中铁物晟的 100% 股权及铁物股份持有的天津公司 100% 股权、物总贸易 100% 股权。

本次交易，一汽夏利一举出售盈利能力较弱的资产，同时注入铁路物资供应和生产性服务领域的优质资产，将上市公司的主营业务变更为以面向轨道交通产业为主的物资供应链管理及轨道运维技术服务和铁路建设等工程物资生产制造及集成服务业务，实现大手笔资产换血、大力度产业升级、大幅度华丽转身。

在长城资产的支持下，中国铁物顺利完成债务重组、资产重组、重组上市三阶段重点工作，标志着中国铁物一揽子重组的完美收官。未来，长城资产作为上市后中国铁物的第二大股东，将继续秉承国家赋予的使命，为实体企业的发展壮大保驾护航。

"主刀"复盘

中国铁物在自己的官网中，多次说此次债务危机的化解是在做"内外科手术"，而这场手术的主刀医生无疑就是长城资产。

纵览长城资产参与中国铁物债务重组的全过程，不可谓不高明：通过极富创新的雪中送炭式的主动型债转股，即以转股为目的进行私募债收购，先以承接债务为切入点，再择机将债权转股权，达到了以时间换空间的目的，并以此为切入点撬动了一揽子重组方案的实施，依托资本市场彻底解决了国内首例央企私募债兑付危机。

尘埃落定后，周礼耀总结了中国铁物项目的诸多风险与困难，可谓"危中寻机、险中取胜"。他告诉笔者，在重组过程中长城资产不可预知的风险有很多，而这五大风险最需防范：私募债收购风险，能否成功收购私募债存在不确定性；重组不确定风险，这是一家资产负债率超过120%的企业，能否资产重组成功存疑；市场化波动风险，债转股后能否实现未来的效益存在风险；债转股退出风险，重组上市后，债转股退出存在不确定性；成本风险，介入成本高，长城资产能否实现综合收益的最大化存疑。

而在随后的方案实施过程中，四大难点也被长城资产一一化解：私募债持有人众多，沟通协调难度极大；私募债持有人和金融债权人利益考量出发点不同，在重组方式上很难达成一致；中国铁物偿债资金来源难以落实，或者说是不足以覆盖到期偿付的资金要求；债权人普遍缺乏信心，质疑中国铁物的履约能力。

"没有盘活不了的不良资产！所有的转型都是闯出来的，所有的创新都是逼出来的。"这是周礼耀嘴边常挂着的话。对于中国铁物债务危机的化解，他认为体现出了三种模式创新：一是业务模式的创新；二是方案设计的创新；三是金融理念的创新。

业务模式创新的核心是提供以实质性并购重组为主要内容的综合金融服务。首先，通过私募债收购整合小额分散债权，促进债务重组方案的达成；其次，通过债务重组、资产重组和企业重组有效衔接，推进中国铁物的商业化再造；最后，通过未来重组上市，实现企业的再生和可持续发展。"这是全产业链综合服务，是各种手段和工具排列组合的一种模式。"周礼耀说。

对于方案设计的创新之处，周礼耀总结为"锁住两头，中间四步走"，即前面锁定17.6亿元私募债的切入点，后面锁定债转股的退出通道，"四步走"则是：债务重组、资产重组、债转股和重组上市。

金融理念创新的核心是雪中送炭式的主动型债转股，其要领在于"主动"。俗话说"锦上添花易，雪中送炭难"，长城资产之前并未持有中国铁物的债权，而通过收购私募债，主动介入到处置化解中国铁物债务风险的工作中，从"隔岸观火"变为"患难与共"——而这在长城资产的多个操盘项目中屡次出现。

周礼耀觉得，中国铁物债务危机是一个"责任重、收益低、风险高"的项目，而长城资产敢于介入，得益于多年的处置经验和综合金融工具的娴熟运用。同时，长城资产在此项目中更侧重社会效应，"毕竟是首个央企救助央企的市场化债转股项目，防范和化解金融风险、提升资产价值、服务实体经济是我们的使命所在。"

但长城资产对中铁物晟的未来还是充满信心，从以下几个维度分解看，经营管理上，中国铁物有一支优秀的团队、有优良的主业基础、有优质的产品保证；价值判断上，中国铁物盈利能力较强、具备分红能力；后续发展上，新主体有着强大的股东群支持。

"基于上述判断，我们认为这项投资行为目前看来风险是可控的，经过股东们的共同努力盈利也是可期的。"周礼耀说。

多家媒体对中国铁物债务危机的化解进行了报道，他们总结道：这是贯彻落实中央有关供给侧结构性改革战略部署、金融支持实体经济、降低国有企业杠杆率的又一典型案例。

"这一案例确实典型，"听了笔者的转述，周礼耀说，"可以作为未来央企危机化解的典范，并且具有很强的可复制性。"

一线问答

笔　者　您觉得中国铁物项目能给大家带来什么启发？您在做项目的时候有什么感悟？

李　晨　我主要有三个感受。第一个感受是不少巨型企业出现危机后，如果只有债务人和债权人两方，工作其实是很难推动的。因为出现问题后，债权人往往都有一种被"伤害"的感觉，会对债务人失去信心，即便债务人有了不错的方案或者很好的预期，债权人都会带着质疑的有色眼镜去看对方。在这种情况下，为了解决危机企业的问题，有公信力的第三方就显得极为重要，它站在公正客观的立场上，让大家各退一步，在心理上和行动上都引导双方产生互信。

第二个感受是在解决企业债务危机的时候，只要重组逻辑确定，很多问题都可以迎刃而解。比如收购散小的私募债，给一个现金选择权，债权人是很欢迎的。对资产公司来说，打折收购是核心逻辑，因为企业已经出现问题，存在风险，打折双方都能接受。而打折多少，则取决于资产公司的价值判断和谈判能力。

第三个感受是债务危机的化解中资产公司作用很重要。项目中所运用的收债、授信、债转股等手段，是资产公司的常用手段，结合企业情况灵活运用、形成组合拳，能够切实解决问题，对于优化资源配置、提升资产价值，从而助力实体经济有积极的社会意义。

笔　者　重组方案中的那几个"词"，是不是已经成术语了？

李　晨　因为宣传报道的作用，这些说法也被广泛引用。某种程度上"本金安全＋部分还债＋留债展期＋利率优惠＋转股选择权"这几个说法快成为协议重组的标准提法了。

方法论

模式：债务重组＋债转股

针对有债转股需求、发展前景良好、符合国家产业发展方向但短期有经营困难的问题企业，长城资产运用"债务重组＋债转股"模式，以不良资产收购为切入点，减轻企业财务负担；再按照市场化、法治化原则实施债转股，优化财务结构，推进资产重组，促进企业可持续发展。

具体步骤为：首先，通过私募债券收购主动介入中国铁物债务重组，以此获得未来债转股的安排；其次，通过积极推动非主营资产的重组变现，保障中国铁物偿债资金的供给以及债务重组协议的达成；再次，主动推进中国铁物核心资产的重组上市，并择机将债权转股权，最终推动中国铁物债务重组工作的圆满实施。这是一个典型的主动型债转股项目，是长城资产探索市场化债转股的有效实践。

此次重组中，综合运用了债务展期、降息、债转股等重组手段，可谓大手笔。值得一提的是，长城资产在中国铁物项目中，多次以主动的姿态切入，掌控了主动权，进而让整个重组进程张弛有度、收放自如，完全掌控在自己手中。比如：①主动收购17.6亿元本金的敏感私募债，主动成为中国铁物的债券持有人，对推动债务重组方案最终获得审议通过起到了关键的作用；②雪中送炭式的主动型债转股，其要领正在于"主动"，在于"引领"，从"隔岸观火"变为"患难与共"。

四项债务的"样板间"式操作

以2016年4月5日为债务重组基准日，中国铁物应偿还债务350亿元，其中私募债100亿元、公募债68亿元、银行等金融机构债务178亿元。

重组过程中，债务的处理分为四部分。

①68亿元公募债。盘活土地资产，如北京卢沟桥丽泽铁物大厦项目、成都泰博房地产项目，并清收相关央企回款11.38亿元，风险事件处置回款8.49亿元；中国诚通的支持。

②100亿元私募债。主动出资收购了10余家机构持有的总计17.6亿元的私募债，以应对私募债中资管计划的兑付要求，促成债务重组方案通过。对于100亿元尚未到期的私募债，2017年偿还15%本金，剩余部分展期2年，到期后一次性偿还。综合利率下浮约50%，同时银行债及私募债均预留了"债转股"选择权。

③178亿元银行债务。提供授信资金100亿元，以使银行在本金安

全的前提下同意债务展期。在两年内偿还约30%本金，剩余债务展期5年。

④最后70亿元偿债资金缺口。通过"主动型债转股"的形式，为中国铁物提供了共计70.5亿元的融资，堵上了展期两年后仍存在的偿债资金缺口。

灵丹妙药：债转股

债转股可以三降三增：降负债，降杠杆，降成本；增效益，增信用，增机会（债权换股权、时间换空间、技术换效能、机制换前景）。

长城资产操盘的案例显示，成功的债转股项目多是以时间换空间，让短期负债成本高企、遇到暂时性困难、但长期发展前景仍存、行业发展优势明朗的"假死"企业，通过债权转股权、优质资产置换等方法渡过难关。一是"救急"，帮助高负债企业渡过短期债务难关。二是"救优"，帮助本身资质优良但是经营不善的企业渡过难关。三是"救壳"，对一些拥有壳资源但无法盘活的企业进行债转股以达到腾笼换鸟的目的。

在长城资产总裁周礼耀看来，债转股是不良资产处置的一种重要技术手段，从企业的角度，能够"降负债、降杠杆、降成本，增效益、增信用、增机会"。

但核心在于，转股以后的治理机制、产业升级、产品的升级换代。债转股本身并没有消除资产风险，而是"以时间换空间"，帮助企业走出经营困境。因此，在市场化、法治化债转股过程中，需防范道德风险和股东权益落实不到位的风险。

道德风险：要避免借债转股之机恶意逃废债务。一旦债转股成为企业降杠杆的普遍选择，企业就可以轻易减少负债，甚至产生投机心理。比如原本应破产倒闭的企业，通过对财务和经营状况进行包装来满足债转股的条件，并在后期积累更大的风险。

转股股东权益落实不到位的风险：如果转股股东权益落实不到位，转股企业的改革改制、经营再塑就无法有效展开，企业难以真正走出经营困境并恢复盈利能力，债转股就不能实现资产的保值增值，"去杠杆"最终将演变成"杠杆转移"。

而中国铁物项目中，"雪中送炭的主动型债转股"更是一个有极大启示意义的创举，其作用体现为：减少企业负债，减少财务成本；降低企业杠杆，降低资产负债率；增强企业实力，增强企业活力；增强债权人信心，增强投资者信心。最终目的则是促进企业债务问题的根本性解决，增强企业可持续发展能力，实现多方利益主体的合作共赢。

万变不离其宗："七圈"模式

此项目中，"七圈理论"展现了"四两拨千斤"的效果。

七圈模式可以解决的问题：①清晰主业，强化核心能力；②降低负债，提高盈利水平；③降低杠杆，增强造血功能；④分离资产，快速止血增效；⑤综合施策，做强做优主业。

通过中国铁物项目，长城资产丰富了非上市公司并购重组业务实践，探索形成具有自身特色的不良资产并购重组业务的"七圈"模式，即针对一个具有价值提升潜力的不良资产，运用"综合经营、系统集成"的思维对其进行分解、分类，采取系统处置、有效盘活及投资银行手段加以整体运作。首先，处于原始状态的不良资产是第一个圈。在此圈内，按质量状况将资产分优质资产和问题资产两个小圈。其次，按主业资产和副业资产对优质资产进行分离，形成优质资产圈中的两个小圈；按有效资产和无效资产对问题资产进行分离，形成问题资产圈中的两个小圈；最终，对优势主业资产和问题有效资产通过"逆周期培育、顺周期提升"实现"跨周期"的价值后，来弥补问题资产的损失，进而在实现社会效益的过程中获得不良资产经营的综合收益。

三家央企完美分工：创新问题企业管理、盘活方式

中国铁物是在经济结构调整和产业转型升级过程中产生"问题央企"的典型代表。中国诚通是国有资产重组、资本运作、问题央企托管的专业平台，实力雄厚，同时与中国铁物主业相似。长城资产是化解金融风险、盘活存量资产、优化资源配置的专业机构。双方发挥各自专业优势，联手化解中国铁物债务危机。中国诚通以中国铁物企业经营管理层面重组为主，长城资产以参与债务重组、资产重组等方面为重，对内稳住了企业，对外稳住了债权人，使得危机企业有了一个喘息的时机和改善的环境，在保持企业正常运行的前提下化解了债务危机，由此建立了处置国有企业危机的机制，创新了盘活国有沉淀资产的模式。

长城资产通过和中国诚通的合作，建立了重组盘活国有沉淀资产的新模式，探索了深化供给侧结构性改革的实现路径。

💡 启示录

2015年前后，我国信用风险程度较高的是光伏和钢铁行业，这些行业不景气，行业需求低下，产能过剩，国际经济环境尤其不利于企业的境外扩张。

巧合的是，超日和中国铁物正是这两个行业的代表，他们相继倒在盲目扩张的不归路上。欲使之灭亡，必先使之疯狂。由于光伏和钢铁行业一度处于"投资饥渴"的环境下，普遍存在着"做大做强"的动力，一旦货币供应宽松，就如斑马线前看到红灯变绿灯的汽车，唯恐"起步晚了"般无序扩张。

但须知，"做大做强"的另一后果，有可能就是"做歪做僵"。

这两家企业在出现危机前，都有藐视风险的疯狂举动，并且逐利心切，陷进资金链断裂的沼泽后自知无力回天，反而变本加厉以图自救，但没想到越挣扎陷得越深，直至全身被淹没后只伸出一个巴掌，狂喊救命。

恰巧的是，长城资产成为这两个典型行业的非典型债务危机的施救方。国内首例公募债违约和国内首例央企私募债重组，都被"拆弹专家"

长城资产圆满化解。

托盘商煽风点火，各方推波助澜

可以说，中国铁物走到当时的境地，相关各方都难辞其咎：在激进的经营战略之下，中国铁物依仗着自己的巨额授信，充当影子银行，而风险控制却形同虚设。钢厂不顾市场规律，盲目扩张，结果带来产能过剩、行业持续低迷。钢贸商挪用托盘资金，进行投资甚至挥霍。银行一味追求利润，放松监管，甚至为了业绩而深度参与、推波助澜。

钢贸危机犹如一副连锁反应的多米诺骨牌，虽然因重复抵押、加大杠杆、资金腾挪的钢贸商而起，但殃及的却是另一头的巨无霸央企。这肯定是中国铁物相关债权人事先预料不到的，中国铁物债务危机爆发前，其评级仍为 AA+，属于仅次于 AAA 最高级的债券评级，也折射出金融市场对于央企信用的崇拜心理。另一方面，给我们的启示在于，在中国债券市场，纵使是国资委直接管理的大型央企，刚性兑付也已经不复存在。

业绩观扭曲，防火墙倒塌

笔者在中纪委《中国铁物中冶集团国有资产重大损失案剖析》的通报中看到：2008 年至 2012 年 7 月 30 日，办案人员未发现中国铁物和铁物股份党委常委会研究经营风险问题的会议记录或纪要。

可见，"风险"二字，俨然已成为中国铁物当时管理层的耳边风，听得见声，但入不了眼，更不会走心。

中国铁物管理层在扭曲的政绩观、业绩观驱使下，放弃企业核心竞争力，违规从事大宗商品融资性贸易，用虚而不实的贸易业务量虚增经营规模、冒进快上，造成国有资产重大损失，最后留下一堆烂摊子，使企业背上沉重的债务包袱。而他们未建立、实施有效的风险防控制度，合同、资金、存货、担保等管理制度形同虚设，对子企业的各项管控措施不力，可谓"牛栏关猫"，制度的"防火墙"完全失效，这是此事件暴露的重要制度原因。

中国铁物时任总经理宋玉芳，甚至未经党委会、总经理办公会审议，违规签发废止《关于在经营活动中加强风险防范措施的若干规定》及关于强化担保措施的指导意见等文件，资金型业务由此松绑——这个疯狂举动真是触目惊心，巨大的利益诱惑，表面是甜的，可是吃多了就变成了"苦果"。

不务正业，狂不知敛

据中纪委通报，2009年至2013年，宋玉芳等人违反国家法规，不顾法律风险提示，主导并推广中国铁物大量开展钢材、铁矿石、煤炭等大宗商品融资性贸易。在此过程中，上述管理层放纵风险发生，对子企业存货管理混乱、合同监管失控等问题放任不理，对子公司资信审查不严、担保措施不落实、银行授信管控粗放等问题疏于管理，子公司普遍存在与资信差的民营企业开展免评合作的情况。

2012年8月，国有重点大型企业监事会向中国铁物发出要求"采取有效措施，确保公司货权的安全"的《提醒函》后，而当时的中国铁物管理层对警示置若罔闻，未采取有效措施。2个月后，中国铁物向国资委报送的《钢铁业务管理专项报告》中仍认为融资性贸易模式不存在问题。

2012年11月起，国资委对中央企业融资性钢贸业务清理做出专项部署，2013年2月后多次下发文件，明确要求"严禁开展无商品实物、无货权流转或原地转库的融资性业务"。当时的中国铁物管理层对抗国资委指示，2013年4月至2013年12月，中国铁物所属厦门公司等8户子企业仍继续违规开展融资性业务24.4亿元。

董事长点评：复制性很强的央企危机化解典范

长城资产踏进中国铁物债务重组，承担了巨大风险、付出了巨大辛劳，但仍毅然介入，就是希望在防范化解金融风险、助力企业脱困方面做出贡献，体现作为资产管理领域国家队的担当，这是中央金融企业的家国情怀和社会责任。而成功化解中国铁物债务危机有着三方面的意义：一是有利于维护债券市场健康发展和社会稳定，是金融企业服务实体经济和打好风险防范攻坚战的具体行动。二是有很强的可复制性，将成为未来央企危机化解的典范。三是对探索市场化、法治化债转股有着重要的实践意义。

总体来看，长城资产依托不良资产并购重组专业优势以及集团综合经营功能，参与中国铁物债务重组、资产重组、重组上市等不同阶段，结合中国铁物的具体情况，提供债权收购、新增融资、存量资产盘活、合作开发等一系列服务，并综合运用不良资产收购、基金、信托、置业等手段，最大化中国铁物的资产价值，降低资产负债率，提升内涵价值，化解了金融风险，使得中国长城资产在系统性、复杂性、全局性和有较大社会影响的大型企业集团风险防范化解方面形成新的竞争优势。在此过程中，中国长城资产的不良资产并购重组业务能力得到了充分检验；其敢于担当，开拓创新，"干苦活、干累活、干别人不愿意干的活"的工作作风得到了充分体现；其忠诚于党和国家赋予的使命、服从服务国家发展战略、着力为建设现代化经济体系保驾护航的"家国情怀"得到了充分彰显。

多年来，长城资产以债务重组、资产重组、企业重组、产业重组等多元化投行手段，为企业设计一揽子以实质性重组为主的综合金融服务方案，改善企业财务状况，提升企业盈利能力，帮助企业"换血"实现转型升级，直接或间接化解金融风险、优化资源配置，进而推进供给侧结构性改革和市场化债转股。

为继续打造并购重组的专业品牌，长城资产将继续以实体企业中的问题资源为中心，以不良资产收购、市场化债转股、受托管理、综合金融服务等业务为切入点，积极推进实质性并购重组业务，力争用2～3年时间，初步形成规模适度、滚动发展、盈利稳定的业务格局。针对实体企业中的潜力客户，长城资产将结合实际采取多种策略，通过实质性重组帮助企业走出困境，恢复生机，重塑价值；通过全方位综合金融服务帮助企业补齐短板，发展壮大，提升价值。

——中国长城资产管理股份有限公司董事长　沈晓明

⏱ 时间轴

2016

4月11日
中国铁物宣布相关债务融资工具全部暂停交易，涉及其发行且尚在存续期的债务融资工具共9期，合计规模为168亿元。由于中国铁物债务规模大、构成复杂、债权人众多，迅速在债券市场掀起了波澜，成为债市"黑天鹅"。

4月29日
国务院国资委宣布，将中国铁物由中国诚通控股集团进行托管，并对中国铁物管理层进行改组。

8月13日
公募债68亿元兑付完毕，资金来源为盘活土地资产，如北京卢沟桥丽泽铁物大厦项目、成都泰博房地产项目，并清收相关央企回款11.38亿元，风险事件处置回款8.49亿元，以及中国诚通的支持。

12月15日
长城资产与中国铁物、中国诚通签署了《合作框架协议》，正式全面参与中国铁物债务重组工作。

2017

1月19日
长城资产与中国铁物签订资产重组合作协议，从而为同日中国铁物与私募债持有人和银行债委会成员之间达成的债务重组框架协议，提供了坚实的保障和有力的支撑。按照"同债同权"原则，各方最终通过了"本金安全+部分还债+留债展期+利率优惠+转股选择权"的一揽子债务重组方案。

2月6日	长城资产与中国诚通签署了《战略合作协议》，双方在"问题企业""问题资产"重组等方面展开全面合作，联手处置中国铁物债务危机，为中国铁物债务重组顺利实施保驾护航。

2018

11月2日	国资委将一家上市公司划转至中国铁物名下，专项作为中国铁物重组上市公司的平台。
12月13日	长城资产与中国铁物签署了债转股的一系列协议，长城资产出资20亿元与中国铁物、中国诚通共同组建芜湖长茂投资基金，成为债转股主体中铁物晟的第二大股东。
12月25日	中国铁路物资股份有限公司债转股协议在北京签约。中国铁物与包括长城资产在内的7家投资机构达成债转股协议，通过"主动型债转股"的形式，转计持有的中铁物晟科技发展有限公司66%股权，债转股金额共计70.5亿元。

2019

9月28日	天津一汽夏利汽车股份有限公司发布重大资产重组预案，中国铁物重组上市工作正式启动。

2020

9月25日	天津一汽夏利汽车股份有限公司重大资产重组项目获中国证监会无条件通过，标志着中国铁物一揽子重组完美收官。

第三章

东盛危机:"减"出来的陕西首富

> 假如生活欺骗了你,不要悲伤,不要心急!忧郁的日子里须要镇静:相信吧,快乐的日子将会来临!心儿永远向往着未来;现在却常是忧郁。一切都是瞬息,一切都将会过去;而那过去了的,就会成为亲切的怀恋。
>
> ——普希金
>
> 这是东盛集团董事长郭家学经常提起的一首诗。

"你们这些金融机构连小商小贩都不如,就是落井下石,乘人之危。"郭家学坐在沙发上跷着二郎腿,眼睛没有直视和他谈话的"金融机构"。

这是2011年,东盛集团董事长郭家学的人生至暗时刻,他周围似乎弥漫着一股绝望的气息,几十亿的债务压得他喘不过气。即便银监会专门为东盛集团成立了第一个民营企业层面的债权人委员会,但几年过去,毫无进展。

无法从债务阴影中自我解脱的郭家学,头顶的巨额债务就像一朵永远吹不散的乌云,经常在他猝不及防时将他浇透。对于"雨天收伞"的银行,此时的郭家学有很大的怨气,他甚至说银行是"吸血鬼",再也不会和银行打交道。

所以,当郭家学听到同为金融机构的长城资产主动来找他,并没有给"好脸"。

此时的郭家学似乎忘了，他30多年前辞去体面的教师职务，去养猪时，别人投来的不解和冷眼。

此时的郭家学也绝未想到，仅仅几年后，眼前的这家金融机构就帮他卸下了债务重负，他可以小步快跑继而成为陕西首富，再次对未来充满憧憬和希望——这种感觉，和30多年前他迈着执着且坚定的脚步从乡间小路走出，从陕西南部小城安康赶往省城西安创业，很像。

走出田野

1987年，当初的理想只是"当一个合格的小学老师"的郭家学，毅然摔掉"铁饭碗"，开启了自己的创业之旅。这一年，他21岁。这一"壮举"，让他多年后多次提及自己是陕西辞去公职下海的第一人。

天天听着学校广播《在希望的田野上》起床的郭家学，想走出田野，寻找希望。但辞职后，才觉得一片茫然。当时离"92派"诞生还有5年，"世界那么大，我想去看看"的郭家学发现没有什么生意可做。

他只好去养猪，比郭家学晚一年下海的新希望集团刘永好，当时也是从养猪做起，因为别无选择。

后面的故事被媒体反复翻炒：每隔4个小时，郭家学要喂一次猪，早上4点就要起来给猪投料，结果猪肥了，他瘦了。

最后郭家学规模化养猪的"宏伟构想"被交通不便的自然条件无情熄灭。不过，多年后他在接受媒体采访时，还是回忆起了自己颇有斗志的"初心"："陕西第一个搞科学养猪的人应该是我，到现在我都记忆犹新。所有人都认为这个孩子确实不容易，把这一生也给毁了，好好的老师不当，来干这个事，这是为什么？善良的父老乡亲从内心深处同情我，但我个人不喜欢别人同情，这也越激发起我的斗志。"

郭家学又开始承包了县里一个中草药种植场。郭家学对此的描述是："每年11月大雪封山，满目白茫茫，伐木以后，种上木耳，第二年春暖花开后就能收获了。每挖一镢头下去，我都觉得在挖我未来的希望，心里一直乐呵呵的。"

而他没有说的是，因为在零下20多度的冰天雪地里伐木，十指关节全部都冻肿了，连筷子都握不住。

笔者觉得，从这两个初期的创业经历来看，郭家学确实是一个充满正能量的人，他似乎对别人眼中的苦有与生俱来的先天免疫，并且会苦中作乐，自我激励，愈挫愈勇。

离开安康来到西安后，郭家学涉足的行业更是五花八门，什么赚钱做什么。1991年，郭家学供职西安人民医电研究所，为了广拓财源，他除了按照公司要求正常研究开发销售医疗器械和经营办公自动化产品外，还为柯达、西门子等国际公司代理销售医疗器械产品。1994年，郭家学出资成立西安嘉宝企业，业务扩展至综合贸易、汽车租赁、对外投资等。1995年，成立西安东盛饮品有限责任公司，主营茶叶饮品——这正是"东盛"的起源。

收购狂人

1996年末，郭家学得到了一个千载难逢的机会，位于陕西凤翔县一家名叫卫东制药厂的国有企业，因经营不善，面临倒闭的境地。这个建成仅仅三年的国营药厂，年销售额不超过30万元，亏损严重，资不抵债。

但这家药厂的产品是市场前景巨大的处方药维奥欣，在心脑血管药领域有一席之地，只是国有企业不善营销，才导致如此境地。做"杂货"生意起家的郭家学觉得机会来了，他这么多年在商海中摸爬滚打，历练出来的就是营销能力，而卫东制药厂的研发和生产都没问题，他如果能补上营销的短板，那肯定有得赚！

卫东制药厂高层被郭家学描绘出的蓝图所打动，决定将企业交给东盛，条件相当优惠：承担药厂几百万的债务。

1996年12月9日，郭家学辞职下海整整9年后，他和卫东制药厂签署了收购协议，完成承债式收购，东盛帝国的第一座城堡拿下了。郭家学再次创造了"第一"：开创了陕西民营企业收购国有企业的先河。

郭家学接管后，面向社会公开招聘营销总监，带来了先进的销售经验，第一年营收便涨了100倍，达到了3000万元。第二年，直接过亿。

也许正是这次堪称完美的收购，激发了郭家学的膨胀心理。尝到甜头的东盛从此在并购路上一发不可收拾。1998年7月，兼并国企西安化工医药总公司，成立了陕西东盛医药有限公司。1999年，控股中美合资陕西济生制药有限公司。从那时起，东盛管理层开始奉行"拿来主义"。他们觉得，与其慢慢发展，不如一口气吃成胖子，复制东盛系强大的营销能力，拿下一座座新的城堡。

值得一提的是，郭家学"拿来主义"的资本运作逻辑，恰逢国有企业改制的特殊历史环境，当时不少企业家都信奉做大做强，都想通过"野蛮式"的拉郎配和市场垄断打造自己的企业航母。

1999年，郭家学的人生再次发生重大转折。东盛集团以6000万元收购青海上市公司同仁铝业，并更名为"东盛科技"，完成借壳上市，东盛实现了从实业经营向资本运作的惊人一跃。彼时，年仅33岁的郭家学成为中国最年轻的上市公司董事长。

与此同时，郭家学也开启了中国资本市场里一个叫"东盛"的传说，这一条突然而来的巨大鲶鱼，在医药界钻来钻去，引起了一阵阵哗然和骚动。

几乎没有停歇过，上市后的东盛不断地认购、托管、受让其他医药公司的股份。有评论人士概括了其短短数年内的并购路径：西购同仁铝业，东吞启东盖天力，南并丽珠得乐，北建国药工业，中拨潜江制药。

这些都让无比风光的东盛长期处于媒体镁光灯下。郭家学事后反思，也自认为2003年堪称"疯狂"，因为几乎每个月都有一个收购项目完成，让行业内外目瞪口呆。那时的郭家学甚至感觉自己是小超人，能量爆发，每天都有使不完的劲。同时，郭家学那时经常做一个奇怪的梦：总是在赶飞机，而且永远赶不上。

2003年左右，郭家学已然将东盛集团打造成了员工近万名、总资产逾65亿元的中国医药旗舰企业，一举进入全国医药工业前20强。郭家学开始野心勃勃，抛出了"三驾马车说"：通过自有业务的快速增长、实施超大规模的并购、国际合资合作三驾马车，带动整个东盛集团超常规的发展。郭家学当时的"世界观"是，世界500强企业的发展，基本上也都是在不断地整合上逐步发展起来的。东盛集团的目标正是世界500强！

30多岁的郭家学豪情万丈，号称东盛要成为"中国医药行业梦之队"，目标是"到创业30周年时，发展成为年营业收入160亿美元的全球性公司"。

盛极而衰

2003年底，云南省政府为了做大医药产业，拟引进战略投资伙伴，共同发展云南白药。得知消息后的郭家学志在必得。

而云南白药显然是块香饽饽，包括华源集团、华润集团、复星集团在内的医药巨头蜂拥而至，展开了激烈的竞争。与这些"巨无霸"相比，东盛的体量显然还是小了一些。

此外，云南省国资委也要求，入主云南白药的战略合作者除了要有资金实力，有强势的市场开拓能力之外，其首要条件就是要有国资背景。

看着到嘴边的肉却吃不了，东盛管理层想出了"曲线重组"的办法：

东盛借道国药集团，为自己谋求了一个"国"字号的"国企身份"。东盛集团出资4.98亿元，与国药集团共同组建中国医药工业公司。其中东盛占49%的股份，中国医药集团占51%。

于是，表面上是国药集团出面与华源集团、华润集团、复星集团竞争，而东盛才是幕后的关键主导者。

因为志在必得，东盛调动了强大的团队，对整个云南医药产业进行了详尽的了解，当时给云南省国资委提供标书时，东盛是用推车将收购报告书推进现场的，一车材料有几百公斤重，让竞争对手目瞪口呆。

云南省国资委觉得东盛对云南白药的发展研究最为科学、系统，最终还是选择了实际由东盛集团主导的中国医药工业公司。

坐上云药集团董事长位置的时候，郭家学激动不已，东盛在此时也达到了辉煌的顶点，旗下已拥有3家医药上市公司，东盛科技（600771）、潜江制药（600568）和云南白药（000538），一条涵盖医药研发、生产、营销、物流、保健品在内的全产业链已经成型。

踌躇满志的郭家学，丝毫没有意识到风险已经开始涌动。东盛集团也还在瞄着更多的收购标的，哈药集团、东阿阿胶都进入了他们的视野。

"蛇吞象"付出的代价极大，无所畏惧的疯狂收购，给东盛集团带来了沉重的包袱。按照协议，到2007年，新云药集团销售收入要达到120亿元，但2003年，云药集团的实际销售收入只有30亿元。4倍的业绩提升，东盛怎么可能轻易做到？新云药集团还需要更多的资金注入才有可能完成扩产等计划，但东盛哪来那么多资金？

同时，东盛集团收购的所有资产都必须按照当时国家最新规定进行GMP改造和认证，这又需要一笔巨资。雪上加霜的是，2004年4月起，国家针对经济过热采取了宏观调控措施，收缩信贷，提高贷款利率，东盛集团在2004~2005年间被银行压缩了近5亿元的贷款，更加剧了集团资金链的紧张。

20世纪90年代末，东盛集团曾给陕西两家国有企业作担保，2005年时这两家企业濒临破产，东盛集团的账户被查封。而此时，东盛集团的一笔大额贷款即将到期，贷款银行让东盛集团先把贷款还了，过几天后再贷给它，其中的资金周转通过过桥的方式解决，日息1%。但当郭家学还完银行贷款，去这家银行的行长办公室商量下一笔贷款时，行长给他看了总行刚刚发来的传真：不可再给东盛集团贷款。东盛集团就此"瘫痪"了。

2006年4月，焦头烂额的郭家学无奈退出云药集团。此时，证监会开始重点打击大股东占用上市公司资金的行为。2006年10月31日，东盛科技发布公告——大股东东盛集团、东盛药业占用上市公司资金16.62亿元。

晴天霹雳般的消息让东盛科技连续跌停。2006年11月初，上海证券交易所发布公告，对东盛科技及董事长郭家学等人进行公开谴责：

"自2003年以来，东盛科技的控股股东西安东盛集团有限公司和关联企业陕西东盛药业股份有限公司合计占用东盛科技资金158826万元（占东盛科技上年末经审计净资产的347.58%），上述重大关联交易没有履行必要的审批程序，也没有及时发布公告。在此期间，东盛科技对外提供担保95643.83万元（占东盛科技上年末经审计净资产的209.29%），也没有履行必要的审批程序和及时披露的义务。直至2006年10月31日，东盛科技才以补充公告的形式披露上述重大交易和事项。"

上交所对郭家学等高管予以公开谴责时，还"公开认定郭家学不适合担任上市公司董事、监事和高级管理人员"。在有关方面公布的最新清欠名单中，东盛欠款数额排在沪市清欠"黑名单"的第一位。这使得人们对于东盛的资金链及东盛的未来产生了极大的怀疑。

2006年11月5日，一个灰暗的周日，郭家学想以结束生命作为一种终结，他打算在太阳落山时从东盛总部大楼上跳下去。万幸的是，往日周末并不在办公室的几位公司高管，那天临时有事去了公司，发现郭家学有些不对劲，对他一番苦苦相劝。郭家学嚎哭了一场后，决定振作起来，重新收拾旧山河。

媒体曾经问过郭家学一个问题："你在人际关系上承担什么责任？"他回答说，经营管理上，我就是一个管理员；家人关系上，非常和睦；社会关系上，我重视"义"。

这给笔者留下了非常深刻的印象。"商之有本，大义秦商"。以清末陕西女首富周莹为原型的电视剧《那年花开月正圆》，反映出了秦商的三硬："人硬、货硬、脾气硬"。重义又硬气的郭家学，最终没有逃避，选择了直面应对。他开始做减法。

为清偿贷款，东盛集团从2006年开始逐步出售了丽珠集团、中国医药工业有限公司、潜江制药、青海制药、"白加黑"等多项股权资产。

但直到2010年，东盛科技的资产负债率还是高达169.56%，每股收益–0.53元，每股净资产–3.86元，已被上交所纳入特别风险警示处理。东盛集团已严重资不抵债：资产总额5.81亿元，负债16.93亿元，净资产–11.12亿元。并且还有19.3亿元金融负债，出现了严重的兑付危机。

"天上下雨地下滑，自己跌倒自己爬"。这句陕西谚语，在郭家学当时的处境下，并不适用，他必须借助外力。

缘起"收包"

长城资产与东盛集团的"结缘"，不是出于"介绍"，也不是"自荐"，而是一次机缘巧合的银行资产包收购。

2008年9月，在现任长城资产天津分公司副总经理、时任石家庄办事处中层干部孙永森的操盘下，长城资产石家庄办事处通过竞标方式收购了华夏银行资产包，包内河北宝硕股份有限公司和沧州化学工业股份有限公司两家企业均由东盛科技提供保证担保。

数年前，为了维持资金链，郭家学与这两家企业建立互保关系，这两家企业使他在泥淖中挣扎了更长的时间。两年时间东盛集团对外担保10多亿，可2008年时这两家企业又破产了。

2008年6月，由于东盛集团及其子公司和其直接或间接控制的关联企业不断出现财务危机，导致银行贷款风险持续加大，为维持东盛集团的正常运作，最大程度地保障债权人利益，在银监会指导下，债权银行成立了东盛系企业金融债权人委员会——这是民营企业首次成立债委会解决债务问题。

因东盛科技为宝硕、沧化担保，长城资产成为担保方面最大的债权人，他们在2008年12月加入东盛债委会，除长城资产外，债委会成员单位还有12家银行及相关机构，主席单位为中国银行。

长城资产河北分公司资产管理二部负责人杜汉军事后回想，东盛集团在河北并没有贷款，但石家庄办事处能介入此事，正是因为资产公司在商业化转型时，长城资产前瞻性的出资收购。"这些资产包我们运作了好几年，如果没有这项收购，那自然也谈不上介入东盛事件。"

加入债委会后，现任长城资产河北分公司副总经理、当时还是一线经理的杨春拿到了一本工银国际出具的财务顾问报告。"两份，500多页。"杨春用大拇指和食指比划出了一个五六厘米的宽度。

因为此前对东盛这家公司一无所知，开债委会时参加会议的都是各银行总行的人员，"当财务顾问念完调查和评估报告摘要时，我一脸茫然，也不好意思问其他人。"杨春回忆。

回公司后，杨春开始研读这两份500多页的报告。"断断续续看了8个月，期间我给财务顾问打了十几个电话，财务顾问很惊讶，说，没有任何一家机构像你们这样把我们的报告抠得这么细。"

之所以这么细，一方面是杨春对工银国际的高水平、体裁新颖的报告本身感兴趣，另一方面确实是必须尽快搞明白，以方便给领导和上级汇报。

按照东盛债委会计划，从2008年起三年内通过买断担保债权、引进战略投资者偿还主债等方式，帮助东盛系完成债务重组。但是，由于东盛系债务结构复杂，直至2011年上半年，担保债务才得到基本解决。不过，担保债务的解决还是让东盛过了第一关——导致其陷入债务危机的主因得以消除，避免了破产清盘的命运。

但第二关才是伤筋动骨的：东盛系主债权的解决。

此时的长城资产石家庄办事处，还未有染指东盛系危机的打算，因为确实太复杂了：股权关系复杂，债权关系也复杂，本金9.6亿元，利息近8亿元，投资9.6亿元，前所未有。涉及12家总行级金融机构、18家分支机构，还涉及民间借贷，抵质押与冻结资产纵横交叉，每一家债权人都无法单独行动，每一家债权人都想最大限度维权，牵一发而动全局——某种程度上，东盛的债务困局已如一团互相盘绕、反复纠缠的麻绳，谁也无从下手。

"真是错综复杂，东盛集团和子公司之间的股权关系也挺乱。"杨春说。孙永森和同事们为理清其中的关系，花费了巨大精力。

逻辑明晰之后，长城资产石家庄办事处觉得，债委会计划引进战略投资者偿还主债的方式，可能行不通。

"报告里虽然写得不太明确，但是我能看明白，就是郭家学要让渡一部分股权出来。"杨春说，"我当时的直觉是这事不好办，股权对民营企业来说就是命根子。为什么东盛一直在拖，拖了三年直接债务得不到清偿。如果要把东盛兼并了，郭家学得付出多大代价，跟破产有什么区别？"

果不其然，对于引进战略投资者，东盛集团顾虑重重，不愿将大股东地位拱手相让。

东盛集团主债权的解决从而陷入了两难：如果强行处置东盛的抵押资产，明显有违债委会支持企业渡过难关的初衷。但若直接对债务人本息减免，各债权人"众口难调"，肯定也行不通。

事实上，债权银行还是给了东盛集团一定的展期空间，但由于担心银行采取强制措施维权，加之沉重的利息负担，东盛集团根本无心把精力放在生产经营上，依靠自身经营偿还主债的方法也行不通了。

东盛视为原则问题不愿让渡股权，银行还要保证本息收益不愿减免，东盛自身的造血功能也早已衰退，难题似乎无法解开。

银行拿东盛束手无策，东盛自己也不敢轻易投入，怎么看这都像一盘下不活的死棋。

解开死结

长城资产石家庄办事处一直密切关注着东盛系债务解决的动态。同时，他们开始深入摸排这家企业的"前后内外"，站在更高视角去看待东盛集团的债务问题，看能否另辟蹊径，解决银企双方纠结许久的主债权问题。

孙永森和同事们仔细分析了东盛的发展历程后发现，当时的东盛与其他陷入困境的民营企业一样，危机缘于快速扩张过程中的资金链断裂。万幸的是，其扩张没有脱离主营业务，始终专注于医药领域。

其实，东盛集团经营管理的基本面并没有坏，主要是债务纠缠，形成死结，资产公司重组或许可以成为打开症结的那一关键线头。

面对东盛的巨额债务，孙永森提议，长城资产能否将这些多头的债权一把收购，从而盘活这潭死水。但，这里面的风险又有多大？

杨春告诉笔者，当时他们展开了详细的尽调，之所以判断东盛的基本面没有坏，出于以下几个维度：一是其核心资产有价值，山西广誉远有四百多年历史，掌握两个国家保密配方，还有大量的中成药批号，未来仅围绕山西广誉远一家企业就有丰富的可挖掘的医药资源，其核心竞争力未失。二是东盛旗下上市公司治理结构稳定，主要管理人员团队稳定，下属各生产经营单位或子公司管理团队稳定，员工队伍基本稳定。

三是东盛集团营销经验丰富，虽然当时营销人员流失较多，但其营销管理的高层人员尚在，营销的顶层设计人员还难能可贵地留了下来。

"东盛最大的问题是债务多，债权人多，并且诉讼后，企业失去了对有效资产的掌控权，丧失融资能力，即使通过处置自有资产偿债或补充流动资金也没有话语权，失去了公信力。"杨春觉得，最大的问题在于，各金融机构总部虽然能在债委会机制下统一行动，但基层银行独自维权处置资产的冲动始终不易制止。"东盛单打独斗，一人对多家债权人，所以造成协调难度极大。各家银行的诉求又不一致，甚至争先恐后地咬你一口，东盛一方哪能谈得下来？而如果把债权集中于一家，那么资产抵质押、多轮查封、诉求不一致等矛盾便易于统筹协调，或许可以迎刃而解。"

杨春事后看来，东盛集团旗下的资产，可以说没有差的。东盛所购买的股权资产均是中国医药界的优质资源，如云南白药、丽珠集团、青海制药、新疆新特药等。"它本身没有不良，是流动性出现严重问题，单从这个行业及企业本身来看，东盛的资产都很不错，要不然怎么能顺利变现？"

更让长城资产石家庄办事处特别留意到的是，两家与东盛系有互保关系的上市公司在进入破产程序前，曾联系东盛集团想采取一致行动，但东盛集团没有随波逐流，依然坚信依靠自身解决债务困难，没有选择走逃废银行债务之路。

在孙永森看来，这一方面说明郭家学确实是有情怀的，另一方面也证明了东盛对于自己的资产是有信心的。

资产不错，但长城资产的收益如何确保？"我们起初的设想就是通过资产收购、处置实现固定回报。东盛债务的本金和利息几乎是一样的，总共涉及债权本金 9.6 亿元，利息 9.71 亿元。这样的话给我们就有一定的空间，可以把利息减免掉，只要一个年化收益率为 20% 的固定回报。"杨春说。

东盛集团贷款本金 9.6 亿元，还款必须来源于出售自身资产，而长城资产的风险就在于此。"出售资产范围是什么、价值多少，有没有人买，有没有人买得起，东盛想不想卖，上市公司出售资产、偿还债务有哪些法律及监管规定，保证金收多少，怎么收，资产的抵质押及查封怎么解除，解押解封过程中怎么保证安全，这些问题哪一个解决不好，就不算做到了风险可控。"杨春掰着手指头对笔者一一道来。

最核心的问题是：东盛出售的资产能不能覆盖长城资产的收购本金和收益。

长城资产石家庄办事处当时分析了东盛集团的主要资产：东盛集团和东盛药业所持有的上市公司东盛科技7642万股股份，东盛集团持有的中珠控股240万股份，东盛集团持有的新疆新特药14%股权，东盛科技位于西安总部的土地和房产，位于西安、太谷、淮南、启东等地药企的股权。

最终，他们将目光锁定在了东盛集团持有的新疆新特药14%股权、东盛科技位于西安总部的土地和房产、东盛科技持有的山西广誉远国药公司部分股权，作为长城资产收购和重组的资金保障。

杨春告诉笔者，当时选择这三项资产，主要是考虑了其迅速变现的转让价值。石家庄办事处经过评估并且与资产购买方接洽，这三项资产交易款项基本可以偿还长城资产收购的债权本金，真有不足的话，还可以继续出售东盛集团持有的中珠控股240万股份以及东盛药业所持有的东盛科技部分股份补充。

更为重要的是，这不会影响东盛集团的正常生产活动，并且对其股权结构不会造成太大影响。东盛集团持有的新疆新特药14%股权虽有较大价值，但对于东盛集团而言，这是一项非核心资产。同时，东盛科技位于西安总部的土地和房产面积很大，占地近50亩，但其总部人员较少，出售后可以另择办公地点，不影响下属药厂的生产经营。

就在长城资产石家庄办事处考虑重组方案的可行性时，东盛集团的一个小举动，给他们吃了定心丸。

石家庄办事处曾经给东盛集团西安总部发过一个催收通知，发出后觉得可能不会有下文，因为东盛大部分人员都在北京办公，留守西安的人估计也做不了主。但没想到，很快他们就收到了西安发出的盖了东盛公章的回执函。

"我们当时就说这家公司还是挺讲信用，办事规规矩矩，从细节可以看出这是家有契约精神的企业。"杨春回忆。

9 个月的谈判

心里有底之后，长城资产石家庄办事处随后将重组方案上报给了长城资产总部，也得到了总部领导的支持和指导。杨春事后总结："充分的情况掌握、多赢的设计思路、总部领导的支持使项目起步很扎实。"

有了可行思路及领导支持后，石家庄办事处开始与东盛集团洽谈，但没想到这一谈就是 9 个月。

目的就是落实确定交易细节，很繁琐，比如在债权收购前，要求东盛科技出售资产前需严格按照监管要求召开董事会、股东会、履行信息披露程序、设立共管账户、交纳保证金、确定划款路径等。"其间与东盛有过和风细雨，也有过激烈的争吵，双方由试探到合作到基本信任，经历反复、曲折，但结果还是满意的。斗争不是目的，而是为了更好地团结，只有互信才能共赢。"杨春甚至将双方的拉锯谈判用"斗争"来形容，可见其激烈程度。

东盛对于年化收益率为 20% 的固定回报一直有些"斤斤计较"，后来还是债委会主席单位中国银行出面：长城资产将来要减免那么多的利息，这个利率高吗？如果一直这么僵下去，对东盛有好处吗？

"反复磋商重组方案的思路和细节，反复做郭家学的工作，反复通过郭家学的下属去影响他。"杨春回忆，"当时孙总（孙永森）带队去谈判，面对不同的对象怎么谈，在什么时机谈什么内容，该吵的时候吵，该安抚的时候安抚，一步一步都经过精心设计。"

靠着这样锲而不舍的工作精神和专业的职业素养，长城资产石家庄办事处最终让"不愿和银行再打交道"的郭家学，动了心。

按照初步设想，长城资产收购债权前，东盛集团需落实西安房地产、东盛集团所持新疆新特药14%股权、东盛科技所持广誉远公司部分股权等三项资产的购买方并与购买人签订资产转让协议。

但谁来接盘？同时还有一个关键问题：怎么卖？

为了寻找购买方，长城资产石家庄办事处颇费周折。一段时间的努力，三项资产最后都落实了买家。

没想到，怎么卖却成了大问题。三项资产中，新疆新特药股权在东盛集团名下，这个问题好解决，集团是有限公司，转让股权没有什么障碍。但是另两项资产，广誉远的股权和东盛西安本部房地产在上市公司东盛科技名下，上市公司是不能轻易出售资产的，有诸多的法律、法规限制。

按照当时的相关规定，符合以下三个条件其中之一便构成上市公司重大资产重组：①购买、出售的资产总额占上市公司最近一个会计年度经审计的合并财务会计报告期末资产总额的比例达到50%以上；②购买、出售的资产在最近一个会计年度所产生的营业收入占上市公司同期经审计的合并财务会计报告营业收入的比例达到50%以上；③购买、出售的资产净额占上市公司最近一个会计年度经审计的合并财务会计报告期末净资产额的比例达到50%以上，且超过5000万元人民币。

一旦把握不好，出售广誉远股权便会被认定为重大资产重组，将有繁琐的审查程序，陷入漫长的等待期。同时出售的股权资产不能使东盛科技丧失大股东地位。

"不是有意躲避监管，而是这个过程太漫长，东盛等不起，长城资产更等不起。"杨春说。

孙永森和同事们查看了东盛科技的年报，经过反复测算，东盛科技将持有广誉远95%股权中的46%进行出让，就不会触碰资产总额、营收、净资产的 50% 红线，从而可以避免构成上市公司重大资产重组事项，同时还能保持东盛科技的控股地位。对于长城资产来说，这样能大大缩短资产处置周期，为债权收购处置、防范风险提供了保障。

虽然不用上报证监会，但是必要的程序必须要走，还是要召开董事会和股东大会，这个过程是 25~30 天。对于股东大会，杨春开始担心如果股东投票通不过怎么办，他还原了当时与东盛董秘的对话：

杨春："网上投票你们怎么能控制？"

董秘："因为不是重大资产重组，所以不需要网上投票。"

杨春："网下投票，大股东和二股东能否参加表决？"

董秘："因为出售资产，不构成关联交易，大股东和二股东都能参加表决，其他小股东我们可以提前做工作。"

杨春："如果把股东大会'出售资产还债'的议题公布，会不会引起股民不满，影响偿债呢？"

董秘："交易的目的是做大做强广誉远，引进战投，解决主债问题，企业流动资金由投资者注入。况且资产出售所得远高于当初购入价，没有造成损失，股民不会不满意。"

长城资产石家庄办事处可谓把每一个可能出现的问题和疏漏都想到了，有疏漏就堵住，有问题就疏导。

他们甚至想到了一个不易察觉的问题：当东盛集团及上市公司出售资产所得大于所需偿还债务时怎么办？

"也就是说，如果上市公司出售资产所得是 6 亿元，而他只欠本金 3 亿元，其余的 3 亿元能不能替大股东或下属子公司偿债？如果不能替其他人偿债，多余的钱我们长城资产拿不走就意味着投资收不回来，这是个绕不过去的法律障碍，如果解决不了这个问题，我们就会面临法律风险。"杨春解释说。

经过与律师及东盛方面研究，最后得出了结论：上市公司不能替大股东（老子）还债，而可能替下属子公司（儿子）偿债。这样，出售资产大于债务本金的问题便迎刃而解。

此外，为了更稳妥地解决这个问题，长城资产石家庄办事处提出，上市公司的资产变现收入须全部用于解决上市公司本身的债务，即除收取上市公司所欠的3亿元本金外，还要收上市公司所欠利息，资产变现所得不能留给企业。"这样在后面的债务减免时，就少减上市公司的负债，多减集团的负债，我们只收回本金和收益就行。东盛方面也能同意这个要求。"杨春回想。

"什么是偷工减料？"

确定了偿债资金来源后，为了保证收购资金的安全，长城资产石家庄办事处设计了收购处置一体化的交易结构：以本金收购银行债权，向东盛收取固定回报，在回收债权本金及收益的同时，对利息给予减免——也就是说收购后直接对东盛实施还本免息的债务重组。

可以说，孙永森和同事们真是把东盛集团的所有资产研究透了，才能设计出这么巧妙且相对易行的方案。

2012年11月17日，在石家庄办事处提出收购思路8个月后，长城资产为东盛项目召开了决策委员会。

因为调研和准备充分，孙永森和同事们对所有涉及东盛的财务资料都进行过认真研读，在决策委员会上，长城资产时任总裁郑万春在询问有关数据的时候，他们都能及时解释作答。

按照郑万春总裁的指示，长城资产石家庄办事处将工作重点放在了落实项目的风险防控上。他们一方面在北京继续与东盛进行谈判，表明了长城资产对这个项目的态度：不但总裁支持、委员支持、各部门支持，而且总部资产经营部门直接介入具体指导工作，也请东盛不要放弃，要继续坚定和长城资产合作的信心。

另一方面，石家庄办事处对东盛债权情况做了更细化的统计和分析，杨春甚至还把《公司法》《证券法》《上市公司重大资产重组管理办法》《东盛科技公司章程》及有关司法冻结拍卖股权规定重新认真学习了数遍，以做到有备无患。

杨春的工作日志详细记录下了当时的"心路历程"：11月25日到28日，我们和律师共同商讨了交易结构细节问题，29日我们到北京与东盛对交易结构进行了充分沟通，30日陪同总部经营部领导约见了债委会主席单位中国银行，进一步了解了银行转让债权的态度、风险点的把控等问题，同时也坚定了债委会继续推进债权转让工作的决心。12月1日与总部一同约见了东盛资产的购买方，落实了第三方接盘问题。12月2日到4日，整理出了交易流程图。12月5日到7日，陪同总部到西安、山西太谷等地，实地调查了东盛科技情况、山西广誉远的情况。这次走访，取得了非常满意的效果，增强了总部做好这个项目的信心，增加了底气。

对于这次走访，杨春记忆犹新，他用"感动"来形容当时的所闻所见。

让杨春感受最深的是，山西广誉远的老药工言谈举止间无不体现出一股工匠精神，几十年如一日重复做一件事，只要提起做药，他们的目光便立即变得虔诚无比。

而中医药工序繁杂，生产周期长，一个龟龄集就需要300多道工艺，每一道工艺都需要师父"传帮带"，带出一个徒弟需要3~5年。随行的一位基金公司经理便问广誉远的传承人柳惠武："这么多道工序，你怎么就知道这些徒子徒孙们，中间不偷工减料？"

柳惠武被问得哑口无言，怔了一下，反过来问："什么是偷工减料？这个问题我没想过，我估计徒子徒孙他们也没想过这个问题，也不敢想这个问题！"

"在他们的认知思维里就没有偷工减料这个概念。所以郭家学对这些老药工非常尊重，因为这是财富！"杨春说，反过来看，郭家学当时为了还债，处置了大量自己眼中的非核心资产，为什么他当时把所有生产西药的企业都卖了，甚至把亲自打造的知名产品"白加黑"都卖了，只留下这一个400多年历史的广誉远？"因为他知道这是宝贝，这才是他的核心资产。"

对东盛来说，广誉远的确是一块金字招牌，国家有四大中药一级保密配方——云南白药、片仔癀、龟龄集、定坤丹，而后两个，都在广誉远的旗下。哪个更值钱，哪个才是公司的核心竞争力，郭家学自然比谁都明白。

万事俱备。长城资产石家庄办事处向东盛债委会提出了收购东盛债权的意向，各方均认为实施债权转让不存在政策、法律障碍，且是目前唯一可行的路。中行向其他债权人提出并主导通过了债委会决议，同意长城资产重组东盛集团。

此前，银监会以组建债委会方式，处置过如三九集团、德隆系等金融债权较大的危机，他们均是国有背景的企业。此次，东盛集团是第一家成立债委会的民营企业，并未取得有关部门的直接支持和配合。

从长城资产石家庄办事处2011年3月提出收购意向，到最终确认合作，前后历时9个多月。这组当时记录下来的数据，不用添加任何描述，便可窥得其中的艰辛："与债委会、各债权银行、东盛、第三方等谈判40余次，通话200余次，行程万余公里。"

债委会组建后工作了三年多时间，可以说铺平了道路，却无法逾越那关键的一道障碍。长城资产介入后，身处东盛债务危机的各方，仿佛迷失在黑暗洞穴许久后，终于找到了那个透着亮光的出口。

"机关算尽"

设计思路可能就是一段话的事，执行起来可一点不简单。用杨春的话说就是："虽然了解透了这个项目，但是真正做起来才发现复杂程度还是超出了我们的预想。"

本想着落实了东盛资产的买家，就万事大吉了，没想到具体交易过程也极为跌跌撞撞。

王府实业是东盛房地产的购买人，在关于开立共管账户问题上，长城资产原本设想只以办事处名义开立一个账户，但对方从自身利益出发，只同意以王府名义开一个账户，并将开设地放在西安。东盛也提出，由于资产在上市公司名下，交易完成后不能将款项直接划至长城资产，要通过东盛科技账户以留下收款轨迹。

此外，关于保证金的交付比例、交付时点、资产解封、解押时间、三方交易流程的无缝对接、后续资金的归集、交易资金的解付路径、解付时间等，三方都有分歧。"事情的结果很简单，但中间太曲折了，与王府实业的谈判就持续了五个多月。"杨春说。

而与新疆新特药股权购买方国药集团的谈判则更为艰难，国药集团明确表示不签订共管协议，不开立共管账户，不缴纳保证金。理由是：同为央企，不用担心信誉问题，任何资产的购买没有这样的先例，只有别人向我们交保证金，我们没有向别人交过。

长城资产石家庄办事处与国药的谈判从2012年4月开始，对方的态度基本没有变化，谈判陷入僵局。4个月后，在债委会配合协调下，与国药集团的谈判重新启动，但对方将长城资产提供的协议文本全部否定，并要求长城资产提供一系列诸如损失赔偿等承诺及保证条件。

"经过电话、邮件、面谈反复不间断地沟通，磋商，在债委会主席单位中国银行的帮助下，最终才商定了共管协议文本，国药集团做出了较大让步，同意开立共管账户并缴纳保证金。这是他们的第一次。"杨春笑言。

摆在长城资产石家庄办事处面前的，是一堆遍及全国各地的涉及诉讼的呆账烂账。以前，这些银行已让东盛不堪其扰，现在长城资产要出面替东盛主动揽过来，艰难程度可想而知。

东盛集团银行债权人的范围不是一般的广，涉及西安、大连、成都、广州、深圳、太原、太谷、石嘴山、淮南等9地18家银行。除18家主债权银行外,还有10余家担保债权银行,以及若干民间债权人。

"而且担保关系错综复杂,有房地产抵押、有限公司股权或上市公司股份质押;有系内担保,有系外担保;有商标权质押,有专利权质押,可以说,银行把所有能用的风险防范措施都用尽了。"杨春感慨说。

更让人头疼的是,除了农行、石嘴山银行等个别债权人没起诉外,其余债权均涉及诉讼。而诉讼管辖法院遍及7个地区的省市县三级法院,查封资产遍及陕西、上海、宁夏、云南、新疆、青海、山西、安徽、江苏等地,涵盖了东盛系企业的所有资产,各债权人形成多头交织、关联——杜汉军在向笔者表述这番话时,叹了口气。"当时我们分了几个组,一家一家地去谈。"

从2012年4月开始,长城资产石家庄办事处开始与各家银行协商《债权转让协议》文本。而有的银行纠结于协议条款,把协议改得乱七八糟,有些条款特别是关于债权瑕疵的约定,他们和多家银行存有巨大分歧。

为了加快重组进程,长城资产做了些让步,只要原则性的东西不变,其他条款任由银行去调整。加之各家银行诉求都不一样,于是,长城资产提供的协议从统一模板变成了每家银行的"独家定制"。

即便如此,因为涉及的银行太多,仅仅与银行商定《债权转让协议》这一项工作,就陷入了历时半年的"扯皮"。

"与各家银行的谈判都是从总行开始直到各省行、市行、基层行,与基层行协商确定具体条款后,再反过来上报各市行、省行、总行逐级批准,每家行的协议至少经过了10余次修改。"杨春回忆说,而协议内容变化后,石家庄办事处也需上报长城资产总部,根据总公司的修改意见再重新与各家银行协商。"期间真是反反复复,费尽周折。"

在此过程中,杨春印象最深刻的,还是解决陕西某大型银行的债权问题。

这家银行转让的是三笔涉及东盛药业的贷款,本金共3800余万元。

同时东盛集团旗下的上市公司东盛科技在这家银行也有贷款,但此笔贷款不在转让范围,这两笔贷款均查封了新疆新特药14%股权——而这正是本次交易东盛科技拟出售的三项资产之一。

作为首轮查封银行,这家银行有巨大的话语权,就是不答应解封,同时始终不放弃利息,甚至强烈主张双倍加罚息,从未放弃本息全额追索的权利,给长城资产的处置带来巨大障碍。

长城资产石家庄办事处的工作人员与这家银行总部进行了充分沟通,但总行虽然支持债委会债权转让给长城资产的决议,但始终没有下达明确表示放弃利息的批复。

即便债委会主席单位中国银行反复多次协调,还是无济于事。

其实,这家银行已经获得了法院分配的东盛集团青海制药股权款,涉及东盛科技的贷款已被偿还,只是尚余利息无法处置。

杨春换位思考了下,觉得对方这么坚持是有原因的:"因为其中一笔贷款由宝硕股份担保,这家银行与宝硕股份有还款协议,它们仍能受偿530万元,明知能有较大回款,如果拱手相让,对方也无法承担责任。"

最后,双方商谈了一个颇有意思的方案:长城资产仅收购扣除530万元利息以后的剩余利息,转让价格为0元,除该银行与宝硕的还款协议不转移,其他资料移交,该银行不通知宝硕债权转让事宜,继续向宝硕主张530万元。

通过巧妙地以0元接收原本不在转让范围内债权利息,这家银行最终解封了新疆新特药14%股权的查封,为后期的交易铺平了道路。

就在与银行协商债权转让协议的同时,东盛集团提出,按照长城资产与东盛的约定,在东盛科技转让广誉远股权和土地前,应当按照上市公司监管要求发布资产转让公告事项。但这二项资产转让价值有6亿元,东盛担心公告发布后银行可能不再同意债权转让,而直接向东盛索要款项。

为了避免这一现象,石家庄办事处便与各银行协商,由银行先将协议文本盖章送至办事处，以作为向总部申请资金的附件。"在收到各行的协议后，我们才通知东盛停牌，召开董事会、股东会，发布资产转让的公告。在公告发布后，由于事先工作做得比较扎实，预案比较充分，担心的事并没有发生。"杨春说。

其实，在处置东盛危机的过程中，长城资产石家庄办事处类似的"机关算尽"太多了，以后还用了很多类似"手段"，就是为了确保万无一失。

比如，他们还充分利用债委会这一平台，确定了严密的收购资金划付路径。按照与各行的约定，长城资产石家庄办事处的收购资金先划至债委会账户，交割日为款项付至债委会账户日。在交接双方将债权资料封包后，由办事处向债委会发出书面付款指令，同时由指定人员电话通知债委会付款，债委会得到双重指令后再支付给各银行。

比如，东盛系的或有负债和民间借贷问题，或有负债的银行和民间借款人均查封了东盛系的资产，如果他们的债务解决不了，东盛的资产便无法完全解封，无法达到自由状态，从而直接影响到第三方对资产的过户。为此，长城资产石家庄办事处要求东盛必须提前解决担保和民间债务，同时让东盛做出承诺，不能因其他债务问题而对已解封资产再行查封或者自行做出保护性查封。

即便有这样的约定，杨春和同事们还是不放心。"我们每走一步都是提心吊胆，生怕出现意想不到的问题。"为了保证资产解封后顺利过户，他们竟然想出了"无缝对接"的一招。

不论是在工商部门、土地部门还是上交所，只要涉及第二天才能过户的手续，石家庄办事处的工作人员都是当天下午快下班时去办解压，然后第二天一大早去办理过户，中间不给其他人留任何空隙，保证做到解封时是最后一个办理业务的人，过户时是第一个办业务的人，时间甚至精确到了分、秒。

"第二天早上去排队，第一名到第三名都是我们的人，防止有人插队。"杨春笑着说。

闯　关

一方面"机关算尽",另一方面则是做到极致的细致。

2012年9月,长城资产石家庄办事处便启动了债权接收准备工作。针对接收中可能出现的问题,办事处准备了多项应对方案。比如,他们将债权转让协议的六个附件,提前打印了至少四套,分别用于存档、交银行、交法院、交债务人。比如,债权转让通知不再由银行进行,而是让东盛集团的债务人、担保人事先到办事处在资产转让通知上盖好章。比如,需要提交法院的执行主体变更申请、东盛拟出售资产的解封申请等法律文书,事先都由律师将文本备好,甚至每套法律文书都使用两种版本,做好两手准备——即银行单方的申请和长城资产与银行的共同申请……

"当时总的设想是,减少银行工作量,加快接收进度,在接收过程中,不再让银行起草任何文本,所有需要的文本长城资产都事先做好备用。"杨春说。

长城资产石家庄办事处当时做了统计,债权接收之前,仅各种协议文本盖章就不少于4000个。事后证明,这些扎实细致周到的准备工作在重组进程中发挥了巨大作用。"长城资产工作人员超强的职业水准也得到了银行的一致好评,所有银行都意想不到他们所需要的文件长城资产事先都有准备,大大提高了工作效率——这就降低了因时间拖延可能导致的意外风险,确保了债权转移的无缝对接。"杨春颇感自豪。

另一件让杨春夜不能寐的事情,则是东盛数千万股股票解封解押的过程。

这也是极为耗费精力的事情,因为东盛的股票很多银行也都查封着,而先解封哪个后解封哪个,都有学问。"不能一下全解封了,必须控制住首封银行。在重组过程中,这些股票对长城资产是有用的,比如用于给东盛融资,所以必须控制好进度。"杨春说:"有时让银行解封后,甚至还要求他们接着续封。这些工作都必须保密进行,以免民间债权人发现后扰乱重组进程——这是我们最担心的问题。天天都操心这个事，始终首封都不敢轻易动。"

此过程反复了将近一年，直到长城资产必须用这些股票进行质押融资。但没想到的是，有一家首封银行此时已经不配合了。"我们打电话也不接，发短信也不回，一听我的声音，就直接把电话挂掉。"杨春感到很蹊跷。

而这家首封银行的解封涉及到重组推进的最核心一关，难道又要签一个"创意"的零转让协议？没有办法，杨春只好飞到深圳，去上门拜访，看看这家银行到底葫芦里卖的什么药。

到了深圳后，杨春一晚上没睡好，就想着第二天该怎么去说，如果对方"刁难"了又该如何应对。

见面后，杨春跟这位多次挂断他电话的负责人说了三句话：很抱歉，我来晚了；我特别感谢你们，对我们这两年的工作大力配合支持；能不能赏脸，我请你吃饭聊聊。

这三句话之后，这位负责人的脸色从写满惊诧，变为平和微笑。他说，你老是电话沟通，我也不知道你是不是真的是长城资产的人，你的公章是真的还是假的。

此时的杨春，肯定是微信聊天中那个经典的"捂脸"表情。顺着这位负责人的话，杨春邀请他去石家庄实地考察一下，再做定夺。这位负责人答应了。

一出银行大门，杨春彻底放松了。河北分公司副高级经理唐晨放记得很清楚，杨春第一时间给他打电话说：心里的石头落地了，做好接待准备工作。唐晨放说，杨春去之前心里还是很忐忑的，毕竟时间不等人，对方又极不配合。"而别人怎么说之后，我该怎么说，都提前做了充分准备。真是精诚所至，金石为开！"

在石家庄，杨春请来了本地同体系银行的首席风险官一同作陪，彻底将这位负责人的疑虑全部打消。

类似的"闯关"故事还有很多,东盛项目交易结构的复杂性在于交易对手多,收购需落实的条件多,而核心内容则是落实东盛资产的购买方,并与资产购买人签订共管账户协议、收齐保证金,保证东盛资产交易的过程合法合规。

长城资产交易谈判的对象除18家债权银行外,还有东盛集团、民间债权人、东盛资产的购买方及有关法院,不但有央企、民营企业还有多个自然人,可谓三教九流无所不包。同时东盛项目因涉及上市公司资产转让,交易过程及内容涉及法律、法规、监管制度众多,不可预知的风险极多。

收购东盛债权自2011年4月上报立项至2012年12月基本完成收购,前后历时1年8个月,这都需要一关一关地去闯,一个坎一个坎地去迈。

东盛股票最终顺利质押融资了,这个时候却出现了意外状况,东盛有些犹犹豫豫,不想用股票质押融来的资金,原因还是觉得利率有些高。这又让石家庄办事处陷入巨大风险之中。"事情都做到这种程度上了,费了那么大力气,万一别人又查封了怎么办?年化利率虽然是11%,其实也用不了几个月,怎么不做长远打算呢?"杨春有些焦急。

孙永森和杨春等人去北京跑了四五趟找郭家学。有一天晚上,杨春到了之后,郭家学说边吃边聊,但到了饭桌上,杨春发现都是郭家学的家人,一时不好谈工作上的事。

杨春并没有着急张口,而是与郭的家人们熟络起来,看到一个小孩不爱吃饭,杨春便逗着吃了两个包子。这些郭家学和东盛集团董事张斌都看在了眼里。

最后,杨春根本没提工作的事。送他出门的张斌说,就按和长城资产的约定办。杨春告诉他,金融机构都有跟从效应,只要长城资产的资金进去,后面肯定会有其他金融机构跟进,长远来看这对东盛集团都是有益的。

果不其然,因为长城资产的背书作用,东盛再去融资就容易多了。而与客户处成朋友关系,设身处地多换位思考,也是杨春在东盛项目中归纳出的一个心得。

第一次调整应变方案：最后关头减息

事情并未按预想的进行。东盛集团进行三项资产交易后，长城资产共归集转让资金 5.82 亿元。

但在出售东盛科技持有的山西广誉远 40% 股权时却突然发生了意料之外的政策变化。

2012 年 12 月 14 日，上交所发布了《上海证券交易所风险警示板股票交易暂行办法》，该办法规定，自 2013 年 1 月 1 日起，ST 股票纳入风险警示板交易，且单一账户当日累计买入的单只风险警示股票，数量不得超过 50 万股。

按此规定，如东盛科技无法摘掉"ST"帽子，2013 年其股票价格势必将大幅度下降，对长城资产质押股票的价值会造成不利影响。

而如果长城资产 2012 年底对东盛科技实施债务重组（利息减免），其净资产和净利润均可转正，可成功摘除"ST"帽子，质押股份价值也可有较大提升。

而成功摘帽取决于两个条件：一是长城资产对其实施利息减免，二是交易西安土地房产及广誉远股权并确认转让收益，以增加净资产。

"因为仅仅实施利息减免达不到净资产转正的目的。这就需要完成广誉远股权的交易以实现资产增值，通过增加资本公积的方式将净资产转为正值。"杨春说。

但是原定的广誉远股权转让还没有实质完成。按照当初的方案，东盛科技应将其持有的广誉远部分股权转让给一家央企的全资子公司，但是这家公司正在改制过程中，无法在预期内完成广誉远股权的交易，而对东盛科技的重组来说，时间是最重要的，不能在 2012 年完成上市公司重组，上市公司退市风险加大，长城资产面临的风险就在眼前。

为了尽快化解东盛科技的退市风险，东盛集团、东盛科技向长城资产发来请求：将资产转让所获得资金优先用于偿还东盛科技债务，并相应减免东盛科技利息。

由于转让给其他公司的客观条件产生变化，因此东盛集团决定由集团购买广誉远股权。但集团购买广誉远股权，除交纳的保证金外，剩余资金缺口是个难题——这个突发状况使原有交易方案进退维谷，石家庄办事处陷入了两难。

从 12 月 14 日发布新规，到年底只有十几天时间。长城资产需要迅速做出决断。

"减免利息反正迟早要减，这个紧急关头减更有意义。广誉远暂时没有卖出去，干脆就让东盛集团自己先买回去。东盛科技一旦摘掉 ST 的帽子，公司基本面变好肯定对长城资产质押的股票是利好的。"杨春和同事们紧急讨论着如何调整方案。

为应对新的变化，长城资产石家庄办事处紧急研究应对措施，重新设计了交易结构：将交易东盛集团所持新疆新特药 14% 股权款 3.1 亿元作为东盛集团购买广誉远 40% 股权交易款，以便确认广誉远股权交易收益，完成净资产转正。

经测算，将 3.1 亿元作为东盛集团购买广誉远 40% 股权的交易款后，加上 0.8 亿元保证金，实现广誉远股权转让后东盛科技可获得股权转让收益 3.85 亿元，再加上西安土地房产交易后获得的处置收益，扣除其他税费后预计交易完成后的净资产可实现正值——这样东盛科技就安全了。

但如何把控交易的风险？时间紧急，而问题又很棘手，最后长城资产石家庄办事处还是想出了办法。

"我们最后设计在上市公司东盛科技所持广誉远 40% 股权转让给东盛集团后，将该部分股权为集团原有债务提供质押担保，这就强化原有债权担保措施。"杨春说，变更方案上报到长城资产总部后，得到了总部领导及各部门的大力支持和认可，最终批复了石家庄办事处对上市公司实施利息减让。

2012 年 12 月 31 日——也就是在最后关头，长城资产石家庄办事处与东盛科技签订《债务减让协议》：回收现金 4.2 亿元，减让利息 4.73 亿元。

有惊无险，东盛科技安稳地度过了 2012 年。

再次变更方案：投行手法孵化广誉远

这仅仅是第一次根据形势变化变更方案，紧接着还有第二次，长城资产起初仅仅收取固定回报的设想，被完美迭代升级了。

在笔者看来，东盛项目之所以经典，一方面在于东盛债务是内生性化解，在长城资产的帮扶下利用自己的力量在还债，另一方面则是长城资产的方案是不断动态调整的，从最初的担保，变为固定回报，直至变成股权收益。

现在长城资产要做的，就是帮助东盛集团安心地把广誉远这只金凤凰孵化出来，直至展翅高飞。

在上市公司东盛科技偿还完贷款后，长城资产对东盛系剩余债权本金为 4.24 亿元。

就这 4.24 亿元，长城资产再次做起了文章。因为长城资产总部意识到，中医药产业发展前景极为广阔，广誉远当时自身估算有 10 个亿的估值，而长城资产保守估算，至少也值 5 个亿。此时不能再紧盯着债权本金，而是需要给东盛集团和广誉远充裕的时间。

长城资产投资投行事业部与石家庄办事处又一次对东盛集团展开了尽职调查，最终设计出了新的债务重组方案：以股抵债＋延期偿债并债转股选择权＋新增投资。

按照此方案，长城资产以股抵债方式获得 1220 万股上市公司股份，抵消 1.069 亿元债务本金及部分利息。同时，对东盛集团 2 亿元债权本金，东盛集团以其持有的广誉远 20% 股权抵顶。此外，长城资产与东盛集团签订股权回购协议，东盛集团在 3 年内回购广誉远 20% 股权，但长城资产有权在回购时点选择东盛集团只能回购广誉远10%股权。

为实现双赢，长城资产与东盛集团约定，2016年东盛集团启动将其所持广誉远30%股权和长城资产所持广誉远10%股权注入上市公司。这项交易的担保措施也做到了尽善尽美：东盛集团所持广誉远40%股权中的20%直接过户至长城资产。为担保回购协议的履行，东盛集团以其持有的广誉远另外20%股权提供质押担保，以其持有的上市公司东盛科技1000万股股份质押。

将优质资产先交易出来，再装回上市公司里面去，不是从上市公司获得股权，而是从子公司获得股权，从资产端往上走，一般企业的股权变成了上市公司股票。长城资产的方案设计无比精妙。

为了这套方案，长城资产投资投行部和石家庄办事处的干部、员工们连续熬了好几个晚上。

"设计的时候，我们在投资投行部的办公室反复画图。时任总裁郑万春晚上11点还在调度人手。"杨春回忆，郑万春还鼓励大家说，石家庄办事处在这个项目上会形成一定的经验，因为这个项目不单单是债权收购，还涉及一般企业及上市公司的资产重组、债务重组，涉及价值判断等。"他鼓励我们一定要把这个项目认真做下去，不要放弃，一定要做好！"

为了进一步补充东盛集团的流动性，对于东盛债权剩余1.17亿元的本金，长城资产甚至通过新增贷款方式让其偿还，担保措施为东盛集团持有的上市公司东盛科技股份4404万股——相比银行"一刀两断"式的抽贷断贷，资产公司的灵活性再次体现出了优势。

"我们通过投资方式提供了2亿元增量资金，投资期限36个月，用以支付东盛集团所欠的债权本金1.17亿元，余款用作补充东盛的流动资金。"杨春说。

而这样做的目的，就是为了让东盛专注于经营生产，不要为资金所困。身体强壮的人失血过多并不可怕，怕的是此时再去抽血。

而此时的强人东盛，也一心一意地扑在了广誉远的生产和营销上。他们已经将广誉远产品的外包装设计好，同时建立销售渠道，寻找合作方。

"我们等于把后方给它稳住了，东盛就敢大胆往前跑了。"让杨春最为感慨的，是东盛集团强大的营销能力。"好几家银行都跟我说，东盛的营销力量太强大了，被称为医药营销界的黄埔军校，培养了大量医药营销人才。"

2013年1月，东盛集团迅速建立起了涵盖学术药品、精品中药、保健酒的三大销售体系，并广纳贤良：他们聘请了前极草（极草-5X冬虫夏草项目）的销售总监及团队操盘营销，同时招聘了原海航的文化总监来公司担任常务副总经理，负责广告业务，有中国基金经理第一人之称的徐智麟也进入东盛科技董事会……

当月，"广誉远精品中药新品上市"发布会在山西太原举行，三大系列的精品国药涵盖了具有保健和养生功能的龟龄集、定坤丹、安宫牛黄、牛黄清心丸等，随之启动的还有预期5年内超过1000家连锁合营终端的扩张计划。

经过债务重组后的东盛，呈现出了翻天覆地的变化，依靠旗下核心资产"广誉远"的东盛将目光重新聚集到了如何用好这一"中华老字号"的方向上。

2013年4月18日，东盛科技向上海证券交易所申请撤销对公司股票交易实施的其他风险警示，上交所于2013年4月24日批准申请，2013年4月26日，"ST东盛"变更为"东盛科技"，股票交易的日涨跌幅限制恢复为10%。

2013年5月初，东盛集团抵债的1220万股股份和广誉远20%股权已成功过户至长城资产。

长城资产的债转股市值由原来的1.069亿元提升至最高3.15亿元，升值高达195%。总体上看，东盛项目的年化收益率超过了30%。

不过，事情还没有完。2019年，杨春等人还在帮东盛集团做着繁琐的"收尾工作"。

"我今年又去了两次西安。因为东盛科技审计报告里面总有案子没有完结,拿着我们的合同,审计机构不认,说必须由法院出一个裁定结案。我就得去帮着结案。"杨春说。让他感到欣慰的是,每次去,接待他的东盛高管、员工包括司机都很热情,这让他倍感亲切。"东盛从上到下都很佩服长城资产的。"

2019年4月,杨春在朋友圈里发了一张西安肉夹馍名店的照片。这是因为几年前,杨春随口说了句:我从2011年起,跑了很多次西安,因为没时间,还没有吃过一次正宗的肉夹馍。好几年过去了,他随口说的一句话,竟然被东盛的员工记住了:你不是说没有吃过正宗的肉夹馍吗,这回我带你去一趟……

一线问答

笔　者　您觉得东盛项目能给大家带来什么启发?您在做项目的时候有什么感悟和感受?

杨　春　这个项目是我做过的投资最大、债权债务关系最复杂、企业股权结构最复杂、交易最复杂、涉及关系最复杂、耗时最长、投入精力和心血最大的项目。通过做东盛项目,我有许多收获和体会:

①做任何项目,一定要把风险防控做到最好,安全性、流动性、效益性有机统一,但从某种程度上来讲安全性是第一位的,没有零风险的项目,但通过努力做到零风险有可能的。要有意发现风险、提示风险,不能回避风险,重要的是要提出切实有效的防控措施,不怕想得多,就怕想不到。

②在尽调中要注重与被调查对象的沟通。收集的数字也好、资料也好,它们是死的东西,是人整理出来的,人是活的,所以特别注重在与人的接触中多交流、多沟通,从交流和沟通中获取有价值的信息。

③去做企业重组的时候，不应过分考虑自己的收益，不要把经济效益过分看重——这样反而未必有很好的预期，有时候暂时搁置一些利益问题，适当让步，而不是"顶牛"，这样和企业谈判时可能会更痛快一些，更畅快一些，相应的未来回报也可能比预期要好得多。

④东盛收购项目是由商业化资产处置引发的，这几年，我们在处置商业化资产过程中，一直没有放弃在现有债务人、关联人或原债权银行中挖掘资源，比如我们最熟悉的华夏包和建行包的收购，是从小项目的探讨性合作中起步的，收购华夏包是从一个过桥小项目开始的，过桥没有做成，但是最终却与银行形成了不良资产收购的合作，后期华夏银行又在找我们进行新的合作。

建行包收购后，我们与建行的工作人员建立了良好的关系，在不良资产方面，他们最先想到的总是我们长城资产。此外，我们在处置中，与债务人、当地政府建立了良好关系，由此，不但为资产处置营造了好的环境，还开发了其他商机。比如，通过处置沧化和大化集团担保项目，我们与沧州国资委、沧化股份建立了良好关系，沧州国资委主动邀请我们商谈抵押土地解决方案，沧化股份主动给我们介绍与冀中能源的合作。

我想正是因为我们的规范操作得到了对方的信任，他们才愿意和我们合作，与长城资产打交道更放心。

⑤这是一个投入了感情的项目，是带着感情在做的项目。以前做其他项目的时候，从来没有像做东盛项目这样投入，吃不下、睡不着，有时候想着都会很激动。同时我也被身边的同事们和领导们感动着。总公司的领导通宵加班帮助分析解决问题，通过这个项目，我真正体会到了什么叫"上下同欲者胜"。我还被债务企业感动着，在对广誉远的调研中，我认识了一群为传统中医药事业的传承和发展而执着坚守的人们。我觉得，即使为了他们，长城资产的所作所为也有极大的意义，我当时就觉得我们做的事情很伟大。

笔　者　您现在回想整个过程，最难的应该是哪一步？此项目的关键点是什么？

杨　春　最难应该就是在收购银行债权之前，最开始介入的时候，我们连夜写方案、修改方案，上了三次总部会议，调整后第二天再上报。为了落实三项资产交易，也做了大量的工作。仅协调各家法院就达几十次，中间的反复、变化是对操作人员的煎熬，也是对信心的考验。可以说，坚强的执行力，成就了该项目。

东盛项目关键点很多，但最重要的是顶层设计的高瞻远瞩：一是收购资产与处置资产相关联；处置资产与交保证金的购买人相关联；两个相关联保证了半年时间收回现金达到近60%。二是债务企业归还了60%现金后，通过持续深入调研，总部认为该企业具备持续发展潜质，果断地将项目由资产管理转向资本运营，实现增值服务。企业资产得以盘活，运用于一家企业的综合金融服务水平进一步深化，与企业的合作更加紧密。由于该举措公司收益倍增。三是方案完善中遇到来自多方的制约，关键时点总部主要领导出面协调，化解了各方的掣肘。

笔　者　期间与东盛及其他各方的沟通合作中有磕磕绊绊吗？

杨　春　长城资产与东盛从最初的意向合作，发展成债权债务关系，再到投资与被投资关系，其间有试探、有争吵，有过种种的不愉快，但是始终没有破坏共赢的合作基础。作为最大债权人，长城资产基本可以控制东盛集团的所有资产，但是要取得投资回报，既不能有短视行为更不能有急躁心理，要站在企业的角度设身处地地为企业考虑，给其喘息的机会，为他们创造发展的空间。

东盛就很佩服我们这个团队，能够始终踏踏实实、专心致志地以超强执行力把错综复杂的事情推进下去，而不是前怕狼后怕虎，畏难而退。

在与银行、资产购买方、债务企业等沟通过程中，很多人从不理解到达成充分共识，从不相识到成为朋友，长城资产品格的力量、职业素养、职业精神、良好的形象得到了充分的彰显。赢在品格就意味着职业精神，意味着合规、合法、合理，意味着真诚、尊重、理解、沟通、信任。

如果按照债委会的原有方案，偿债肯定遥遥无期。当时给东盛模拟过破产清算，清偿率不到20%。而此项目中银行的本金得到了完全的保障，没有任何折扣。自从东盛项目以后，大家都"醒悟"了，银行转来的不良贷款里基本就没有上市公司的债权了。

方法论

模式：债务重组 + 股权重组（以股抵债 + 延期偿债 + 债转股 + 追加投资）

对具有核心资产及上市公司的集团整体金融债权进行一揽子收购，根据问题企业实际情况追加现金投资，清理问题企业不具备可持续盈利能力的低效资产，对盈利能力强、具有可持续发展能力的核心资产进行重点投资和盘活，化解财务危机，改善企业经营，并以约定价格转股注入上市公司，未来可选择债权在一级市场、股权在二级市场同步退出。

本项目中，长城资产先是梳理复杂债权债务关系，收购了涉及西安、大连、成都、广州、深圳、太原、太谷、石嘴山、淮南等9地18家银行，本金9.6亿元，利息9.71亿元的债权，并进行了债务重组；同时集中资金保壳，对上市公司东盛科技实施利息减让，将债务集中到东盛集团，实施债务重组；之后又根据国家政策、上交所新规及企业情况的变化，多次设计、变更交易结构，综合运用投行手段对企业实施"以上市公司股份抵债 + 延期偿债并以核心资产广誉远作为债转股选择权 + 新增投资2亿元用于企业恢复正常经营"的二次重组方案，通过细致、有效的执行，保障了银行债权安全，实现了多方收益最大化。

💡 启示录

对实体企业的启示：不妨小而美

从小做到大，最后还是回到了"小而美"，郭家学用过山车般的经历和血泪教训完成了认知的轮回，这是涅槃般的还原过程。

某种程度上可以说，企业没有饿死的都是撑死的。郭家学曾经反思："一味地并购、争夺，无疑要消耗、占用企业大量流动资金。在过去长达10年时间里，许多民营企业家，当然包括我在内，总体上处于'头脑发热'阶段，盲目追求企业发展'大跃进'。很多大民营企业集团似乎都奔着'500强'去做，出发点就是先做大再做强，再加上地方政府和金融机构的推动，导致了企业出现一系列发展问题。这次教训是深刻的。我觉得，作为民营企业应该用科学发展观来经营企业，不能盲目攀比，结果欲速则不达。"

他甚至告诫广大企业家："所有说自己是大生意的，都没有做下来，而不起眼的小生意都有很好的效果。所以，在中国还是需要实实在在做小生意，从脚踏实地，从走好脚下每一步开始。"

一番风雨后，郭家学的价值观发生了很大变化，他不再追求500强，而是在乎500年："我的价值观是做一个可以传承百年甚至千年的企业。"

而有两次经历，也影响了郭家学思考问题的方式。

还债期间，郭家学经常外出游学。有一次在法兰克福，他看见一家开了几百年的餐馆。郭家学发现，餐馆主人显然很以自己的这份产业为豪，不大的餐厅里陈列了历代祖先的画像和过去的餐具。这一个规模不大的餐馆，居然风风雨雨坚持了几百年。这种传承让他深感震撼。

另一次则是参观山西晋城的柳氏庄园。这是柳宗元后裔的宅邸，初建于唐，后历代均有扩展，兴盛于明清两代，声名显赫。庄园一进大门就是孔庙，拜完孔庙，有一个教化石长廊，其中各种雕塑，内容都是中国传统德育故事。园子里最高的楼是私塾，族中不管男女，从小都要在此接受教育。

俗话说，富贵不过三代。但这个家族何以能延续四五百年的繁荣？

"那就是对中国传统文化的重视，对已形成的家族文化的恪守与传承。"回程途中，郭家学如醍醐灌顶：几百年后现在的世界500强还剩几个？"财富本身是没有任何生命的，我们创造财富的过程，实际上也是把财富赋予一种文化生命的过程。在这个过程中，个人的生命，个人的血液伴随着财富、事业构建出的文明，就可以延续一百年、上千年，从而让个人的血液在文明里不断流淌，个人的生命在文明里得到延续。"

财富幻灭，人生如梦，拨云见日，豁然开朗。

盘点下郭家学的人生经历：21岁成为陕西省辞去公职下海第一人，33岁当上市值100亿的公司董事长，38岁从天堂跌入地狱，46岁还清债务，从头再来。如今，年过半百的郭家学，愈发理解了商业的本质。

101岁的日本佛学大师松原泰道说，人生就是一场长达百年的马拉松，五十只走到一半，另一半行程才是真正的人生。

对于出生于1966年的郭家学来说，未来的路还很长，相信他会，且行且珍惜。

对金融机构的启示：一哄而上、一哄而散最可怕

金融服务不仅仅局限于为企业减债解困、提供资金支持，还应有意识地帮助企业建立风险意识、风险思维，避免盲从和冲动。2000年至2003年，是东盛集团的快速发展时期，资金充足，倍受银行青睐，依靠金融机构的支持，先后收购了江苏启东盖天力制药股份有限公司、青海制药集团有限公司、珠海丽珠集团、山西广誉远国药有限公司、湖北潜江制药股份有限公司等股权。

但这一时期，各银行在锦上添花的同时，并没有提醒其自身积累不足的缺点，没有进行必要的风险提示。由于没有足够的精力和资金对收购企业进行整合和投入，危机终于在其收购云南白药后爆发。反思这一过程，如果没有银行的助推，东盛可能不会盲目扩张，而在其陷入财务困境后，银行却失去了继续支持的耐心，从而将东盛推入恶性循环的轨道。因此，我们应该意识到，风险把控不能仅停留在如何强化抵押担保等"物防"措施上，还应在研究行业发展规律上下功夫，引导企业规范发展、合理发展，建立风险意识、风险思维，"技防"措施也不可或缺。

在不良资产保全领域出现越来越多的同业争相维权的现象，"先下手为强，后下手遭殃"是银行不良资产清收阶段的显著特征。由于银行风险保护措施相对企业来讲较为完善，从经济和金融生态的整体角度来看，上述现象会在一定程度上扼杀企业生存的基础，特别是资源较少、实力较弱的民营企业，一旦遭遇困难，如果处理不当就可能是灭顶之灾。从银行业的受偿来看，部分先采取措施的银行能够较大程度的受偿，而企业资产的快速处理，必将影响其他债权银行的受偿率。如何从双输的后果走向双赢，各银行及监管部门一直在积极探索有效途径，其中组建债委会工作机制处置不良债权已经取得良好效果，这为长城资产提供了契机，为传统的资产管理和创新的投行业务提供了坚实平台。

董事长点评：项目演变凸显"专业金融资产服务商"价值

东盛集团债务重组既创新了长城资产的业务发展模式，又取得了良好的社会效益。该项目体现了长城资产经营管理的创新转变，公司的资产管理业务已不再局限于被动接受国家安排的不良资产剥离收购，而是更多地定位于以市场开发为途径、以主动管理为特征的价值创造，为客户提供全方位的资产增值管理服务。

东盛集团债务重组是银监会以组建债委会方式处置民营企业金融不良债权的最大、最复杂、历时最长的项目。银监会有关领导在东盛集团债委会工作会议上讲到，东盛系债务重组工作复杂，需要各债权人以大智慧、大胸怀和足够的勇气去面对，团结合作，推进重组，最大限度、最有效的维护债权人的利益，解决企业困难。正是在这样的背景下，作为债委会成员单位的长城资产，抓住这一难得机遇，自主开发了该项目，为18家银行化解了风险，值企业危难关头，挽救企业命运，降低了对地方经济的冲击，约5000名企业职工的工作岗位得以保留，上市公司东盛科技的广大公众投资者利益未受到实质影响。东盛科技重获新生，广誉远的国家中药品牌得以传承。该项目的成功运作彰显了长城资产的使命和社会责任感，在业界树立了良好形象，在解决企业债务负担的基础上，化解了三角债风险，避免了一损俱损的多米诺骨牌效应，真正实现了银监会满意、银行满意、债务企业满意、担保人满意、长城资产满意的多赢效果。该项目的成功运作，为长城资产荣获中国银行业"最佳社会责任实践案例奖"做出了贡献。

东盛项目方案设计审时度势，长城资产领导层决策高瞻远瞩。东盛项目从收购到处置，交易结构发生了二次变化，这二次变化体现了公司实事求是、稳健科学、灵活高效的工作作风和决策水平。虽然方案有所调整，但风险防控措施不仅没有降低反而得到了加强，收益水平大幅提高，企业资产得以盘活，运用于一家企业的综合金融服务水平进一步深化，与企业的合作更加紧密。东盛项目由一个单一的债权收购处置项目，最终演变成为集债务重组、资产重整、投资投行多手段、多方位的综合服务于一身的经典案例，体现了长城资产"专业的金融资产服务商"的价值。

——中国长城资产管理股份有限公司董事长　沈晓明

时间轴

1999
东盛集团以 6000 万元收购青海上市公司同仁铝业，并更名为"东盛科技"，完成借壳上市。

2003

6月
晋中市经济贸易委员会将山西广誉远 100% 股权转让给东盛集团。

7月
晋中市人民政府授权晋中市国有资产经营管理公司持有重组后山西广誉远的 5% 股权。

2006

10月31日
东盛科技发布公告：大股东东盛集团、东盛药业占用上市公司资金 16.62 亿元。东盛集团严重债务危机爆发。

2007

1月
东盛集团将所持山西广誉远 95% 股权经评估后作价 6.49 亿元通过"以资抵债"方式转让给东盛科技。

2008

6月
银监会成立了东盛系企业金融债权人委员会，这是民营企业首次成立债委会解决债务问题。

9月
长城资产石家庄办事处通过竞标方式收购了华夏银行资产包，包内的两家国企均由东盛科技提供保证担保。

12月
长城资产以担保方面最大的债权人身份加入东盛债委会。

2012

10月
为了化解退市风险，东盛科技持有的广誉远 40% 股权以 4 亿元的价格转让给东盛集团。

11月17日	在石家庄办事处提出收购思路8个月后，长城资产为东盛项目召开了决策委员会。
12月	长城资产完成对东盛集团分散于9地18家银行，本金9.6亿元，利息9.71亿元的债权收购。
12月31日	长城资产石家庄办事处与东盛科技签订《债务减让协议》：回收现金4.2亿元，减让利息4.73亿元。

2013

4月18日	东盛科技向上海证券交易所申请撤销对公司股票交易实施的其他风险警示，上交所于2013年4月24日批准申请。
4月26日	"ST东盛"变更为"东盛科技"，股票交易的日涨跌幅限制恢复为10%。
4月	东盛集团与长城资产石家庄办事处签署债务重组协议，东盛集团将其持有的山西广誉远20%股权以2亿元转让给长城资产。
5月初	东盛集团抵债的1220万股股份和广誉远20%股权成功过户至长城资产。

2015

11月	长城资产将其持有山西广誉远20%股权以2亿元的价格转让给东盛集团。

第四章 十年科迪：经典的"22511"

> 人的全部本领不过是耐心和时间的混合物。
>
> ——巴尔扎克

"欢迎您再来！"科迪乳业董事长张清海在握别、目送一行人离开科迪园区时，目光中充满了期待。

2010年3月，在从科迪园区出来去机场的路上，时任长城资产副总裁周礼耀和团队成员们反复交谈着。到达郑州机场后，他们迅即在送客厅召开会议，周礼耀对一路陪同他考察科迪的时任长城资产郑州办事处总经理夏小蟾、副总经理刘洪新和总部科迪项目组组长张亚山等人，提出了科迪项目十分经典的"22511"重组方案思路。

5年后，科迪乳业董事长张清海，在2015年6月30日敲响了深交所的铜钟。这回荡着的钟声，浑厚悠扬，深沉清远，人们仿佛从中听出了10年的等待和坚守。

在上市前的答谢酒会上，张清海反复说着"感谢"，并没有更多的言辞。这位"大器晚成"的创业老兵，此时已创业30年，作为改革开放后的第一批民营企业家，他的故事曲折跌宕，而长城资产陪伴他走过了最为关键的十年。

900元起步的"84派"

1985年，时年30岁的张清海东拼西凑了900元钱，在自己家里办了一个作坊式的小型罐头食品厂——虞城县清海罐头厂。这位16岁因贫困而辍学，后期当过生产队长的农家子弟，创业并没有多大的目标，而仅仅是和命运抗争，冲破"靠天吃饭"的羁绊，带着家人、亲戚改善生计。

张清海创业前一年的1984年，在中国商业史上是一个神奇的年份。财经作家吴晓波在其《激荡三十年：中国企业1978-2008》一书中，将其称为"中国公司元年"。

就在这一年，我们现在耳熟能详的企业家纷纷创业：张瑞敏离开青岛市家用电器工业公司副经理的职位，转任青岛电冰箱总厂厂长，向国际一流看齐的海尔正在他的心中酝酿。已年逾40的柳传志用20万元在一间传达室里，创办了中科院计算所新技术发展公司（联想集团前身）。这一年9月，隶属深圳特区发展总公司的国营企业——深圳现代科教仪器展销中心宣布成立，王石出任经理。华南理工大学毕业的李东生在一个简陋的农机仓库创建了自己的工厂，谋划生产录音磁带的生意，这便是日后赫赫有名的TCL……

承包制和双轨制的出现，是这批创业者勇敢做出抉择的社会大背景。曾经外出打工的张清海，显然感受到了这一剧烈的社会变化。当他看到离家不远的黄河大堤上种满了果树，办水果罐头加工厂的念头便油然而生。

张清海后期在自己撰写的一篇名为《做企业要有抗压能力》的文章里，描述了自己创业的初心："当时的企业大多创立于改革开放的前沿阵地或城市，我们在豫东平原的一个小村子里也赶上了时代的创业大潮。这是因为，虞城县是国家级贫困县，没有矿产资源，也没有其他什么优势，这样的情况下如果想发展，首先要找准自己的优势，或者说比较优势，所以说刚开始时想着从廉价的农副产品加工行业起步。"

物质匮乏的时代，只要敢为人先，做什么都有得赚。张清海的罐头生意红红火火，他生产的罐头在华北市场很走俏。张清海彻底改变了手工作坊模式，在 1989 年大胆地上马了机械化生产线，完成了第一次规模化投资。

不过就在此时——中国经济出现了较严重的通货膨胀。"该投的投进去了，但是它发挥不了效益，生产的产品积压在仓库里，给公司造成了致命的打击。在那种情况下，企业出现了现金流断裂，那个时候没有钱，企业非常困难，到了近乎倒闭的境地。"张清海曾经如此回忆。

张清海举债度日，选择了坚持。他觉得这不是自己能力的问题，而是大环境所致，只要挺过去，定会剩者为王。

那几年，因经济疲软倒闭的罐头食品企业就有上千家，留下了大片市场。迈过坎的清海罐头厂，机会来了。到了 1994 年，其产值突破了亿元大关。

经过此次磨砺，张清海总结出了两点心得：搞企业首先你得有一种耐心，这一点毫无疑问，不能浮躁；企业老板要有抗压能力，你的抗压能力有多强，企业才能做多大。

没多久，人们的消费观念发生改变，吃罐头尝鲜已成过去时。张清海审时度势地将企业多元化，他将目光投向了当时国内刚刚兴起的方便面行业，投资了年产三万吨的方便面生产线。

此时，"清海罐头厂"的名字已经有些"土"了。张清海让人帮忙给公司起了十几个新名字，当听到"科迪——科学启迪未来"时，张清海眼前一亮，拍板改名。于是，清海罐头厂更名为"高大上"的科迪食品集团股份有限公司。

1995 年，科迪又进军速冻食品行业，并于 1995 年率先在中央电视台上投放了汤圆广告。科迪将民歌《卖汤圆》改编成："卖汤圆，卖汤圆，科迪的汤圆是圆又圆。"这让科迪汤圆品牌名扬全国，"科迪汤圆，团团圆圆"的广告语传遍街头巷尾。

彼时科迪汤圆的品牌知名度，要远远高于三全、思念等。至今，科迪速冻在宣传推广中，还在用"中国工业化生产汤圆的缔造者""一粒小小汤圆率先在全国打响了速冻食品的品牌"等修饰。

可以说，嗅觉灵敏、落地迅速是张清海公司战略的一大特征，科迪做方便面比白象、华龙等品牌要早，两年后，方便面行业方才进入井喷时代。科迪汤圆在央视发力宣传时，几乎与央视标王秦池同步。而后期张清海投资乳业，也比蒙牛早了整整一年。

但有可能是战略格局的原因，这些产品大多都局限于区域销售，造成起步虽早而后劲不足。比如2005年，当全国掀起"万村千乡"工程时，科迪率先响应，采用农村包围城市的策略，立足于乡镇。而这也给了三全、思念等品牌崛起的机会，科迪集团的速冻产品却日益边缘化。

张清海对此也曾经反思过："科迪是较早进入方便面、速冻食品行业的，也是比较早进入乳业的，虽然现在总规模不小，但在各自的领域都没有做到最好，这也是需要思考的。"

头顶上总有天花板——这似乎是科迪多年来发展的一大局限。不过，换个角度看，深耕区域细分市场，或许局限也能变成优势。

巨投十年，巨亏十年

1998年，此前在村里当生产队长便表现出十足闯劲，自认为成功来自"冒险"的张清海，决定调整原有的产品结构，杀进乳制品行业。在张清海看来，牛奶是一个不朽的产业，随着消费水平的提高，牛奶会成为必需品，而按照发达国家人均饮奶量，中国还有很大的空间。

从一开始，张清海就为科迪乳业设定了独特的发展模式：统一建养殖小区，实行"六统一"的管理——即统一规划设计、统一养殖品种、统一技术服务、统一疾病防治、统一污染治理和无害化处理、统一产品销售。

这种模式的思路就是：先建奶源基地、再建工厂、再建市场——基地发展多大，工厂就发展多大，市场就发展多大。

这与伊利、蒙牛等乳制品企业的扩张策略完全不同。它们大多都是先建市场，再建工厂，不建基地。建好工厂之后，大块头的乳企再去收购当地的奶源，由于中国没有这么多数量的奶牛，加上彼时整个乳品行业的无序和不良竞争，疯抢自然会影响奶制品化验指标。要想让奶制品合格，往里面添加一些东西，就成为迫不得已的事情——三聚氰胺正是由此起源。

张清海的逻辑有点像"高筑墙，广积粮，缓称王"，他想从源头上自控奶源品质。而与其他乳企短平快的策略相比，科迪的套路，显然需要巨额投入。

张清海说："做企业要讲诚信，更要讲良心。" 2008 年，中国乳制品市场发生了三鹿集团使用三聚氰胺的"毒奶粉事件"，引起人们对乳制品安全的担忧。国家质检总局公布的检验报告中，国内多个知名乳制品厂家生产的奶粉都检测出三聚氰胺，但科迪生产的系列乳制品，没有三聚氰胺成分，科迪乳制品经受住了考验。

"一万头奶牛的价格约为 1.3 亿到 1.5 亿元，这只是奶牛本身的投资。然后是基础建设，一个 500 头奶牛的养殖小区的投资是 200 多万元，1 万头需要 40 个小区，又将近一个亿。这就要两个多亿。"张清海在前述文章中如是写道："一个 10 万吨牛奶的生产线，就需要配套 3 万头量的牛群。也就是说，10 万吨的生产规模，就需要四五个亿的基础投资，还不包括运输等费用。"

多数乳制品企业不愿建基地，原因就在于投入巨大。加上建基地还需要数年时间，所以根本不愿意在这方面浪费时间和精力。由于巨额投资奶牛养殖基地建设，资金压力就像一头永远摆脱不掉的巨兽，时常将科迪逼至进退两难的死角。

张清海却一直坚持"好乳品加工必须要建设奶源基地"的想法。"在这中间，也有很多人劝我，包括内部员工以及政府领导都说，这一块别做了，或者改做乳饮料，并举了很多例子，说人家没有养一头奶牛一样可以做牛奶。"

他认为这条路是符合科迪实际的唯一选择：中原有庞大的市场，得中原者得天下。其他几家乳制品巨头要么在边缘地区，要么在大城市，而坐落在中原地区的科迪，终将会用这种模式发展起来。同时，自建基地更有利于保证奶源品质，从而形成从奶牛养殖繁育到乳品加工、销售较为完整的产业链。

笔者觉得，这有点像京东和阿里的"自建物流"之争，刘强东建立了自己的庞大物流体系，有了自营的快递员队伍，但为此每年的社保支出高达60多亿元。曾经多年没有盈利的刘强东说："如果通过劳务外包或者少缴，一年至少可以多赚50亿人民币。"此举遭到马云的嘲讽，他认为，能外包的何不外包，专业的人就干专业的事。

自称"不服输"的张清海，近乎固执地推行了自建奶源基地的战略。科迪相当于在用速冻食品等产品的利润，去补贴乳业的发展。用张清海的话说，科迪"吃"了十年方便面（的效益），后来差不多也"吃"了十年速冻（的效益）。他要靠着方便面、速冻的发展，把乳业支撑起来。

不得不说，张清海是有情怀的，他的理念也难能可贵："一个企业要想做大不能投机取巧，必须扎扎实实做事，任何的投机取巧、机会主义可能会使你偶尔赚到一部分钱，但是想干成事，不可能。"

不过，科迪是一个"不太懂"金融的典型制造型企业，其在运用资本方面的短板，让科迪乳业从1998年起，陷入了"巨投十年，巨亏十年"的时代。

资产深加工的"原料"：3亿元贷款

在中国长城资产管理公司成立之初，中国农业银行划拨了100亿资本金，其中部分资本金是以项目债权代替。而长城资产承接科迪集团债务，使得原来的农行贷款有了转为投资（债转股）的可能，科迪走上资本运作之路正是起源于这项政策。

张亚山清晰地记得，1999年10月18日，在长城资产成立揭牌仪式上，一位财政部领导致辞，希望金融资产管理公司能够探索出一条投资银行之路。可以说，有些改革是资源配置出来的，当金融资产管理公司从银行接收不良资产的同时，这条由项目债权代替现金资本金的政策，促使长城资产很快踏上了探索投行之路。

由于自建奶源基地需要大量资金，科迪集团与中国农业银行商丘支行及其下属网点建立了长期业务关系，农业银行以短期、中小额贷款的形式向科迪集团发放了流动资金贷款。截至2004年底，农业银行对科迪集团的贷款共计29笔、合计3亿元，借款期限1~2年。

科迪此时已然陷入困境，3亿元的短期贷款让其资金周转的呼吸系统"骤停"，一口气始终没有缓上来。

2005年2月28日，长城资产通过与农业银行签署"贷款划转协议"的方式完成了科迪项目的划转工作，从农业银行接收了科迪集团的3亿元贷款。

2005年3月，按照初步设想，长城资产与科迪集团签订了《资产重组框架协议》。主要内容为：①双方同意中国农业银行将对科迪集团的贷款3亿元划转给长城资产。②关于长城资产对科迪集团债权转投资。双方同意在对科迪集团现有的资产进行重组的基础上组建股份有限公司，长城资产将部分债权转换为股份公司的股权，债权转投资总金额不超过债权划转总额的50%。③长城资产剩余债权的安排。约定了剩余债权的偿还原则，并约定该债权的年利率为5%。

长城资产介入科迪债务，目标就是将其作为一个资本运作项目，助力科迪公司嫁接资本市场，最终实现成功退出。

但是，既然是探索，就不会一帆风顺。自此，漫漫10年上市路，历尽艰辛多曲折。

原长城资产人力资源总监夏小蟾，2008年起任职长城资产郑州办事处总经理，他告诉笔者：其实，科迪集团认可3亿元贷款划转的前提，是农业银行将提供2亿元贷款的后续支持。然而，划转后农业银行的后续支持并未到位，这直接导致科迪集团资金安排计划落空，也进一步加剧了科迪的经营困难，从而无法落实与长城资产商拟好的重组方案。

资金链本身就很紧张的科迪，就像一个从未在金融泳池里扑打过的孩童，使出浑身解数全力扑腾，却仍无法自救。

年利率仅仅为5%的利息，科迪也无法按时支付。"3亿元贷款等于成了一张废纸，收不到钱。"当时参与了科迪项目的长城资产审计部高级经理吕绍卿回忆说，此时的科迪并不配合，导致收不到利息，重组工作又推动不下去。

2005年到2009年期间，科迪的经营状况极为不好，奶牛基地前期都在烧钱，自然没有充分的现金流。作为一位农民企业家，张清海的确缺乏一些金融知识，同时可能没有换位思考，主要考虑了企业自身的利害关系。因此，他初期并不和长城资产郑州办事处正面沟通，搞得双方一度难以推进工作。

长城资产为科迪项目更换了多次项目组成员，但仍然无济于事。

2008年8月，担任长城资产郑州办事处总经理的夏小蟾，开始处理这一棘手的科迪债务。

时隔多年后，夏小蟾对于当时的困难和阻碍，印象还很深刻："企业高层的金融知识有所欠缺，认为我们就是来讨债的，配合得不够到位，沟通起来不是太顺畅。企业的真实情况，对方也不愿意透露。所以科迪的问题到底出在哪里，长城资产不掌握真相，双方也无法建立互信。公司管理上确实也不太规范，治理结构不是特别健全，基本是家长式的管理，一个人说了算。同时公司的决策经常反复，这让我们感到很头疼。"

从科迪集团当时股权结构可以看到，这确实是一个典型的家族企业：科迪乳业和科迪速冻是同属于科迪集团的控股子公司，张清海、许秀云夫妇是科迪集团的实际控股人，持有集团 99.83% 的股权。张清海是科迪乳业和科迪集团的董事长，科迪速冻的董事长张少华是张清海、许秀云夫妇的女儿。同时，科迪速冻的 29 名自然人股东中有 7 人和张清海、许秀云夫妇存在亲戚关系，5 人为科迪集团高层。

张清海也有过"躲债"的经历。那正是经济疲软的 1989 年，产品积压、资金链断裂，使他濒临破产，被债主堵门无法在家过年，他跑到村后黄河古道的大堤里"潜伏"了数天。

而对于资金短缺，他有着刻骨铭心的经历："当时（1989 年）企业规模还小，银行对民营企业的支持还非常有限，主要的资金来源一方面是自身的发展，一个是从民间借贷，当企业出现了这样那样的困难以后，要钱的就上门了，这个时候你再出去借就非常困难。所以在那样的情况下，一边是到期或者不到期借的个人的钱要还。到期也好，不到期也好，人家都来找你要，这样再想进行新的融资都非常困难。"

那时的张清海，或许真的没有分清资产公司和银行之间的区别。

吕绍卿回忆说，当时项目组去科迪经常会吃"闭门羹"。"比如约的 10 点开始谈，我们大清早从郑州开车过去，走高速大概三个小时到。但 10 点过了还没有人来见我们，只能在会议室干等。经常等到 12 点吃饭还没有人，中午在食堂吃几个他们生产的速冻饺子。最后来一个人安抚一下，说董事长今天很忙，不好意思今天谈不了了。"这种冷板凳，项目组遇到过很多次。

吕绍卿对于科迪事无巨细的管理风格有着深刻的印象：有一次，他在科迪公司的卫生间里，看到卫生监督管理人竟然写的是董事长。"这样事无巨细，它的管理机制是可以想象的。"

夏小蟾回忆说："因为往往是一把手说了算，当时科迪的工作人员也不知道究竟是不是该配合我们的工作，有时领导说这个协议可以去盖章了，工作人员却说公章外借了。"

科迪方面的不配合，把长城资产郑州办的部分同事搞绝望了。有人说：既然谈不了，干脆起诉吧！

面对这种想法，夏小蟾则比较理性，他觉得还没走到鱼死网破这一步，起诉是最没办法的办法，只会造成两败俱伤。"不能因为企业不配合产生的负面情绪，而左右你的决策，这个时候可能还需要耐心，需要等待解决问题的时机。"夏小蟾说。

"当时有两种声音出现，一种就是政策性项目的思维，不把科迪当作盈利项目来做，干脆放弃，走法律程序，账面亏损了也是没办法的事。另一种声音是希望把这个项目做好，至少把本息保住，另外随着企业经营状况好转，说不定会有转机。而当出现这两种分歧声音的时候，夏总监（夏小蟾）就像一个定盘星，总是力排众议。"吕绍卿说，当时的郑州办事处为科迪项目付出了很多，虽然企业不配合，但依然不折不挠地去尝试沟通，去蹚路，去让科迪高层了解资产公司的定位。

组建"特种部队"

双方胶着了4年之后，2009年9月，长城资产总部决定：组建专职的科迪工作团队，由总部直接派员，出任项目组组长。时任投资管理部总经理级干部的张亚山被委以重任。

同时，长城资产从郑州办事处选拔了三位同事参与项目组的工作，项目组的费用支出和管理考核都由总部直接负责——这又是长城资产根据项目特点组建的"特种部队"。

去郑州时，张亚山的职务很特别：科迪退出变现项目组组长（部门总经理级）。他回忆说，当时给项目组配的三个人，都是精心筛选的。从年龄搭配上看，一个60后，一个70后，一个80后。而从专业来看，分别是法律、财务、行政三个层面。"可以说是很成功的搭配。"

因为工作强度和难度都超乎想象，为了激发士气，长城资产专门给郑州办的三位项目组成员相应提升了职级。

看来,长城资产志在必得,此役必须拿下。

另一方面,长城资产根据当时的项目现状进行了相关技术处理。除了对科迪项目计提减值准备外,还加强了对项目诉讼时效等方面的维权管理,时刻关注企业动态,需要时立即诉讼维权。

"当时拨备已经计提到一亿八千九了,大家心里预期已经不高,就是觉得可能最多回款一个多亿。随时准备要起诉了。"张亚山说。

甚至,刚刚成立的项目组准备查封科迪的部分资产。夏小蟾此时提出了一个很关键的建议:如果查封,解封就要经过层层审批,会变得很复杂。

查封资产确实是把双刃剑,一旦查封就意味着破镜难圆。

专项组也注意到,困境中的科迪集团确实没有轻言放弃。他们一方面招贤纳士,用专业人才来打造科迪乳业这一平台。另一方面扩大了生产规模,增加了产品多样性,同时持续加大市场营销力度。科迪集团有走上正轨的苗头和迹象。

"在这个时点,如果我们立即要求科迪集团偿还债务,意味着它刚刚复苏,便立刻需要承担巨大的现金流压力,极有可能再次陷入困境。"张亚山说,长城资产领导了解到这种情况后,要求项目组做好尽职调查和管理工作,选择合适的时机退出变现。

在科迪组组长张亚山、副组长王修平、时任郑州办事处总经理夏小蟾、副总经理刘洪新的带队下,项目团队经过四个月详尽的尽职调查,结合律师出具的法律意见书,认为3亿元贷款的抵质押物核查,可以是一个切入的突破口。

"因为从农行划转过来时,科迪早期的担保抵押都是不足的,比如抵押的农村集体土地,根本没法流转。比如一些厂房,作为抵押资产都是没有多少价值的。所以我们就提出必须追加新的担保方式,否则合作基础都不会有了。"夏小蟾解释说。

为此，项目团队紧盯死守，每周从郑州往返科迪集团所在地商丘两三次。经过多轮谈判协商，科迪集团在不配合长城资产核查抵质押物的情况下，自愿额外增加2.3亿元的股权质押。

"单从该笔股权质押来看，被质押的股权价值并不大。但是我们认为随着科迪集团业务逐渐扩大，企业运营不断好转，被质押的2.3亿元股权未来的增值潜力巨大。"张亚山说。

因为科迪方面还是不太配合，和科迪的沟通就需要团队作战，并且讲究方法。

"夏小蟾、刘洪新和我，三个人都是交流干部，所以除了白天忙一些日常工作，晚上我们就经常一起继续沟通项目的进展，继续把事情研究透，每走一步我们三个人都先商量好，再进行决策。"张亚山说，"这里面也有分工配合，比如本地的同事，主要和对方搞好关系唱红脸，涉及一些不能让步的问题需要唱黑脸我就出面，打好组合拳。"

当时，专项组团队的尽调可谓"无处不在"。只要喝牛奶，他们就买科迪品牌的，甚至会买来科迪的方便面来"体验"。"既然科迪是生产日用消费品的，那么我们就可以从消费者的角度去了解它。"张亚山说。

2010年2月4日，长城资产与科迪集团签订了《合作意向书》：长城资产以债权置换股权的方式取得科迪集团持有拟上市公司科迪生物不低于20%的股权。在科迪生物上市前，长城资产同意科迪集团根据实际经营情况，在科迪集团可承受范围内确定每年的还款金额，并在科迪生物上市后加快还款进度。

"22511"方案出炉

2010年3月15日，时任长城资产副总裁的周礼耀来到科迪集团现场调研。这一天，周礼耀详尽考察了科迪集团四大产业板块：科迪乳业、科迪生物、科迪速冻、科迪面业，同时与张清海进行了充分的沟通，并与长城资产郑州办事处、科迪项目组进行了座谈讨论。

在做了充分了解之后，周礼耀提议去"数牛"。

"当时科迪集团的主要资产就是农用地和奶牛，号称有十亿资产，但最后评估，如果破产清算的话1亿都不到，破产清偿率不会超过15%。"周礼耀感慨说，所有实体企业，在专注主业的同时，都需要有金融思维。银行眼中的实体企业，资产公司眼中的实体企业，政府眼中的实体企业，实体企业自己眼中的实体企业，从这四个视角去看，都是不一样的。如果没有金融思维，企业出现危机，最后怎么倒的都不知道。

"当一个企业情况不太好的时候，抵押担保价值实际上都是要打折扣的。"周礼耀解释说，金融机构会从风控和安全性的角度考虑，将之打折。

但有的企业管理者不明白，认为抵押物很值钱，但全部抵押了没拿到多少资金，最后造成"小马拉大车"。很多企业因不懂金融，结果就"死"于这种错误认知。

有的企业资金链出现问题想贷款，感觉自己规模挺大，拿点东西抵押就能融来很多钱，其实情况远非如此，相反还觉得银行"欺负"人。

周礼耀直觉地认为，科迪项目首先需要保全资产、做实风控，山林农地抵押肯定不行，但另一方面，要给科迪充足的"换气"和"缓气"时间。

"企业现金流那么紧张的情况下，需要缓释。"考察交流的时间只有半天，周礼耀急转弯般地思考着。

对于这个决策过程，陪同周礼耀调研的时任秘书汪柏林回忆："科迪团队整体梳理了该公司的业务之后，发现公司潜力还是巨大的，未来发展机会也不错，因为科迪在行业里还是有一定地位的，同时周边市场比较认科迪这个品牌。所以此时万万不可单纯抽血，而是要和企业共同渡过难关。"

科迪集团当时主要有四大产业：科迪速冻，在全国排位居前；科迪乳业，还处于布局投资阶段；科迪面业，生产面粉、专用粉、方便面和挂面，在河南省位居前列；科迪生物，主要从事优质高产奶牛养殖、繁育以及胚胎生物技术的研究及产业化应用。

周礼耀对张清海说，大家最好的状态是双赢，企业有困难我们一起来扛。如果大家闹掰了，长城资产一旦诉讼，反而就没有责任了。

多半天的调研结束后，就出现了本文开始时的那一幕。周礼耀一行在机场送客厅就地与郑州办事处、科迪项目组的陪同考察人员开会。在上飞机前，周礼耀说出了一串数字：22511。

也就是说，在科迪集团的"2"个子公司设定股权质押；在"2"个子公司进行转股（确保1个、争取1个）并且均不超过目标公司总股本的20%；剩余债权在"5"年内退出变现1亿元；如果2个拟转股的子公司中有"1"个上市，就可实现5年内科迪项目保本增值的退出变现目标；如果"1"个子公司也上不了市，则一定按照全部债权本息，在符合企业实际偿债能力的期限内实现退出变现目标。

时隔多年，已经退休的张亚山说起"22511"，仍然不带任何的思索停顿：第一个"2"，也就是把科迪速冻和科迪面业的股权做抵押，这就起到化解金融风险的作用，因为抵押的股权价值远远大于3亿的本金。之所以选择科迪速冻和科迪面业，是因为这两个板块没有出问题，属于较优质的资产，而且上市的可能性不大。

"另外两个未来可上市的子公司科迪生物和科迪乳业，我们做债转股，但还不能入股太多，因为一旦超过20%，就要跟长城资产并表。"张亚山解释，"剩余债权在'5'年内退出变现1亿元的意思是，5年内，我争取收回1个亿，其他债权慢慢回收。实际执行中，长城资产5年回收了1.3亿元。"

张亚山认为，这一缓释流动性的做法极有意义。实际上企业的流动性都不是特别好，如果强硬抽血，企业也就没有活力了。而在科迪项目中，可以按照其实际还款能力，拉长期限一点一点地偿还。减免利息也让企业松了一口气，至于每年还多少，可以商量，根据企业状况来定。这就不是"野蛮去杠杆"，而是把企业的还款周期安排得很合理。

而如果 2 个拟转股的子公司中有"1"个上市，就可实现 5 年内科迪项目保本增值的退出变现目标——"只要有一个上市了，1 个亿的利息就可以给科迪免掉。债转股的核心，本质上就是去财务成本，减轻财务利息，这相当于给科迪送了一个大蛋糕。而如果不上市，那咱们就慢慢来，全部恢复成债权，保全国有资产。"

"今天回头看，'22511'真是一个精巧的方案，那时候还没有纾困一说，当时长城资产就创造了为民营企业纾困的做法。"张亚山说。

可以说，"22511"目标方案的提出，是科迪资本金项目进行重组并最终首发上市的转折点。

根据"22511"策略的部署，专项组不折不扣地落实执行。他们历时 11 个月，历经多次艰苦谈判，做了大量科迪高层的工作，最终与科迪集团签署了《重组协议》，把"22511"目标方案以法律协议的方式确定下来——这是很坚实的一步。

本以为科迪项目自此驶入高速路的专项组，没有想到，后面的"山路十八弯"还在等着他们。

去美国上市？

经过不懈努力，科迪集团的 2 个子公司按照计划设定了股权质押。但长城资产在与科迪集团商谈关键的"转股"环节时，也就是在推进"22511"的第二个"2"时，出现了意想不到的事情。

"就差签协议了，我们要给总部汇报一下，他们也说去草拟协议，准备下次见面就把事情敲定。可没想到第二次去的时候，科迪却提出要去美股上市——以前根本没有听到过这个消息。"夏小蟾说。

这让专项组极为被动，科迪的具体办事人员，也觉得很蹊跷。

张亚山回忆，当时科迪方面提出：拟在境外上市，上市后尽快还款；科迪集团可以向长城资产出具承诺，保证长城资产在科迪生物2000万元的利益；长城资产如真想参股，可以让科迪集团代持长城资产的股份。

进退维谷，这将长城资产推向尴尬境地。

和科迪谈判期间，类似的反复甚至"出尔反尔"有很多次，不过像这样突如其来的方向性变化，还是让专项组没有预料到。

对于这种反复，吕绍卿刚开始很不理解，但有一次他换位思考后，有些理解了："科迪从900块钱一个罐头厂起步，发展到多元化的集团，这就像创始人的孩子一样，养这么大真的很有感情，不忍心放手。另外企业高层当时还没有双赢的思维，总觉得你应该无偿来帮助我，这正是问题的症结所在。"

专项组只好继续做科迪高管的工作：资产公司最初的目的和最终的目的都是协助企业渡过难关，帮助企业更好的发展，但这毕竟是一个市场化的投行项目，双赢是唯一之路。

长城资产判断，科迪集团的上市条件已经具备，他们做出了坚持转股的决定。同时，项目团队又从客观层面分析对比"小股权的让利与大债权的免息"的利弊，结合当时科迪的经营状况，初步判断小股权的让利与大债权的免息为公司带来的经济效益基本相同，从而提出了有底线的免息方案。"最终是一个大债权小股权的结构。"夏小蟾说。

在一家美股上市中介机构的运作下，科迪开始筹备去美国纳斯达克上市。

他们抛出了第二个难题：长城资产在科迪生物的20%转股没有问题，但是因科迪生物拟赴美国纳斯达克上市，需由长城资产负责咨询"国有股权能否去境外上市"。如果国有股权可以去境外上市，转股后，长城资产须迅速及时地配合出具相关手续。

随后，科迪方面正式发函给长城资产，附属其上市合作方美国天鹰资本合伙有限公司出具的《民营企业国有参股股份美国上市融资存在的问题》和律师出具的法律意见书，认为鉴于国有股份赴美上市的特殊性，中国长城资产管理公司拟持有的科迪生物公司20%股权需由科迪食品集团股份有限公司代持。

考虑到科迪境外上市中"代持股份"的复杂性、不确定性和潜在风险，项目组团队一方面认真研究了相关法律政策，一方面与科迪进行了善意沟通。

"我们给他们讲清利弊，在美国上市，虽然具有上市时间快、上市成功有保证、上市后可持续融资等优点，但对比国内市场也存在市盈率低、股价不高的缺点。此外，去美股上市需要先在太平洋上的英属维尔京群岛注册公司，每年审计费用、团队维护费用就需要上百万美元。而且中概股大部分都是高科技公司，科迪生物并不完全属于这个范畴。"夏小蟾说。

同时，项目团队也以书面形式向科迪集团发出了质询：科迪集团赴美上市的交易结构是如何设计的？在确定交易结构的基础上，长城资产拟转入科迪生物的20%股权由科迪集团代持后，长城资产股权的所有权在交易结构中如何体现？长城资产股权的处置权和收益权最终以何种方式实现？

因为没有先例，长城资产总部对于"股份代持"一事也高度重视，立即安排投资管理部、投资银行部和法律事务部在郑州召开了科迪项目专题研究会议。

在多次论证和研讨的基础上，他们再次向科迪集团发出更进一步的质询：BVI（英属维尔京群岛注册）控股公司的股东结构是否为现在科迪生物、科迪乳业2个公司的所有股东名称与份额？在实现美股上市后，长城资产由科迪集团代持的科迪生物20%股权最终能在上市公司中实际占有多少股权比例？锁定期为多长？

张亚山说，通过反复分析，当时认为"股份代持"也是有一定的优势的，比如有利于掌握上市股票的套现主动权，增强科迪的流动性，从而加快科迪项目的退出变现。同时借助外部约束，可以促进科迪公司治理结构的完善。甚至还能做一次国际资本运作的探索。

但是"股份代持"的风险也很大：当科迪出现其他不能偿付的债务时，法院可以依法查封上述代持股权。同时境外上市的股票价格市盈率较低，可能存在长城资产净收益不抵免息额的问题。

就在各方纠结于此事时，相关部门指出，此事"有不可逾越的政策障碍"。

"股份代持"不可行，科迪赴美上市也就没有可能性。

事情再次回到了原点……

寻求双赢

科迪项目团队面对如此风云变幻的复杂局面，先是和长城资产郑州办事处法律顾问一起研究、理顺法律关系，做好诉讼前的准备工作——而准备诉讼显然也是为了促进谈判，项目团队提议双方在2010年9月8日继续协商。

科迪专项组视此为"以打促谈"，成败在此一举。为此，专项组仔细准备了三套谈判预案：

方案一：《资产重组框架协议》《合作意向书》《备忘录》三个文件继续执行；坚决转股，免息数额不确定；科迪前3年还款数额不变，后2年可以变通。

方案二：转股模糊处理，利息部分搁置、部分半本半息。

方案三：先还本，所有利息搁置，以后商谈。2010年还款1500万元，2011年还款2000万元，2012年还款2500万元等。

这一天的谈判，剑拔弩张，但科迪没有明确选择哪一套方案，只是要求长城资产严格执行双方已签署协议。

顺着这一思路，专项组提出：按照双方协议，立即全面履行债权置换股权与免息等有关条款，长城资产以债权置换股权的方式取得科迪集团持有的拟上市公司科迪生物公司的股权，置换比例为科迪生物公司股本总额的20%。转股价格以2009年12月31日为基准日、经双方共同认可的中介机构出具的审计评估的净资产值确定基准价格。

科迪对此原则同意，但双方仍然因还本付息的节点、比例等问题产生分歧，为此又僵持了近一个月。

为了保障大局，项目组提出了"先还本后还息"的思路。"这是一种权变的技术处理，事后证明这个思路也是正确的。"张亚山说。

分歧更大的是，如何保障长城资产的本息。

"这里面存在讨价还价，又得让科迪感到合理，又必须尊重市场，还要得到总部的批准。"张亚山回忆，那一段时间有几天几夜没睡好觉，因为要讲究艺术不能和科迪谈崩，还要讲究技术、科学推断。"当时首先取得了总部授权，确定了一个最低保本保息、力争超额投资收益的谈判价格区间。"

张亚山提出可以取中间数25元来作为债权总额重组的对价，张清海希望长城资产做些让步，提议就将价格定为20元。

谈判就是妥协的艺术。在经过了几轮讨价还价后，时任长城资产郑州办事处总经理的刘洪新及时出现，并提出："各让半步，取23元。"张清海想了想，最终同意了。

签约成功后，张清海提议一块吃饭，因为赶时间，便在路边随便找了家"加州牛肉面"吃了起来。

5年来的交手和博弈，终于看到了希望，兴致不错的张清海提议喝酒庆祝一下，于是便一人来了一个小瓶牛栏山。

回味起喝的这次酒，张亚山兴致更高，他说："谋事在人，成事在天。科迪乳业股票上市后，长城资产还真就是在23元以上变现退出了。"

长城与科迪的博弈，达到了双赢！

《债权债务重组协议书》签订后，科迪的年度还款1500万元于2010年底按时到账。

吕绍卿对此印象深刻："科迪当时的现金流确实困难，基本都拖到最后一天了，经常是年底最后一天下午给我们一张商业汇票。因为要按年度结账，这个钱必须当天就入到长城资产的账户。我们就先跟开户行打好招呼，在高速上开车甚至都是超速行驶的，跑回来兑现。"

冲刺 IPO

几经周折后，2011年，科迪终于选择了在国内A股上市的方向。

2011年5月20日，科迪生物股东大会通过决议：同意科迪生物全体19名股东以其持有的4000万股科迪生物股份，按照1∶1.16换股比例，认缴科迪乳业新增注册资本4640万元。从而，长城资产以其持有的科迪生物800万股股份置换为科迪乳业928万股股份，总成本2536万元，对价2.733元/股。

接下来，"孪生兄弟"科迪乳业向IPO继续冲刺。在此期间，证监会为了稳定证券市场，很长一段时间暂停了IPO，为严格把控上市公司质量几度反馈、几度要求自查，长城资产都积极配合，支持科迪乳业规范发展。

科迪乳业的业绩越来越靓丽，其招股书显示，2014年度实现净利润为9446万元。战略目标也越来越明确：募集资金主要用于年产20万吨液态奶项目和现代牧场建设项目。

每次在科迪开董事会前，张亚山总是要找接替夏小蟾担任长城资产郑州办事处总经理的刘洪新，一同研究如何帮助科迪改进管理，以便让其尽快达到上市公司的标准。现任长城资产总部资产经营一部总经理的刘洪新，是科迪十年上市路途中任职郑州办事处总经理时间最长的，对科迪的优势和问题了如指掌，经常提出关键性的改进建议，并找到打开僵持局面的突破口。

重发展、轻规范，是不少企业普遍存在的问题。但要做一家上市公司，公司治理必须要规范。科迪项目组还清晰地记得，在一个能否真实执行股东会议决议的事项上，张清海与张亚山发生冲突的情景：

"不谈了。"张清海狠狠地拍了下桌子，拂袖而去。他的工作人员面面相觑，感到愕然，不知该说什么好。这时，只见张亚山说："请转告你们董事长三句话：第一，当一个人看似在难为你时，其实他是真心实意想要帮你办事。第二，一个人拂袖而去，往往是他理亏词穷的时候。第三，如果大家沟通不顺畅，我希望启动公司内部程序，通过监事会召开会议，当开这个会的时候，就不是一走了之的事情了。"

可谓"忠言逆耳利于行"。应该讲，在科迪公司的治理结构上，长城资产发挥了国有金融企业股东的特殊作用，既有制衡，又有促进，使科迪迅速由一个家族企业成长为符合上市公司标准的现代企业。

在多方的努力下，科迪乳业在2015年6月30日敲钟上市，这是当年股灾前的"最后一趟车"。

最终，通过合理减持，长城资产不但保住了3亿元的债权本金，通过股权还收获了1亿多元的净利润。从将近损失2亿元本金，到净赚1个亿，长城资产再次打下一场经典战役。

而科迪乳业上市，让其成功跻身中国乳业国家队。经过多年发展的科迪乳业，通过差异化发展战略，不断调整营销策略，从而在市场占领了一席之地。近年来它们还不断推出独家创新的产品，如"透明枕"网红小白奶，可以加温的浓缩暖酸奶，"双重营养、双重蛋白"的豆浆牛奶，都让人耳目一新，各大乳企继而争相效仿。

一个案例一段回忆

从 2009 年到 2014 年，张亚山为科迪项目前后忙碌了 5 年，当他在国外看到科迪敲钟的新闻后，十分激动："真是漫漫十年上市路，长城科迪共成长。"

甚至，这么多年过去了，张亚山在超市看到科迪汤圆，会让别人给他拍一张照片。"有感情了，我回老家都会在网上买几箱科迪牛奶带回去。"

这位 1981 年在农行参加工作，长城资产成立后便从农行总部调来的"老资产"，对于长城资产 1999 年成立时的情形历历在目。

"我离开农行总部的时候，那里 400 多人，来到长城资产总部 67 个人。有一句话最为经典：我们处置的都是不良资产，但是处置不良资产的人都是最为优秀的人。"张亚山说。

张亚山的朋友圈里一直放着一张照片，那是 1999 年 10 月 18 日，长城资产举行成立暨揭牌典礼后，从农业银行总行调转过来的 67 人，留下的一张具有历史意义的珍贵合影。

笔者留意到，长城资产董秘史剑的朋友圈，曾转发了一篇分析科迪项目运作的公众号文章，并写着：致敬经典的 22511。

现任长城资产总部资产经营三部总经理许良军则在下面留言说：一个案例一个故事，一个案例一种模式，一个案例一段回忆，一个案例一份责任……

一线问答

笔　者　科迪项目前后经历了 10 年，您应该很有感触，这个项目可以给我们带来哪些启发？

张亚山 了解科迪项目，要知道它的"来龙"，还要熟悉它的"去脉"。十年的时间，对于双方来讲，都经历了很多的变化，不管是内外部经济环境的变化，还是人事的更替，如何在不断变幻的环境中保证落实既定的目标，既需要有"咬定青山不放松"的决心，更需要在项目实际运行中具备技术性处理的手段。

资产公司没有黑名单一说，如果是野蛮式的去杠杆，一味地强调化解风险，结果就把企业一棍子打倒了。

重组的要义就是"重新的组合"，而不是单纯让企业破产清算，把它们打压得困难重重，让经营者上黑名单。利息本身就是企业利润的一部分，税收也是企业利润的一部分，企业一旦出现困难，就直接抽血断贷。皮之不存，毛将焉附？

可以说，科迪的贷款幸好转到长城资产公司了。好就好在转过来的不仅仅是资金，而且转来了发展思路，从而让科迪得以嫁接资本市场提速增长、规范发展。银行主要就是存款、贷款业务，而资产管理公司的重组手段就像魔方似的，千变万化。处置不良资产有一个经典的语言：不良资产处置是信息不对称下的回归。既然是不良资产，它的价值就意味着从 0 到 99。按照物质不灭的原理，投入一笔资金时，这笔资金不会自行消失的，一定是转移到其他地方去了。但怎么能把这笔资金追回来，就需要打破信息不对称，知己知彼，带着问题去追寻、去追索。同时，要寻找企业的亮点，找到提升价值的思路。道理显而易见，有流动性的贷款企业是不会让资产管理公司占到便宜的，急于变现的话要么打折，要么落空。而一旦发现问题企业的亮点进而培育上市，变现的来源就不是"现钱"，而是转让企业未来发展的收益。付出更多的时间和精力，多一份信心和耐心，定会有收获。

世纪之交成立的资产管理公司，找到了一条化解防范金融风险、搞活国民经济的新路。国家给资产管理公司的任务是化解金融风险、保全资产，目的还是通过金融的力量来扶持实体经济的发展。我甚至建议可以再来一次不良资产的剥离，利用资产公司 20 年来积累的成熟经验和高超技术，助力实体企业的发展。

1999 年成立资产公司时候，还有人提反对意见，说剥离的 1.4 万亿元不良资产，国家怎么能承担得起？1999 年，国家财政收入是 1.1 万亿元，那时剥离的不良资产比一年的财政收入还要多，而 2018 年的财政收入达到 18 万亿元。2000 年的货币发行量是 13 万亿元，2018 年的货币发行量已接近 180 万亿元。所以说，如果再来一次大规模不良资产的剥离，很容易消化甚至其价值将不断升华。

方法论

两大路径

长城资产前后十余年的科迪项目运作，实现了经济效益与社会效益最大化的目标。不仅实现了国有资本的保值增值，而且也支持了地方经济、中小企业的发展。归纳来看，长城资产的重组路径主要为：①通过债转股优化企业资产结构，债权与股权同时并存管理。降低企业财务成本和还款压力，优化所有者权益结构，提高资产利用率，改善经营状况；②以科迪乳业为平台，协助企业进行区域性产业兼并重组及集团资产整合，助推科迪乳业发展成为区域性农业食品产业龙头，并满足 IPO 条件。

前线打到司令部

科迪乳业重组项目中，长城资产打造的"科迪退出变现项目组"，是团队制的灵活运用。科迪乳业专项组成员只有 4 个人，前后总共用了 6 年时间，从头到尾盯到底，几个尖兵加上团队作战最终就带来了超额收益。投行业务一定要充分利用团队制，在特别需要攻坚的项目上继续运行处室制、科层制，就意味着效率低下。运作投行项目，前线就必须直接打到司令部，这是一个特种兵、强后援的体系，后援总部可以调度所有资源来打攻坚战。项目主力作为十八般武艺样样精通的骨干，可以根据实际情况调配自己的团队成员，灵活配置资源。

逆周期的纾困

资产公司具有全周期运营的优势。在逆周期时，可以通过资产的收持和重组等功能，成为金融的"稳定器"，顺周期时则可以通过资产的流转和综合金融服务的手段，成为经济的"助推器"，从而达到全周期的业务平衡，成为资源的"优化器"。而作为逆周期"稳定器"，资产管理公司自身的稳定和恒心，就显得极重要，想要在几年内"解决战斗"，往往是不可能的，必须以时间换空间。

探索重组的"魔角"

长城资产在 2005 年接收科迪 3 亿元资本金，通过数年的不断磨合，最终选定了科迪生物、科迪乳业作为债转股目标，获取了超额收益。"22511"将科迪集团的当前优势产业和朝阳产业重新组合搭配，可谓极大创新了不良资产的处置视角。

在世界顶尖学术期刊英国《自然》杂志发布的"2018 年度十大科学人物"中，位居榜首的是 1996 年出生、在美国麻省理工学院攻读博士的中国学生曹原。在他的论文当中，发现了当两层平行石墨烯堆成约 1.1°的微妙角度（这个角度就是所谓的"魔角"），就会产生神奇的超导效应。物理界认为，曹原此举解决了困扰世界物理学家 107 年的难题，取得了石墨烯超导领域的重大突破。

一个微妙的角度改变，就可以带来重大突破。在现实的不良资产处置中，又有多少资源的角度、位置、方向值得去调整，去创新，以达到最优解呢？

启示录

你的金融周期与实业周期匹配吗？

一段时间以来，由于土地、劳动成本上升，资源、环境约束趋紧，实体经济的回报率下降，部分企业的经营遇到困难。这种形势下，实体企业是否有金融思维显得至关重要。

科迪是一个"不太懂"金融的典型制造型企业，其在运用资本方面的短板，让科迪乳业从1998年起，陷入了"巨投十年，巨亏十年"的时代。而科迪集团董事长张清海显然在后期意识到了这一点，他曾经在回答"你怎么看待资本"的问题时说：任何一个企业家光傻乎乎地搞制造，不会有多大前途。

很多企业管理者还不了解，大量实体企业存在两个通病：盲目扩张、盲目多元化——这是造成企业出现危机最核心的两个问题。企业有初创、成长、成熟、衰退各个阶段，宏观经济也会呈现出繁荣、萧条、衰退、复苏的周期性，这两个周期在某个空间和时间上出现叠加并相互震荡的时候，经常会导致实体企业和金融机构之间信贷关系的失衡和信贷资源的错配，进而导致不良资产在某个领域甚至某个区域产生和蔓延。

很多企业管理者还不清楚，银行的机制、资金来源和风险管控跟实体企业本身的生产周期往往不匹配，这就导致"短贷长用""流贷变固贷"，到了半道左右为难，把自己推入僵局。此时企业往往用另类的高利率替代低利率的贷款，资产负债率越来越高，经营性现金流却跟不上，资金链断裂是迟早的事。企业要保持合理的负债结构，不要把弦绷得太紧，资金是企业的"血脉"，要保持气血畅通，淤堵太多，湿气太重，总有一天要出毛病。

很多企业管理者还不明白，银行眼中的实体企业，资产公司眼中的实体企业，政府眼中的实体企业，实体企业自己眼中的实体企业，从这四个视角去看，都是不一样的。如果没有金融思维，企业出现危机，最后怎么倒的都不知道。金融机构会从风控和安全性的角度考虑，将企业的抵押担保价值打折。但有的企业管理者认为抵押物很值钱,全部抵押了没拿到多少资金,最后造成"小马拉大车"。很多企业因不懂金融,结果就"死"于这种错误认知。

董事长点评:用投行思维为企业纾困

科迪乳业项目确实很有价值,也有很强的启示意义。它的复杂、多变性从10余年的运作时间就可见一斑。长城资产通过债转股降低企业财务负担,助力企业整合内部资产,推进产业链并购,使其成为区域性农业食品产业龙头并满足IPO条件。最后大家都赢了,长城资产实现了国有资本的保值增值,科迪不但走出了困境,企业规模也做大了,周边数千位农民的长远收益得以保障。

为企业设身处地的换位思考、兼顾各方利益的"22511"方案是科迪项目的核心亮点。回头看来,"22511"方案的每一项工作其实都在帮助企业走出困境。当前经济环境下,用"22511"方案的思维去助力民营经济的发展,可以说仍然具有非常积极的意义。科迪项目中,长城资产充分运用了投行思维和重组手段,将其还款期限拉长,安排了合理的还款节奏,最终让企业重获生机。那时候还没有纾困一说,而长城资产在科迪项目中,起到的就是纾困基金的作用,这确实是创造性的前瞻做法。

坏企业中有好资产,好企业中也有坏资产。我们就在坏企业中去找好资产,通过各种重组手段,把坏企业救活。科迪项目对我们的启示,可以说就是四个字:信心耐心。这个耐心的等待可以是十年。资产公司可以让企业缓释一下,让企业家安心地做好实业。在当前复杂的宏观形势下,金融机构不应该单纯地抽血断贷。优质的企业如果倒掉,好家具变成了废柴,各方面都会彻底损失。

——中国长城资产管理股份有限公司董事长　沈晓明

时间轴

2005

2月 长城资产通过与农业银行签署"贷款划转协议"的方式完成了科迪项目的划转工作,从农业银行接收了科迪集团的3亿元贷款。

3月 长城资产与科迪集团签订了《资产重组框架协议》:①双方同意在对科迪集团现有的资产进行重组的基础上组建股份有限公司,长城资产将部分债权转换为股份有限公司的股权,债转股部分不超过债权总额的50%;②约定了剩余部分债权的偿还原则,年利率为5%。

2010

2月 长城资产与科迪集团签订了《合作意向书》:①长城资产以债权置换股权的方式取得科迪集团持有拟上市公司科迪生物不低于20%的股权;②在科迪生物上市前,长城资产同意科迪集团根据实际经营情况,在可承受范围内确定每年的还款金额,并在科迪生物上市后加快还款进度。

10月 长城资产与科迪集团签订了《债权债务重组协议书》:①债权本金为3亿元,利率仍为5%;②长城资产以债权置换股权的方式取得科迪集团持有科迪生物公司20%的股权;③剩余债权需要在2010年还款人民币1500万元,2011年还款2000万元,2012年还款3000万元;如果科迪生物公司在2012年底前不能实现上市,自2013年起,在2012年还款基数上每年递增归还300万元。

2011

1月 科迪集团与长城资产签订《债权置换股份协议书》:①科迪生物每股净资产评估值为3.17元,因此长城资产债权计2536万元、按3.17元/股的价格受让科迪集团所持科迪生物800万股、合计20%股权;②剩余债权本金继续按5%的利率清偿。

5月 ● 科迪生物股东大会通过决议：同意科迪生物全体19名股东以其持有的4000万股科迪生物股份，按照1∶1.16换股比例，认缴科迪乳业新增注册资本4640万元。从而，长城资产以其持有的科迪生物800万股股份置换为科迪乳业928万股股份。

2015

6月30日 ● 科迪乳业在深圳证券交易所挂牌上市，标志着科迪资本金项目的投资运作以成功告终。

第五章

摘帽PT渝钛白：7亿债权的救赎

> 第一次吃螃蟹的人是很可佩服的，不是勇士谁敢去吃它呢？
>
> ——鲁迅

一位医生直接往20层楼的窗户前跑，扬言要跳下去，现任长城资产重庆分公司办公室主任、当时挂职重庆化工厂厂长的杨哲伟，一把拉住了他。

杨哲伟从那一刹那开始觉得，渝钛白项目重组难度很大，而更难的，是人的"重组"。

这位医生是重庆化工厂下属医院的一位副院长，因为要从企业剥离到社会，产生安置问题，所以才折腾出一场闹剧。

时为2002年，国有企业改革的攻坚期。渝钛白项目正是在这个毫无历史经验的复杂背景下，艰难推进着。那时，河里甚至没有"石头"能让长城资产的操盘者去摸。他们只能鼓起勇气，在河里大胆地赤脚蹚出一条路。

梦境变绝境

几经风雨的渝钛白，可能是我国证券市场上"名声最响"的公司之一。在七家老"PT"公司中，渝钛白资历最深，自1999年7月9日开始，渝钛白已整整被"PT"了两年零四个多月。渝钛白独特的 PT 之路、一系列"大刀阔斧"的资产重组，以及后来的起死回生，都像电影剧本般演绎着，吸引着人们一探究竟。

渝钛白成立于 1990 年，其前身为重庆渝港钛白粉有限公司，是重庆化工厂和香港中渝合资经营的中外合资企业，其中重庆化工厂占 50%，香港中渝占 50%。而重庆化工厂是始建于 1958 年的一家老牌国企，主要产品为工业硫酸和医药中间体。

1992 年 5 月，重庆渝港钛白粉有限公司改组为股份有限公司并向社会公开发行 3600 万股股票。重庆化工厂和香港中渝根据注册资本分别折为国有股和外资股，各为 3728.26 万元，由重庆化工厂和香港中渝分别持有。重庆化工厂的全部资产也并入了股份公司。

渝钛白的招股说明书说，其正在建设中的钛白粉工程，将利用原重庆化工厂现有硫酸产品和攀枝花的钛精矿等原料优势，兴建年产 1.5 万吨金红石型钛白粉。这一工程也被列入国家大中型重点工程。

钛白粉即二氧化钛，是一种基本化工原料，广泛用于油漆、油墨、塑料、橡胶、造纸、化纤、水彩颜料等行业，被认为是现今世界性能最佳的白色颜料和化工原料，二氧化钛是世界上最白的东西，1 克二氧化钛可以把 450 多平方厘米的面积涂白，同时在部分食品和化妆品中也有广泛应用。而市场上销售的钛白粉按其晶型可分为金红石型和锐钛型两大类，金红石型钛白粉是一种高档次产品，被誉为"白色之王"。

渝钛白的钛白粉项目立项之初，确实被主管部门和市场普遍看好。一方面，渝钛白的生产技术当时在国内遥遥领先，主要设备分别从美国、德国、英国等 7 个国家的 17 个公司引进，生产技术从波兰引进，是当时国内唯一能生产金红石型钛白粉的企业。另一方面，该产品彼时处于供不应求的状态，市场极为广阔。当年，钛白粉主要垄断于美国杜邦公司、日本石原株式会社等国际巨头之手，钛白粉正是国家鼓励发展的原料工业。

"而且我国钛资源丰富，大多位于四川省攀枝花地区。我国现有钛白粉生产厂家60多家，绝大部分是低档次产品，高档次金红石型钛白粉不足1000吨。目前国内市场上钛白粉供需矛盾十分紧张，尤其是金红石型钛白粉更是全部依赖进口，预计在20世纪末，我国钛白粉需求量将达20万吨。本公司钛白粉工程建成后，将成为全国第一家万吨级钛白粉厂，不仅可以缓和国内同类产品的供求矛盾并能出口创汇，而且可以带动和促进相关行业的发展。"渝钛白的招股说明书"信誓旦旦"。

1993年7月，渝钛白在深交所挂牌上市，成为重庆市最早的上市公司之一，在重庆名噪一时，几乎家喻户晓。

不过，渝钛白却有些辜负众人的"期待"。年产能1.5万吨的钛白粉生产线这一明星项目，直到1997年底才正式投产。由于建设周期长达5年，渝钛白只能依靠原化工厂的工业硫酸和硫酸二甲酯等老产品的微薄利润，维持公司的正常运转——这无异于小马拉大车。

渝钛白上市仅仅融资了区区7000万元，但钛白粉的工程建设资金则需要10个亿！这其中的"窟窿"，都需要银行贷款来弥补。也正因为众多金融机构看好其前景，渝钛白获得了包括农业银行在内的多家金融机构大额资金支持。

即便有了资金，有了技术，渝钛白还是有些不争气。由于公司管理不规范，在长达几年的时间里，始终打不通生产工艺中的"瓶颈"，不能稳定生产合格的产品。这就导致产量和质量都上不去，号称年产能1.5万吨的钛白粉，结果两年才生产了不到2000吨。公司管理层眼看着外界抛来的大量订单，就是不敢接。

在资本金过少，建设周期过长，债务负担过重，产量、质量不稳定的内外交困中，渝钛白在1996年便陷入了亏损。到1999年底，4年间累计亏损总额高达6.18亿元，每股净资产为–3.54元。公司负债总额为12.11亿元，资产负债率高达162.5%，严重资不抵债。

渝钛白董事会在1998年年报中，分析了亏损的原因：主营业务亏损

3482万元，主要系本年度公司钛白粉产品刚开始正常生产和销售，不堪巨额投资成本和折旧压力，致使成本高于售价而形成；由于会计政策变更，计提存货跌价准备增加亏损1792万元；财务费用为11229万元，系各银行和其他金融机构的贷款利息；营业外支出数为14869万元，主要系报废已停产多年且严重腐蚀的酰肼、氯化亚砜设备损失、处理不需用的PVC地板生产线损失、处理库存积压钢材损失等。而重庆华源会计师事务所注册会计师的审计报告则明确指出，"在审计过程中我们发现贵公司存货管理混乱，致使账实难以核对，我们又无法采用其他替代程序来确认贵公司存货期末余额以及由此引起的对相关负债和损益的影响"，并对PT渝钛白能否持续经营表示怀疑。

而其企业管理费用却长期居高不下，仅1999年1月至10月，财务费用就高达7313万多元，占同期亏损的72.5%。当时有媒体报道称，渝钛白内部管理已严重失控，原材料采购盲目，建设资金管理混乱，职工工资没有着落，偌大的厂区杂草丛生，污水横流，臭气熏天，毫无一点生气。渝钛白真是到了山穷水尽的地步。

渝钛白的债务包袱已经压得它喘不过气，几近窒息。

投资者对渝钛白已失去了信心，股价一度下跌至2元左右。当时，散户们称其为"伤心的渝钛白"。

由于连续亏损，1999年7月9日，渝钛白被戴上"PT"帽子。

当时的资本市场，出现了不少PT公司，情况各异，但有其共性：夕阳产业，陈旧设备，落后的技术和观念。但渝钛白却显得有些另类，其设备和技术都是国际一流，身处朝阳行业，产品更是市场广阔，国家领导人曾多次前往企业视察。所以，渝钛白被PT，让人想不通，更无法接受。

渝钛白也不是没有做努力。1998年6月，公司新一届董事会成立。经过一番努力，当年生产了八千多吨钛白粉，是前三年总和的4倍多。期间，至少有5家公司主动前来洽谈重组，但沉重的债务成为无法逾越的障碍，重组尝试均宣告失败。当地政府也为减轻渝钛白的债务采取了一些措施，但收效甚微。彼时，与重庆人谈起渝钛白，大都会唏嘘不已。这个当年在重庆本地响当当的大企业现在竟然负债近12亿元，净资产为负4亿多元，成为上市公司中第一家陷入资不抵债困境的公司。

渝钛白负债累累，每年不仅有2亿元的利息要还，还有几千万元的折旧费用。而除了债务问题，现有钛白粉的生产规模偏小也是效益不显著的原因之一。但扩大生产规模则又需要钱，这样的恶性循环终将渝钛白拖到了面临摘牌的生死线上，越滚越大的债务也使其成为"烫手山芋"，少有人敢问津。

难道，渝钛白只能面临破产的绝境？

"生"逢其时

渝钛白的上上下下肯定想不到，就在他们感到极度绝望的时候，一家专门为处置不良资产而来的公司正在此时诞生，成为了他们命运的转折点。

1999年，国家相继成立信达、华融、长城、东方四大资产公司，分别负责收购、管理、处置相对应的中国建设银行、中国工商银行、中国农业银行、中国银行四大行所剥离的不良资产。

当时，财政部为四家资产公司分别提供了100亿元资本金，由央行提供5700亿元的再贷款，同时允许四家资产管理公司分别向对口的四大行发行了固定利率为2.25%的8200亿元金融债券，用于收购四大行1.4万亿元不良资产。

1999年10月18日，中国长城资产管理公司挂牌成立。巧的是，在渝钛白全部12亿元负债中，农业银行就占了7亿多元。作为对接农业银行不良债务的长城资产，"顺水推舟"地接下了这7.48亿元债权，长城资产成为渝钛白最大的债权人。

1999年10月19日，就在长城资产成立的第二天，长城资产就立即派出资产经营部总经理徐雨云挂帅的调研组来到重庆，对渝钛白进行调研。此时，长城资产各地的分支机构尚未设立，他们在重庆的办事处也尚在筹备之中。

渝钛白所欠的7.48亿元，是彼时长城资产最大的一笔不良资产，渝钛白又是一家关注度极高的上市公司，因此调研组的压力很大。

调研组一到重庆，顾不得休息，就和办事处的筹备同事研究，一家很有前景的上市公司，到底是什么原因让其亏损如此严重？调研人员到渝钛白进行了实地调查，经过认真分析，发现造成渝钛白亏损的主要症结可以归结为"先天不足"和"后天失调。""先天不足"即资本金少，建设周期长，债务负担重，人员负担过重。"后天失调"则是管理没有达到上市公司的标准，极不规范，生产能力长期不达标。

调研小组当时算了这样一笔账：渝钛白一旦破产，其全部固定资产不到3亿元，除职工安置和应付账款外，就算全部用于清偿银行债务，清偿率也不足20%。更何况农行债权中为其他金融机构担保的款项远不止这个数，很可能出现7.48亿元债权一钱不值，而且还要倒拿出数千万元资金清偿担保债务——债权收不到钱，股权没有价值，渝钛白的资产可以说都是负数。

同时，由于管理极不规范，渝钛白的冗余人员负担极重。该公司需要负担的职工2604人，而实际在岗人员仅为1430人左右。其余人员不参与企业的生产，但均要从企业领取工资（或生活费）。

如果选择破产清算，银行的贷款无法收回，企业员工全部失业，数万股民将遭受巨大损失，不但经济损失惨重，对社会稳定也极为不利。眼看7亿多元的金融债权已岌岌可危……

当时，包括调研组在内，长城资产的员工都是从农行抽调而来，几乎没有接触过不良资产，更谈不上去重组一家企业。当时渝钛白的债务已经是天文数字，而且情况极其特殊，关联到各个方面：既涉及内资又涉及外资，既牵涉银行又牵涉地方政府。对股权结构如此复杂的公司进行重组，全国还没有先例。

没有可以借鉴的现成模式，没有可以模仿的既有经验，其难度相当于刚刚上路的司机，马上参加 F1 方程式的比赛。

长城资产领导毅然决定，没有模式，创造模式也要把渝钛白这个项目拿下来。

调研组反复尽调后，觉得渝钛白的两大优势——先进的技术设备和广阔的市场空间，就像债务危机这片深海底下的宝藏，挖掘得好，就能让渝钛白这艘千疮百孔的大船起死回生，行稳致远。

渝钛白当时已研制出第五代钛白粉产品锆包膜，即将投放市场，而其技术水平和产品基本上代表了国内同行业最高水准。所以，渝钛白虽然亏损严重，但如果实施积极有效的资产重组，不但能救，未来还有很大的发展潜力。

有了这一思路后，调研组组长徐雨云请示长城资产领导，果断拍板，"要想尽一切办法，救活渝钛白"。

重庆市政府对长城资产出面重组渝钛白也给予了高度重视，多次就该公司的问题进行研究，还先后多次向国家经贸委等部门进行了汇报。1999 年 10 月 25 日，重庆市政府向长城资产发出了《重庆市人民政府关于邀请长城资产管理公司派员参加制定渝港钛白粉股份有限公司资产重组方案的函》，邀请长城资产尽快派出重组方案小组，共同制定方案，推进渝钛白项目的重组。长城资产管理层经过研究和讨论，于 1999 年 12 月 5 日正式复函重庆市政府，同意出面对渝钛白进行重组。

渝钛白的重组工作正式拉开了序幕。

7 昼夜熬出的超前方案

长城资产重庆分公司车队的马波师傅，在 2000 年重庆办成立的时候就来到了公司。对于那段时光，马波记得很清楚，徐雨云等人当时为了渝钛白项目，经常要来重庆。"一个月要来好几次，后期随着业务的推进，次数越来越多，待的时间也越来越长。"

时间不等人，面对渝钛白这位危重病人，留给长城资产的只有不到一年的时间。做个形象的比喻，他们需要先用"西医疗法"将之抢救过来，再用"中医疗法"让其充分调理。调研组成员吴慧君、李仁华、黄立人、李康等随即开始了对渝钛白的重组设计。

刚刚从银行"转业"过来的项目组成员，尚无不良资产处置经验，一上来就遇见渝钛白这样的棘手项目，还在组建中的重庆办人手也极不齐全——天时地利人和，这些成功的必备因素，好像项目组都没遇到。

但渝钛白项目极其特殊，既涉及内资又涉及外资，既牵涉银行又牵涉地方政府，在方式、方法上又要使重组后的渝钛白轻装上阵，彻底甩掉包袱，对这样的公司进行重组，全国还没有先例。但项目组成员心里，已经没有空间去考虑重组的复杂和难度，他们要跟时间赛跑。

连轴转地奋战了 7 个昼夜，每人每天平均休息不足 3 小时，在这样的高强度下，项目组设计出了重组方案初稿，提出了在当时看来极为"大胆"的一揽子重组计划，主要包括股权重组、资产重组、债务重组及地方政府扶持等。

因该方案提出，重庆市政府以零价格转让渝钛白股权给长城资产，一度引起当地政府多个部门的不同声音，重庆财政局、化工局作为渝钛白的出资和主管单位对此坚决反对。无奈之下，项目组成员多次上门沟通、解释、协调，并多次讨论，方案几易其稿。

与重庆市相关部门的最后一次谈判，由主管此项工作的时任重庆市副市长吴家农主持。此次谈判从晚饭后一直持续到凌晨 3 点多，徐雨云由于长时间的超负荷工作，身体透支严重突然晕倒，吴家农副市长立即拨打电话要求重庆医科大学附属医院前来救治，而项目组其他成员在安顿好徐雨云后，仍然坚持开会到结束。

上面这个故事，来自项目组成员、事后长城资产入驻渝钛白的第一位董事长黄立人的还原。令人惋惜的是，黄立人在2016年过世。在长城资产重庆分公司的一次内部研讨中，黄立人对公司同事唐静瑶口述了这个故事。

最终，在主管副市长和时任重庆市经委副主任的积极推动下，方案得到重庆市政府的认同。重庆市政府认为方案设计极具创新意识，可操作性也很强，对渝钛白的重组可以起到立竿见影的作用。随后，重庆市政府和长城资产达成了重组渝钛白的一揽子协议。

至此，长城资产第一个重组项目正式鸣锣开张，进入操作阶段。渝钛白踏上几经曲折、峰回路转的"起死回生"之路。

长城资产与重庆市政府商议的重组计划，涉及银行、外资、国资、地方政府等相关部门，重组方案主要包括人员分流与再就业、股权重组、资产重组、债务重组、财政和税收优惠等，并对企业重组后的经营和管理进行了规划。核心内容体现在股权重组、资产重组、债务重组三个环节，环环相扣。

首先进行的是股权重组。重庆市国有资产管理局与长城资产签署《股权转让协议》，重庆市国资局将其拥有的渝钛白全部国家股7456.52万股以零价格转让给长城资产。

重庆市国资局于1999年11月12日与长城资产签订了协议，将其持有的PT渝钛白国家股7456.52万股无偿转给长城资产。转让股份占公司总股本的57.36%，长城资产处于绝对控股地位，成为PT渝钛白第一大股东。乍看起来，长城资产是捡了一个大便宜，一文不花便得到了渝钛白的控股权。事实上，长城资产无偿获得控股权是以背负沉重债务为前提的，也就是说，控股股东的改变并不意味着PT渝钛白债务负担的减轻。

第二步是资产重组。这又分为资产转让和资产租赁。重庆市国资局同意将重庆化工厂划拨给长城资产，重庆化工厂成为长城资产的全资子公司。

最后进行的是债务重组。主要是在政府的协调下，渝钛白与除农行以外的其他金融机构，如农村信用社、中国银行等多家商业银行、华融资产公司、南方证券等进行协商，减免利息，停息挂账，按国家法定基准利率修改借贷合同，分期还贷等。

这个超前方案，其操作手法放在现在也不过时。很难想象，如此缜密的方案是由一个初出茅庐、尚在处置政策性资产的资产公司设计出来的。渝钛白项目有了战略方向和规划蓝图，但这仅仅是一场战役的开始，将方案中的每一个字落地，都需要更细微的部署和超乎想象的努力。

一句话，大半年

因为是第一个吃螃蟹，每一位参与其中的人，心里都多少有些没底。接下来，长城资产将重组成功的第一步定格为寻求政府部门的支持。重组方案制定后，长城资产立即将重组方案报告给证监会、财政部和国家经贸委，时任长城资产副总裁的尉士武还亲自赴相关部门进行了汇报，取得了相关部门的理解与支持。

尽管如此，由于渝钛白的重组方案在当时看来极富创新性，加上债务重组金额巨大，市场对长城资产是真重组还是借机进行二级市场炒作仍存有不少疑虑。为此，证监会时任上市公司监管部副主任邓映翎专程赴重庆进行了调查，最终将市场疑虑完全打消。

股权过户应该说是渝钛白项目重组的基础。早在1999年初，香港中渝实业有限公司将所持渝钛白法人股3728.26万股以零价格转让给重庆市国资局，使重庆市国资局所持股份增至总股本的57.36%，这项工作为后来渝钛白的股权重组打下了基础。随后经财政部、证监会批准，重庆市国资局将所持全部法人股7456.52万股以零价格转让给长城资产。这两次"零转让"，为后面的资产重组做了铺垫。

可能说起来是一句话的事情，执行起来却需要大半年。由于涉及大量法律问题及信息披露问题，再加上渝钛白原有管理不规范，有关手续不健全，还有财政部的股权过户审批、证监会的要约收购豁免、中介法律机构的法律公证等一系列手续，股权转让工作就花费了项目组半年多的时间。经过努力，长城资产终于在2000年6月30日完成了股权的变更手续，成为了渝钛白的第一大股东。

股权的"大事"解决了，为了寻找承接渝钛白债务的载体，项目组通过与重庆市政府协商，重庆化工厂成为长城资产的全资子公司。

对于已连续四年亏损的渝钛白来说，资产重组和债务剥离成为公司避免彻底摘牌命运的最后一根"救命稻草"。1999年11月，渝钛白发布公告称，拟将其所属的硫酸生产线、自备水厂、热电厂、运输车队及职工医院、宿舍、闲置的厂房土地等非经营性资产（账面值1.14亿元）和所负长城资产的债务（本息合计7.48亿元），以零价格转让给长城资产属下的重庆化工厂。长城资产这一招，一下子剥掉了渝钛白7.48亿元的债务，使公司负债由12.12亿元降低至4.64亿元，资产负债率由162%降低至73%，从而减掉了每年近5000万元的财务费用。同时，渝钛白根据生产需要与重庆化工厂签订《财产租赁协议》，每年付给重庆化工厂租赁费用640万元。

股权重组和资产重组完成后，项目组紧接着对渝钛白展开了艰难的债务重组。其中包括与多家金融机构协调债权减让与重新约期，目的就是要使渝钛白减轻债务，轻装上阵。这项工作几乎又花费了长城资产重庆办一年的时间。

渝钛白的债权人主要是金融机构，而债权人又特别分散，必须一家一家地去谈判。为此，长城资产重庆办和渝钛白的管理层带队，对渝钛白所有债权人挨家挨户地接触谈判。

"黄立人处长曾经告诉我，为了使谈判成功，往返于债权人间的次数不下 150 次。因为总共大约有 10 家债权单位，每家至少跑了 15 次以上，所以他记得特别清楚。"唐静瑶回忆说，黄立人来长城资产之前，曾是农行某分行的信贷处处长，协调能力非常强，组织管理能力也特别强，在各家金融机构也有一定的人脉关系，所以"一般人谈不下来的关键谈判，他都给拿下了。"

"重组前渝钛白负债达 162%，债权人除了长城资产的 7.48 亿元外，还有重庆市信用联社、工行、建行、中行和南方证券等，项目组就得和这些债权人一家一家谈，因为渝钛白早已资不抵债，如果每家都寸步不让，渝钛白破产后，其资产首先要用于安排 2600 余位下岗职工，之后恐怕也所剩无几，大家都得不到好处，还不如都退一步，让渝钛白活起来，债务就有着落了。"任浩说。

功夫不负有心人，经过反复沟通谈判，渝钛白与东方资产公司、华融资产公司、信用社、南方证券等 10 余家债权单位签订了减免或延期协议，为渝钛白减免本金和利息近 1 个亿，大大减轻了企业的债务压力。

徐雨云当时接受媒体采访时说："不良资产就意味着要承认损失，所谓重组，就是大家都让步。"

就这样，长城资产首先将其 7.48 亿元债务中的 5.48 亿元剥离给渝钛白的发起人之一重庆化工厂；其他债权人则大量减免利息共达 9000 多万元，并跟渝钛白签订 2003 年前还款的协议，使其财务费用从每年 6000 万元陡降至每年 1000 多万元。最后一招是转换机制，从 2600 多人裁员至 1100 多人，这又使支出减少了 4000 多万元。

这么几板斧下来，渝钛白就可以轻装上阵，专注于主营业务发展了。

渝钛白的债务得到大比例剥离，资产负债及企业财务状况得到极大改善。资产转让及债务转移使公司负债减少 6.18 亿元，资本公积增加了 6.6 亿多元。而在 2000 年年报中，渝钛白正是用 6 亿元的资本公积弥补了历年亏损。

不过，渝钛白巨额贷款造成的沉重财务负担，以及数值庞大的固定资产折旧并没有一笔勾销，2000年的利息负担及固定资产折旧仍然有数千万元之巨。尽管渝钛白主营业务通过整改已经走上正轨，1999年度主营业务收入亦达到1.6亿元，但要想改变积疴已久的病体，显然并不是特别容易的事。

彼时，相关会计师事务所在关于债务转让的报告结尾部分特别提醒投资者，债务转让并不意味着公司一定能够扭亏，只不过暂时减轻了公司的财务负担。渝钛白要想彻底"正名"，关键还是在于公司经营管理水平以及产品规模和市场竞争力的不断提高。

从"救活"到"盘活"

长城资产算是把渝钛白"救活"了，而更难的是，让其变"健康"。

与对一个企业进行资产、债务重组相比，重建一个全新的企业显然更有难度——而这却是重组成功的关键一环。

渝钛白已连续PT两年之久，随时都有被摘牌退市的危险。因此，在2000年年底前让渝钛白扭亏为盈，是看似不可能却必须完成的艰巨任务。

时任长城资产资产经营部资产处置处处长的李仁华，事后在接受央视证券频道采访时说，在整个重组过程中，要说感触的话，可以用四个字来概括，那就是如履薄冰。渝钛白重组的每一步都充满了变数，而且每一步都有失败的可能。在重组过程中，最困难的事情就是时间比较紧张，关键要在特定的时间段里完成很多事，这种紧迫感十分强烈。

长城资产随后向渝钛白和重庆化工厂派驻了管理人员。在渝钛白公司的5名董事会成员中，长城资产的派驻人员有3名，他们将代表长城资产行使大股东的权利。

新一届董事会认为，资产重组使渝钛白避免了破产绝境，但只有搞好主营业务，才能促进重组的正常推进，真正实现扭亏为盈。否则只能是新瓶装旧药，断送重组。

重建渝钛白，自然就是要加强管理，让其主业优势充分发挥。为了实现这个目标，长城资产给渝钛白开出了一个处方："一个中心、两翼推动"。

任浩告诉笔者，所谓"一个中心"，就是抓好主营业务。长城资产入主渝钛白后，组建了新一届董事会，将搞活主营业务作为第一要务。

当时渝钛白管理层有个说法："就是拼命也要搞到主营盈利。"在长城资产的引导下，渝钛白调整了董事会、监事会，重新聘任了管理干部，采取相应措施完善了法人治理结构。

渝钛白新一届管理层意识到，稳定的产品质量，是赢得市场的关键，他们扭转了渝钛白产品质量低劣、销售不畅的局面。钛白粉的生产和销售都逐步走上了正轨。从产量看，2000年一年就生产了钛白粉1.6万吨，产量达到该项目投产以来最高水平。

杨哲伟出任了长城资产派驻的第三任重庆化工厂厂长。时隔多年，杨哲伟回忆起在重庆化工厂的那一段经历，仍然记忆犹新："去了主要就是为了规范管理，提高工人的积极性。当时渝钛白和化工厂跑冒滴漏现象较为严重，甚至还有偷电的，生产出的钛白粉损耗也很大。工人们还有着吃大锅饭的习惯，干多干少一个样，反正你也不能开除我。可以说，渝钛白有产品、有技术、有市场，就是管理不好，导致产品的数量和质量都不稳定，其实如果加强管理是能发展好的。"

项目组便将员工收入和各项指标挂钩，采用合理的奖惩制度，刺激员工们的干劲，引导员工们树立危机感、紧迫感和责任感。短短时间内，渝钛白的生产效率得到了很大提升。

而"两翼推动"的意思，则是一边加强渝钛白的内部治理，一边为企业发展营造良好外部环境。长城资产重新聘任了公司经理层，把一批懂经营管理的年轻干部从基层提拔起来，精简了大量非生产性经营机构和部门，同时严格控制成本，将生产成本分解到每个工段、每个岗位。

"我觉得长城资产对于渝钛白有两大贡献，第一是减轻了其债务负担，第二是规范了公司的管理。"任浩说，这里面最值得一提的是，长城资产的策略是充分利用渝钛白的既有人才，基本上没有插手渝钛白的实际经营。"当时把很多懂技术的年轻人才提拔起来了，基本都是三四十岁，技术最好，也很有干劲。这样就激活了整个公司。"

于是，上千名渝钛白员工的积极性和创造性充分被调动了起来。

充分赋能管理层，然后激活整个组织，这种模式，也被长城资产在此后的其他项目中，反复运用。

同时，长城资产多次向重庆市政府表明长期陪伴渝钛白发展的决心，希望给予渝钛白一些优惠政策，重庆市委、市政府也都给予了大力支持。为筹集渝钛白二期项目资金，重庆市经委组织规划、税务、工商、环保、银行等部门召开多次渝钛白发展资金专项协调会，使渝钛白的二期启动资金顺利落实。为了减员增效，重庆市政府帮助渝钛白建立了再就业中心，解除了下岗分流人员的后顾之忧。

长城资产"一个中心、两翼推动"的策略很快显现出了效果。

产品品质极速提升。渝钛白在财务极度困难的情况下，依然投资了2500万元进行环境治理、技术改造和研发攻关等。公司借2000年年初检修的机会，同步进行了技术改造，钛白粉年生产能力从1.5万吨扩大到1.8万吨。产品质量也显著提升，按照国际标准检验，钛白粉的一等品率从不到10%，提高到了70%。

研发能力大为增强。通过与重庆大学合作，成功研制出了R-248、R-249锆包膜钛白粉，产品各项指标达到或接近国际同类品质，填补了国内空白，这些产品投放市场后立即被抢购一空。因为价格优势，成为当时国内唯一能替代高档进口钛白粉的产品。

渝钛白产品畅销大卖，引起了美国通用公司的关注，它们产生了更换既有供应商、从渝钛白采购的想法。

"此前，通用公司在全国考察了很多钛白粉生产企业，海选了一遍，最后选中了渝钛白。当时中国工业还不是很强大，通用公司在国内选合作伙伴，就像皇帝选妃子一样，谁被选上了就证明你的产品很不错，因为它们的公司标准比国家标准还要高。"任浩说。

不过，渝钛白当时的生产工艺还不能完全达到通用公司的要求。

任浩回忆："当时渝钛白除了债务问题，还有一个问题就是生产工艺不太稳定，产品质量忽高忽低。通用公司一化验，各类成分不是特别稳定，它们希望渝钛白能生产出更稳定的产品来。"

经过长城资产与通用公司谈判，通用公司派了一个顾问团队前往渝钛白，提出了多个改进措施。他们给渝钛白提供了一套先进的检测设备，还支持了一套当时很前卫的进出货系统。

通过与通用公司合作，渝钛白存在的一些弊端得到了妥善解决，全方位向国际水准看齐了。"包括环境保护等细节，通用公司要求打开钛白粉的产品包装，需要完全密封好，没有任何粉尘洒落出来，以前国内公司都不会注意这点。不论在整体还是细节上，渝钛白都上了一个档次。"任浩说。

有了通用公司的"背书"，渝钛白的产品更加畅销了。包括此后出售给韩国企业，韩方知道不用再谈质量问题，只谈价格就行了。

经过长城资产的打造，渝钛白成为国内生产钛白粉的一流企业。连当时的国家高层都对此感慨：中国能生产出这么高水准的钛白粉，不容易！

2001年2月19日，时任长城资产副总裁李占臣、经营部总经理徐雨云等，在重庆办事处总经理宋德先的陪同下，再次来到渝钛白公司。

李占臣知道渝钛白变了，但没想到变化如此之大：与一年前的渝钛白相比，当年的衰败景象一去不复返，取而代之的是厂区绿树成荫，管理井井有条，工人精神振奋，车辆穿梭不停，一番繁忙而有序的景象。

连摘两顶"帽子"

2001年2月27日,渝钛白公布2000年度年报,经过长城资产的超前探索和不懈努力,在遭遇近5年的亏损、近3年的"PT戴帽"之后,渝钛白终于盈利了:经审计,渝钛白2000年度实现主营业务收入2.15亿元,主营业务利润5050万元,净利润为350.93万元。

渝钛白2001年中报再传佳音:公司上半年实现主营利润2683万元,净利润603万元,每股收益0.046元。在当时国内外市场对钛白粉需求持续增加的情况下,渝钛白已走上一条良性循环的发展之路。

证监会经过认真的调查审核后,核准渝钛白6652.8万股社会公众股于2001年11月20日在深交所恢复挂牌交易。

作为中国首批进入PT之列的公司,渝钛白经过2年零4个月的苦苦挣扎,成了当时新的核准制下由PT直接复牌的"奇迹"——渝钛白成为第一家按照证监会新的规定和程序,没有再经过ST阶段直接恢复上市的PT公司,一下子摘掉了ST和PT两顶帽子。

彼时,各大券商纷纷对"PT渝钛白重新上市意味着什么"发表评论,探究其现实意义和深远影响。

广发证券评论说,虽然渝钛白在过去的几年里曾留给市场太多的遗憾,但只要公司经营状况有真正的改善,就仍有重返市场的机会。另一方面,渝钛白可以给其他同类上市公司以信心。譬如会给一些缺乏行业发展前景,或缺乏经营管理经验的上市公司带来很大触动。它们很可能会加快通过重组改变落后现状的步伐,从而改善深沪市场整体质量,形成良性循环。所以渝钛白恢复上市对市场有积极意义。

金信证券则认为,从亏损的原因来看,许多T族公司盲目扩张,到处投资,对市场及其未来状况不做认真分析、预测,以致投资颗粒无收,但渝钛白的主业及扩建方向,均是极具市场潜力的钛白粉,因此,其未来盈利前景是有保障的。同时,渝钛白的重组方为长城资产管理公司,有效排除了通过重组在市场上借题材炒作的可能性，从而保证了重组的成功。从这一意义上来说，渝钛白的重新复牌归队，对那些 T 族股以及投资者具有相当的启迪意义。

在渝钛白为庆祝恢复上市而举行的新闻发布会上，时任渝钛白董事长代树培表示，渝钛白不幸沦为第一批 PT 公司，又是第一家按照证监会新的规定和程序，重新恢复上市的公司。这两个"第一"，使得行业内外对证券市场的规范建设和制度创新有了更深刻的认识和把握。

代树培说，渝钛白浴火重生，大股东长城资产管理公司起了极大作用。如果单单依靠渝钛白自身力量，要填平当年渝钛白欠下的账，十几年也不够。但正是渝钛白极差的资产状况和极好的市场前景，让长城资产接过大股东之位后，立即展开了积极的资产重组。

代树培觉得，渝钛白之所以能重组成功，最关键在于重组前后始终没有改变主业。跟彼时风行的概念重组不一样，除大股东长城资产外，渝钛白没有接触过一个券商。"只抱定钛白粉是个好东西的想法，拼老命也要把钛白粉搞出头，坚持在主业上下功夫。今天的结果，对渝钛白来说，可以说是路走对了。"他的言谈话语间，充满对来之不易的新生的倍感珍惜以及对发展主业的坚定信念。"从扭亏到盈利，从戴帽到摘帽，这场攻坚战带给渝钛白的绝不只是战胜困难的喜悦，更多的是深刻的反思和再次创业的冲动。"

徐雨云则在发布会上表示，渝钛白的浴火重生为不良资产处置"闯出了一条血路"。他在接受媒体采访时说，渝钛白摘帽，不仅在国内资本市场引人注目，在世界上也是广受关注的。1997 年后，不良资产已经影响到中国能否顺利渡过金融危机。成立资产管理公司就是要化解金融危机。而渝钛白在国内第一个利用投行手段解决不良资产问题，解决方案能否顺利实施，意味着在中国运用投行手段解决不良资产问题能否有一个好的开端。

当时，徐雨云也坦陈，渝钛白重组方案和方式效果如何，还有待于市场检验，但当初在国有股减持、国有资产处置等方面都还没有制度上的突破的时候，设计的这个方案，可以说是相当大胆的，其股权重组、债务重组和资产重组都涉及到一些敏感的问题。"从某种意义上来讲，就是想从此对处置同类不良资产杀出一条血路。"

在这次发布会上，记者的提问主要涉及渝钛白的二期工程、面对国外的竞争、国内和国际钛白粉的市场需求以及价格走势、经营管理、法人治理结构、企业的发展思路等多个方面。发布会刚一结束，还未走下主席台，代树培和徐雨云又被记者们围得水泄不通，又一轮"新闻发布会"开始了。毕竟，作为证监会推出退市机制以来首家复牌的PT公司，渝钛白恢复上市意义非同寻常，媒体对此高度关注，纷纷以《PT渝钛白浴火重生万亿不良资产寻找新出口》等为题进行报道。

作为渝钛白第一大股东，中国长城资产管理公司占股57.36%，资产管理公司成为上市公司的大股东，当时这在中国还是第一例。外界也在看，长城资产接下来的一步棋会怎么走，是阶段性地持有股份还是永远持有下去？

而按照国家有关规定，资产管理公司成为上市公司大股东只能是暂时的。徐雨云在发布会上透露："我们会按照规定退出，到时新的大股东会对此作出妥善安排。这才是第一步，接下来还有很多事情要做。"

牵手攀钢

长城资产要保全资产，从理论上来讲，可通过获取股权收入和债务收入来实现。长城资产作为渝钛白第一大股东，前者可从渝钛白日后的利润中获取分红收益，而后者则可以利用重庆化工厂的资产和收益来实现。

就渝钛白现状来说，公司一旦盈利，可能会用于偿还债务、扩大生产规模。除了被剥离的 7.48 亿元债务，渝钛白还欠其他商业银行贷款 4 亿元，分红的可能性不是很大。

因此，对资产管理公司来说，效率最高、风险相对较小的资产保全方式应该是股权转让，引进战略投资者，解决一股独大问题，以完善公司法人治理结构。这对于提高渝钛白决策水平和管理水平，减少投资失误大有裨益。

重新上市的渝钛白又焕发了勃勃生机。但长城资产总部领导却反复强调，这只是万里长征走完了第一步，让渝钛白发展壮大，成为绩优上市公司，走上健康持续发展之路，才是终极目标。另一方面，帮助渝钛白提高经营管理水平、扩大生产规模、提高效益，是关系到国有资产保全程度和资产管理公司能否退出的关键。

事实上，长城资产在渝钛白新一届董事会第一次会议上就提出"要起始于债务重组，结束于成功的战略重组"的目标。

随着渝钛白各项业务的进一步发展，长城资产认为逐步退出渝钛白的时机已经成熟。2002 年 2 月，长城资产对有购买渝钛白股权意向的多家企业进行了实地考察和竞标，经过对意向投资者在价格、资源、资金、管理、技术、行业整合等方面进行认真比较权衡和充分论证后，他们最终选择了攀钢集团，成为渝钛白的战略投资伙伴。

任浩告诉笔者，之所以选择攀钢，最主要的原因是看中了攀钢的资源优势、技术优势。攀钢是我国四大钢铁基地之一，也是著名的钒、钛基地，其拥有我国 90%以上的钛矿资源，而渝钛白的主要原料就是钛。引入攀钢，将使渝钛白的生产原料得到保障。而攀钢有广布全国的销售网络，如果对此有效利用，无疑会节省渝钛白的销售成本。同时，攀钢作为特大型国有企业，有很强的研发能力，这正是渝钛白所欠缺的。

而渝钛白以当时的生产设备和生产能力，很有可能成为我国钛白粉的重要生产基地。攀钢将渝钛白收至麾下，也是其建立钛业生产链中的一个重要布局。

"攀钢自己还有几个钛白粉生产企业，但都不能生产金红石型钛白粉，并且生产方法和用途都不一样，不会产生同业竞争。相反，由于渝钛白与攀钢产品层次上的互补，更有利于参与市场竞争。"杨哲伟说。

任浩觉得，长城资产选择攀钢作为渝钛白的战略投资者，是经过综合考量的，比攀钢出价高的公司有不少，但最终选择攀钢，本身就是一种负责任的态度。

2002年10月，长城资产第一次向攀钢转让渝钛白3900万股，占长城资产所持有8947.82万股的43.6%。

2002年11月19日，渝钛白发布公告，来自攀钢集团的4位渝钛白候选董事顺利进入渝钛白董事会，而原渝钛白一方的3位董事则退出董事会。

与转让股权同时进行的，是资产的转让和人员的转移，而在这期间，发生了很多棘手的事情，本文开头所述的"院长跳楼"仅仅是其中的一例。

此事的起因在于，重庆化工厂职工医院的医护人员，并不愿意被纳入攀钢集团，他们想并入一家公立医院。此事本已敲定，但因为人员安置费用问题，职工医院的一位副院长便带着人马来闹事。

"协调人，确实比协调事难多了。我的手机都曾经被人抢过去，摔在地上。"杨哲伟感慨。仅仅是协调渝钛白与重庆化工厂员工之间的关系，就耗费了整个团队大量的精力。

"这边涨工资了，那边没涨；这边发了两块肥皂，那边没发，都会有人来找，真是伤透脑筋了。"杨哲伟苦笑说。

攀钢入股后，为了把两名渝钛白的骨干留下来，项目组为此事与攀钢谈了三个月，甚至找到攀钢总部解决此事。

而为了让攀钢作为战略投资者顺利进入，渝钛白需要召开职代会并且三分之二以上人数通过，项目组为此也费尽了周折。

"后期推进渝钛白项目，主要就是三个难点：选择战略合作者、股权分置改革、妥善处理重庆化工厂的后续事宜。"任浩说:"而按照当时长城资产总部下的任务,其他都是次要的,首先必须要把人安置好。"

事后证明,这是一次非常成功的引战。通过引入攀钢,促进了渝钛白的股权多元化,进一步完善了渝钛白的法人治理结构和现代企业制度,有力促进了渝钛白的发展。这都体现在了财务报表的数据上:

产量大幅度提升——在第一次重组时,"攀渝钛业"只有一条年产 1.5 万吨的金红石型钛白粉生产线,随着二期扩产工程完工,渝钛白年生产能力达到 3.4 万吨,产量提高 1.26 倍。

资产负债率大大降低——重组时渝钛白的资产负债率为 164%,2004 年底公司资产负债率降到 54.3%。

盈利能力大大提高——重组时渝钛白 1999 年净资产为负 4.6 亿元,2004 年末净资产为 3.45 亿元,较重组时净资产净增 8.05 亿元,2004 年实现利润 3100 万元。

主营业务持续增长——1999 年,渝钛白全年营业收入 1.64 亿元,2004 年为 2.91 亿元,较 1999 年增长 77.43%。

纳税成倍增加——1999 年,渝钛白上缴给国家的各种税费仅有 360 万元,2004 年为 2800 万元,较 1999 年增长 6.8 倍。

2004 年 7 月,长城资产第二次向攀钢转让 900 万股。类似的股权转让,之后还有多次。

把渝钛白转让给攀钢,是长城资产主导的渝钛白重组的收官之笔。至此,项目组之前确定的"救活渝钛白恢复上市"和"搞好渝钛白成功退出"两大战略目标,终于圆满完成。

马波师傅告诉笔者:"有时我也会顺路去渝钛白老厂区,当时二三十岁的年轻员工,到现在也都是中年了,回想过去,他们还是很感谢长城的。"

这多年过去,渝钛白项目也成为长城资产重庆分公司的头号招牌。"说起重庆分公司的经典案例,这肯定是首屈一指的。"唐静瑶说。

对于长城资产重组渝钛白的借鉴意义，中国人民大学金融系教授赵锡军表示，关键要点在于，把一家重组公司的优势提升出来，而且能够采取适当的措施来消除其"症结"，提升掩藏在危机下的优势。渝钛白重组当时给不少 ST 或 PT 公司指明了一个方向：可以通过有效重组来恢复挂牌上市。同时也说明，投行业务的前提是做好各方的工作，因为其中涉及到各方面的利益关系。利益关系能不能平衡，就决定重组能不能实现。

2017 年，渝钛白重组案例被重庆日报报业集团、重庆市金融学会评为"直辖 20 年重庆影响力金融事件"。

当年即将颗粒无收的 7.48 亿元债权，长城资产通过大刀阔斧地重组整合和敢为人先的积极探索，最终实现了超额回报，国有资产得到最大程度的保全和价值提升。渝钛白这一经典案例也创造了资产公司重组 PT 公司恢复上市的资本市场奇迹，在中国证券史上留下了浓墨重彩的一笔。

一线问答

笔　者　作为渝钛白这一经典重组项目的参与者，您有什么感悟？

任　浩　渝钛白项目可谓我国不良资产处置领域的第一个风向标。自此，人们发现，对于出现危机的企业，只要能发现其长处，在主营业务中找到其优势，就可以采取适当的措施，将之重组成功。而资产公司最怕的，是找不到长处的空壳公司、一无是处的公司。

很多公司的债权债务关系比较复杂，重组毕竟是由重组方和被重组方一起来完成的事情，如果有一方让步，另一方也相应作出一些让步，这样重组成功的可能性才会比较大。成功的重组一定是通过谈判互相让步来达成妥协，最终共同谋取双赢结果的。

笔　者　您有没有算过为渝钛白项目，大概写了多少材料？

任　浩　至少有这么厚（用拇指和食指比划出一个 10 厘米左右的宽

度）。杨哲伟主要在化工厂一线做管理，处理各类棘手的事情，我当时主要是在后方整合材料，前前后后起码写了有20万字。因为项目推进的每一步，都需要给长城资产总部报告，同时给财政部等部委汇报。每一步都得以书面形式汇报上去，主管部门同意，总部有授权，我们才能具体去执行，所以这方面也耗费了大量精力。比如与攀钢的合作协议，就改了好多版本。

笔　者　就您所了解，渝钛白的员工对于长城资产的评价如何？

任　浩　应该说渝钛白上上下下对长城资产都是很认可的。我们不直接插手具体的业务管理，善用原有的管理团队，重用年轻的技术骨干，这些培养出来的技术骨干后期成为很多新成立的钛业公司的顶梁柱，可以说长城资产为此也做出了贡献。而当时长城资产的目标很明确，就是把渝钛白做成中国最大的钛业公司，长城资产担任渝钛白大股东期间，战略就是围绕这个目标开展的。

对于渝钛白和化工厂两个体系，长城资产也是一视同仁，按照一个"家"来管理。两边的人员可以随时调动，党委、工会都是一体的，两边的员工也没有"分家"的意识。所以到现在，一些老员工们说起往事，也都挺佩服长城资产的。

方法论

模式：不良资产收购 + 股权重组 + 资产重组 + 债务重组 + 引入战略投资者

重组四部曲

第一步，股权重组。重庆市国有资产管理局与长城资产签署《股权转让协议》，重庆市国有资产管理局将其拥有的渝钛白全部国家股7456.52万股以零价格转让给长城资产。

第二步，资产重组。1999年11月20日渝钛白与重庆化工厂签订债务重组协议，将渝钛白结欠中国农业银行重庆市分行贷款本息共计74844.87万元转让给重庆化工厂；同时，渝钛白将其资产账面值11483.38万元（评估价值1.67亿）转让给重庆化工厂。

第三步，债务重组。

①中国农业银行将其转让至重庆化工厂的债权计74844.87万元，按国家有关规定剥离到长城资产。

②重庆农村信用合作社与渝钛白签订债务重组协议，将信用贷款利率降至基准利率水平，并减免原多计的利息；同时，进行期限调整，将原贷款分7年偿还（前两年宽限期，后五年偿还20%）。

③中行等国有商业银行豁免渝钛白所欠贷款利息，并对贷款停止计息。同时，进行期限调整，将原贷款分7年偿还（前两年宽限期，后五年偿还20%）。

④政府豁免渝钛白应交财政款、应付国家股利，豁免城建税等税款。

经采取上述措施后，渝钛白资产负债率大幅降低、盈利能力大大提高。在经历近5年亏损和3年PT后，渝钛白在重组当年实现盈利，并由长城资产作为股票恢复上市推荐人帮助其于2001年11月20日在深交所恢复挂牌交易，从而成为中国证券历史上首家直接从PT恢复交易的上市公司。

第四步，引入战略投资者。2002年7月，长城资产经过对多家企业考察研究，选择攀钢集团作为战略投资伙伴，后分多次转让了股权。

启示录

"根"还出在管理不规范上

渝钛白的借债成本过高，在建设过程中几乎大部分的资金都是来自银行贷款，而建设周期又过长，贷款滚雪球般越积越多，从而造成即使满负荷生产，也难以承担巨额贷款利息和折旧负担。

可以说，渝钛白资金链断裂只是表象，根源还在于公司治理思想、观念和法人治理结构上的落后。

我国证券市场成立之初，存在一些不规范现象。厂长、经理摇身一变成为董事长，部门经理成为董事，然后再挂一块股份有限公司的牌子，赫然便以现代企业自居而上市了。由于转制流于形式，其管理体制和工作方式还是沿用传统的厂长负责制，上市后不久就暴露出隐患，更有公司陷入了亏损的泥沼，包括渝钛白在内的不少PT公司就是典型案例。

渝钛白第一届董事会由5人组成。5名董事均出自发起人重庆渝港钛白粉有限公司，渝钛白董事会并没有因发行3600万社会公众股而增加新的董事成员。这种现象在当时国企改制上市中普遍存在，股份有限公司只不过是原发起人新增一些资本而已。

正是由于公司改制不彻底，一些上市公司普遍存在着"第一年不错，第二年还行，第三年不行"的现象。而在董事会所作的报告中，则更多强调的是客观原因。渝钛白董事会在1998年年报中，分析了亏损的原因：主营业务亏损3482万元，主要系本年度公司钛白粉产品刚开始正常生产和销售，不堪巨额投资成本和折旧压力，致使成本高于售价而形成；由于会计政策变更，计提存货跌价准备增加亏损1792万元；财务费用为11229万元，系各银行和其他金融机构的贷款利息；营业外支出数为14869万元，主要系报废已停产多年且严重腐蚀的设备损失、处理不需用的PVC地板生产线损失、处理库存积压钢材损失等。

而当时有会计师事务所的审计报告则一针见血地指出："在审计过程中我们发现贵公司存货管理混乱，致使账实难以核对，我们又无法采用其他替代程序来确认贵公司存货期末余额以及由此引起的对相关负债和损益的影响"。

董事长点评：有了创新，才有出路；有了创新，必有出路

渝钛白重组，是资产管理公司首例对上市公司的重组，也是中国证券市场首例通过大规模债务重组来解决PT、ST公司的问题。在长城资产的努力下，渝钛白成为证监会出台退市制度以来首例恢复上市的PT公司。同时，渝钛白为PT红光、郑百文等公司的重组提供了成功的范例，为财政部完善企业债务重组会计准则，进一步规范上市公司的债务重组行为提供了参考。

回首渝钛白的重生，如果没有在渝钛白重建过程中设计一系列创新举措，如果在恢复上市过程中没有采用一揽子前瞻方案，去克服各种困难，那么，渝钛白的命运定将被改写。重组渝钛白，长城人可谓是用智慧和创新在与时间赛跑。实践证明，处置不良资产不能用传统一贯的方式方法，要敢于创新，敢于突破。有了创新，才有出路；有了创新，必有出路。

——中国长城资产管理股份有限公司董事长　沈晓明

时间轴

1992

5月　●　重庆渝港钛白粉有限公司改组为股份有限公司并向社会公开发行3600万股股票。

1993

7月　●　渝钛白在深交所挂牌上市，成为重庆市最早的上市公司之一。

1999

7月9日 — 由于连续亏损，渝钛白被戴上"PT"帽子。

10月 — 刚刚成立的长城资产开始重组渝钛白，此时渝钛白负债总额为12.12亿元，资产负债率高达162%，累计亏损高达5.76亿元，每股净资产－3.54元，严重资不抵债。

2001

2月27日 — PT渝钛白公布2000年年报，结束了长达4年的恶性亏损，并取得全面摊薄每股收益0.027元的微薄利润。

7月22日 — PT渝钛白公布中报称，全面摊薄后每股收益0.046元，加权平均净资产收益率为3.18%，每股净资产1.45元，调整后的每股净资产为1.44元。

11月6日 — 中国证监会批准了渝钛白公司恢复上市申请。

11月20日 — 渝钛白公司在深圳证券交易所正式恢复上市。

2002

10月 — 长城资产第一次向攀钢转让渝钛白3900万股，占长城资产所持有8947.82万股的43.6%。

2004

7月 — 长城资产第二次向攀钢转让900万股。

第六章 沪东金融大厦：烂尾如何变"药引"

> 君子生非异也，善假于物也。
>
> ——荀子

"如果让我们做，也可以，但不能收租金，只支付物业管理费，或者太平洋百货派一个顾问过去参与做，年薪得要500万！"

2001年，电商还未出现，百货业正如日中天，风头正旺的台商老板、上海太平洋百货总经理王德明，对长城资产上海办事处时任总经理周礼耀如此说道。

20世纪90年代起，上海一直是中国百货零售业的"一级战区"。2001年，上海商业零售额为1861亿元，高居全国各大城市之首。当时统计，上海市面积在5000平方米以上的百货商场共有200家。

周礼耀正为当时刚刚建成却一直空置的沪东金融大厦奔走，他"三顾茅庐"，去和王德明商谈共同筹建百货的设想。但王德明第一次说地段并不好，第二次说大厦设计有缺陷，第三次提出了上述要求。周礼耀是带着极大的诚意来寻求与王德明合作的，虽然没能达到预期的效果，但也促成他有了通过自身努力整合资源来做一个百货公司，进而提高不良资产处置价值的想法。这个想法经过研究论证后，马上就付诸行动。

数月后的2002年2月2日，一家名叫"大西洋"的百货公司紧锣密鼓地在上海五角场开业了。

人流如潮。此时距离这一年的春节还有一周，人们兴高采烈地置办着年货，还有人在议论：这不是几年前的那栋烂尾楼吗？

唏　嘘

上海五角场，是一个有着传奇历史的地方。在地图上看，此处就像一个放大了无数倍的"五角星"。

根据孙中山先生的《建国大纲》，1929年7月，当时的南京国民政府拟定了开发建设"大上海"的规划，划定今江湾五角场东北地带作为新上海市中心区域，以此限制租界的发展。在此背景下，外国规划专家和中国设计师一起设计了"五角场"的构成：用三条马路——黄兴路、其美路（今四平路）和翔殷西路（今邯郸路）分别接通杨浦、虹口和闸北。用两条马路——翔殷路、淞沪路通向"大上海"腹地江湾地区的东部。

五条放射型大道之间，各有横向的马路加以联结，如同蜘蛛网一样，结成密度平均的"棋盘状"道路网络。这一规划仿效了芝加哥、华盛顿等城市，其特点是从市中心放射出若干直线型道路，五角场的名称即源于此。

五角场地区的路名，颇能体现当时的"大上海计划"。按照设想，当时总共将构筑11条"中"字打头的马路，10条"华"字马路，5条"民"字马路，10条"国"字马路，9条"上"字马路，13条"海"字马路，15条"市"字马路，12条"政"字马路和8条"府"字马路，组合起来正是"中华民国上海市政府"9个字。

根据当时的设想，五角场将成为中华民国的"经济首都"，国民政府在上海东北角的这个荒僻之地规划了政治区、商业区和住宅区，修建了中国风格的市政府大楼、图书馆、体育场。一座上海新城初步成型，与租界中的另一个市中心遥遥相对。部分列强曾对这一"大上海计划"非常恐慌，认为这是对租界的包围。

岁月更迭、风云变幻，1937年淞沪会战后，"大上海计划"被迫停止实施。五角场风光不再，成为上海市区的一个边角。

即便是改革开放后，五角场也未得到充分发展，到了20世纪90年代末，五角场地区依然是一个城乡接合部。大片低矮破旧的平房依旧杂乱，车流、人流喧闹不堪，附近没有什么像样的商业，充斥着大量鱼龙混杂的小商贩。老上海有句话叫"下只角"，经常被用来形容当时的五角场，而相对应的"上只角"就指的是静安、黄浦和卢湾等经济发达地区。

与上海发展较快地区的高楼林立相比，五角场似乎成了另一个世界。而正因为有过曾经的辉煌构想，五角场的没落，才让人们唏嘘不已。

1995年前后，不少港台开发商嗅到商机，趁机低价拿地，在五角场地区开发住宅和商业项目。不过，因为五角场地区高校和部队林立，房地产动迁成本很大，加上当时的房地产市场并不景气，很多项目如"黄兴广场""辉高花园"相继成为"半拉子工程"。开发商血本无归，或一走了之，或忍痛低价转卖。

开发商一"跑"，银行的不良贷款自然就"冒"出来了。

"换电瓶"

2000年6月，长城资产上海办事处收购了农业银行五角场支行的一笔本金为3.2亿元的不良贷款，贷款对应的主要资产是一座已经烂尾了4年的"半拉子工程"——是为沪东金融大厦的雏形。原开发商动迁都没搞完就没资金了，所以才成为农行的一笔不良资产。

接手后，长城资产上海办事处又专门成立了特别项目组。但如何处置这个"半拉子工程"，面临三大难题：是快速变现还是继续完工？如果续建，谁来操作，如何避险？到时竣工了，是卖是租还是继续经营？这三个关键问题困扰了长城资产上海办许久。

围绕这三大难题，项目组多次开会讨论分析，一方面权衡利弊，一方面筹谋划策，经过了多次争论，多次实地调查，终于有了共识。

长城国富置业董事朱惠良，当时任职长城资产上海办资产经营部副处长。他回忆说，对于第一个问题，当时分析的逻辑是：如果将此烂尾的沪东金融大厦快速变现处置，虽然会带来一笔现金流，但资产处置的损失至少在50%以上。相反，如果思维再超前一些，眼光再放远一点，想尽办法将之完工，房产价值必将凸显。毕竟五角场地区是上海市区内唯一尚未全面开发的处女地，上海市政府肯定会对这一地区的开发予以政策扶持，工程完工后此项目必定有巨大的升值潜力。"毫无疑问，将这个'半拉子工程'竣工到底是最优解，只有完工才有价值，才能最大限度地减少金融资产的损失。"

既然选择续建，那么谁来将之完工呢？

沪东金融大厦的原开发商是上海联益房地产实业公司，该公司成立于1992年，是杨浦区的一个集体企业。由于资金紧张，在公司成立之后即靠借债开发房地产项目，加上"生不逢时"，成立不久就赶上第一轮房地产泡沫，取得的土地开发成本居高不下。加上企业内部管理比较混乱，经营很粗放，效益每况愈下，没几年便陷入困境，产生大量债务纠纷，后期公司业务经营基本停滞。从农行转让后，联益公司欠长城资产上海办事处债务44752余万元。

成功有成功的道理，失败必然也有失败的本因。很显然，将沪东金融大厦的完工重任，继续交由这个已然出现问题，同时毫无资金实力的公司，竣工时日只能遥遥无期。

彼时的长城资产，既无房地产开发资质，又无投资功能，更没有再投资资金。由上海办事处来独立建造完工，是痴人说梦。

究竟如何是好？事实上，周礼耀来资产公司之前，曾担任过上海市农行五角场支行的行长。在农行期间，他长期关注和研究过沪东金融大厦项目，眼看着一个好地段的在建项目变成了烂尾楼。

正当大家一筹莫展的时候，周礼耀从"借壳上市"受到了启发："我们能否'借壳承建，借壳保全'？"

海尔董事局主席、首席执行官张瑞敏曾经将自己30多年管理经验总结成九个字：企业即人，管理即借力——就是看企业有没有开阔的思路整合更多的资源，特别是在互联网时代，任何企业如果封闭必将一事无成。

周礼耀的想法就是在借力。现在看来，这不是多么"伟大"的创举，而这对当时主要处置政策性业务的资产公司来说，则是个巨大的突破。

按照当时的国家政策，并没有明确表明资产公司可以追加投资。彼时，由于投资权限的限制，资产公司难以充分施展拳脚。当时一个故事就曾在四大资产公司内部流传：一辆汽车由于放的时间长了，电瓶没电造成无法启动。拍卖的时候，就按报废车处理，结果只卖了5000块钱。实际上，谁都知道最多花几百块钱就可以换一个电瓶，让这辆车能够正常行驶，从而卖一个好价钱。但是，资产公司当时就是不能花几百块钱换个电瓶——因为这是再投资，是不允许的。

长城资产上海办此时要做的，就是在"换电瓶"。经过反复讨论，为了最大限度地规避政策风险，长城资产上海办决定从重组后的可控的债转股企业里筛选，将工程完工。

周礼耀将此称为"弱弱联合"："通过不良资产的一种相互组合，一种难兄难弟式的携手互助，来转化不良资产。即使是这样，当时我们感觉心里也不太托底。"

借助可控的房地产类债权企业放水养鱼，嫁接平台，长城资产上海办事处只能带着"第一个吃螃蟹"的勇气，去试一试。

点亮"东北角"

经过反复接触，反复筛选，原来在农行旗下的上海天诚置业公司进入了项目组的视线，这家公司恰好有房地产开发资质，经过长城资产债转股后，尚在正常经营。

"天诚公司从农行剥离给我们时，股权是空挂的，什么概念呢？农行把所有的股本投资全部抽走了，天诚公司没有注册资本也没有股东，但实际的经营控制权在长城资产手上。"长城国富置业杜宏伟处长说，最后经过一番腾挪，用债转股和部分现金完成了5000万元的资本注册，确立了长城资产上海办的股东地位。

恰好此时，长城资产上海办调查发现，联益公司除向农行借债外，对外还举债数千万元，同时与另一房地产开发公司有业务纠纷。此情此景下，项目组立即与联益公司协商谈判，对联益公司进行了债务重组和资产重组。长城资产上海办、联益公司、天诚公司三方签订了重组协议，以等额资产、等额负债的原则，将对联益公司的债权39126万元剥离到了天诚公司，同时也将沪东金融大厦35118.42平方米的资产剥离到天诚公司。

于是，沪东金融大厦在建工程转让至天诚公司名下。同时，长城资产上海办重新优化了原有的大厦规划，将大厦的高度进一步拔高。长城国富置业副总经理孙敏回忆说，增加沪东金融大厦的高度，主要是考虑上海杨浦区需要一个地标性的建筑，但五角场地处风貌保护区，是有限高的。"长城资产上海办就去找杨浦区规划局，解释了如果建成地标性建筑，会让杨浦区的天际线更好看，同时也有利于招商工作。最后区里同意了，还一同去上海市规划局帮我们做工作。当时杨浦区的各个职能部门都很配合长城资产的工作，如果没有他们，我们的重组不可能顺利完成。"

就这样，沪东金融大厦的高度增至100余米，总计26层，成为上海当时第八个超过一百米的建筑，杨浦区第一高楼。

项目建设工作如火如荼，而周礼耀每天都要去工地看一下，查看各项进度。他觉得，一栋建筑的寿命往往上百年，所以一栋大楼就代表着一段历史文化，一定要精耕细作。

为此，当时长城资产上海办在招聘人才时，专门挑选了有房地产从业经验的人员，杜宏伟和长城资产自贸区分公司高级经理陆逊正是此时加入长城资产。

沪东金融大厦建设期间，恰逢上海房地产市场回暖。天诚公司与相关建筑装饰施工单位反复谈判沟通，统一了一个认识：唯有抓紧将大厦早日竣工，才能让大厦更早地显现出效益，实现多赢。

为此，天诚公司垫资5000万元投入项目建设，以加快工程进度。"为了解决资金问题，我们也与建筑、装饰单位反复谈判，达成相互谅解，相关建设单位也愿意临时垫资、带资，与长城资产共渡难关。"朱惠良说。为了避免与建造单位发生摩擦，长城资产上海办还对注入的资金和垫资实施完全封闭运作。"圈起来，不外流，确保万无一失。"

但摩擦还是有。"施工单位都有矛盾的，这是一个不断协调的过程，我们经常要开工程协调会。"陆逊说。

终于，经过一年多的努力，按照甲级5A智能配置的沪东金融大厦在2001年6月顺利竣工，杨浦地标拔地而起。这座古铜色菱形塔式建筑，上面还有一个特意加建的金色屋檐式的顶。当年，人们去杨浦时，远远便可以看见这栋金碧辉煌的大楼。

在长城资产上海办的运作下，沪东金融大厦不论从内部结构到外部装饰，都达到了当时的顶级水平。大厦的玻璃幕墙与实墙面虚实相映，各幕墙面相互映衬，使对称的塔楼严谨庄重而富于变化。裙房与塔楼顶层采用西方古典建筑的石墙面，材料为烧毛面花岗石板。墙面则设计成竖向长窗，其上部为半圆形，上下两层相似的处理手法遥相呼应，整幢大厦显得稳重大方，海派建筑的味道十足。

沪东金融大厦位于五角场的东北侧，这一角，被长城资产点亮了。

什么，做百货？

一批搞金融的人，毫无房地产经验，毫无资金，竟然带着队伍把一栋地标大厦以最快速度建好了，这本身就是个敢为天下先的举动。但更没经验的是，怎样运作这栋大厦？如果出租，租给谁？如果售卖，怎么卖？一系列问题接踵而来。

长城资产上海办决定尝试招商引资。但由于大厦"先天不足"，工程建设资金很有限，大量楼层无法全部装修，都给招商带来极大难度。一时没有合适的招商对象，整栋大厦只能"晾着"，价值回归不了，长城资产上海办前期的投入显得毫无回报，还得支付高昂的借债利息和物业管理费。

如果一直空置的话，一方面没有收益，另一方面还要承担成本，是双向的损失。

探路不通后，有一天，周礼耀突然对大家说，要继续"借壳"，在沪东金融大厦的裙楼做大型百货商场，吸引人气从而提升出租率，带动大厦的招商，走长远的发展道路。

上海办的同事们听到这个消息都有点吃惊：没听说哪家资产公司要做商业百货经营的，再说，这比盖楼更麻烦，更没有经验。

"当时大家一片反对意见，百货业哪能自己做起来？即便找一个战略合作者，也是费时费力的事情，可以说当时大家心里都没底。"朱惠良说。

这一盘整思维在当时无疑是十分超前的，内部没有信心，外部质疑和准备看笑话的人很多。"说我怎么资产公司开百货公司了，搞房地产了，当时很多人不理解。"周礼耀回忆说。

马云在谈创业之道时曾经说过：哪里有抱怨哪里就有商机。身为土生土长的上海人，尤其在五角场农行当过行长，周礼耀深知五角场乃至杨浦区缺什么。作为老工业基地和上海14所高校的集聚区，这里不缺工业，不缺人流。

谈及杨浦工业底子的雄厚，上海杨浦区的老书记、时任上海杨浦区委书记、人大主任陈安杰对笔者仔细道来：绵延于杨浦区的15公里黄浦江岸线，被称为"中国近代工业文明长廊"。早在1882年前后，清政府就在杨浦滨江建造了上海机器织布局和伦章造纸厂。19世纪末，英国、美国、日本的商人，纷纷把目光投向这里，杨浦滨江地区相继建成了中国第一家发电厂、第一家煤气厂、第一家水厂、第一家纺织厂，规模在当时均为远东第一。1949年后，这里更是上海重要的工业集聚区，沿江的杨树浦路上遍布万人大厂。最盛时，杨浦区的工业总产值曾占到全市的1/4。可以说，杨浦区是上海乃至中国近代工业的摇篮。

随后，陈安杰话锋一转：这里独缺商业。

尤其是五角场，当时是典型的城乡接合部，商业很凌乱也很薄弱。"我记得有一家规模很小的百货，只有两层楼，商品很单一，档次也不高。"陈安杰说，五角场本来有很多消费人群，比如高校师生、部队官兵、工厂工人，结果由于没有良好的商业环境，他们只能跑到徐家汇、南京路等商圈消费。消费需求很旺盛，但是就地满足不了。

当时，周礼耀还有一个职务：上海杨浦区人大常委。于是，他在第一时间与陈安杰沟通了此事。在听完周礼耀的描绘之后，陈安杰很高兴："开百货公司的思路，完全符合杨浦区的设想与规划，绝对会促进区域的发展，很有前景。另外沪东金融大厦也是一个旺角位置，杨浦区又缺少百货业态。所以我们表示全力支持，一拍即合。"

在陈安杰看来，周礼耀想做百货，绝对不是一时之念。"因为他要经常参加区人大的会议。对当时杨浦区的整个发展战略意图应该非常了解，每年的城市规划都要通过人大审议，所以他摸透了政策，有全局意识，知道发展什么业态会有前景。"

长城资产上海办的调查数据，也佐证了开百货公司的可行性，杨浦区当时有120万人，而五角场每天的人流就有70万，这部分人群的消费水平处于中等偏上。如果能把本地消费人群留住消化，百货公司稳赚不赔。

有了信心之后，长城资产上海办就撸起袖子开干。不过，事情想起来容易做起来难。他们先后与华联、上海市第一百货、东方商厦等上海市著名百货公司、商场进行沟通洽谈，同时还找了复旦科技园，但均告失败。"不是说租金高，就是说装修成本高，这些大百货都望而却步。而且由于当时农行是参建单位,建造的商场底层一半给了银行,这也给招商带来了些许劣势。"朱惠良说。

周礼耀决定去求人——这在银行系统可是从来没有的事情。太平洋百货当时在上海人气极旺,其徐家汇店2001年的营业额已高达10个亿,如果能合作肯定会有带动效应。周礼耀找到上海太平洋百货总经理王德明,反复对他说:"这个项目处在五角场的一个旺角,预计每天的人流量至少70万,做百货是非常好的。"

事情的结果,正是本文开头描述的那一幕。王德明一直下着定论:那里做不起来。周礼耀反问:凭什么说做不起来?

为何周礼耀和同事们会如此坚定?"旁观者"陈安杰应该看得最清楚:"这不是单纯看地理位置,长城资产上海办的战略思维和视野格局已经不仅仅盯着商业本身了,他们经过了详细的论证,知道周边居民最需要什么。所以他们一定要把这个事做好。"

既然引进合作不可行,那就干脆继续整合既有资源,自己成立百货公司,再吸引职业经理人经营运作。

天无绝人之路。长城资产上海办不断投石问路,相继有人介绍百货业的人才给他们。

巧合的是,债务企业联益房地产公司的负责人,与朝阳百货的总经理陈国清相熟,这家公司的规模虽然不是很大,但浸淫百货业多年,有成熟的供应商队伍。

经介绍,陈国清对长城资产上海办要做百货很感兴趣。但为了从品牌效应考虑,周礼耀还是将目标锁定在了已经从上海第一百货退休的总经理吴正林。

上海第一百货是1949年后的第一家国有百货零售企业,吴正林曾经受到过邓小平接见。如果让吴正林这位业内高手负责大西洋百货的经营管理,不但有背书作用,而且整个团队肯定能从中学到不少东西。

百货界的牛人吴正林倒有合作的想法。但他提出,需要有灵活的机制，必须有经营管理支配权。周礼耀认为这没有问题："国有体制，市场机制。"

但周礼耀也同时提出，当年开业，当年必须盈利10%，且租金、物业费都不欠缴。这无疑很有难度，百货业的业绩往往是"一年亏损、两年持平、三年盈利"。

周礼耀的逻辑是，这就是目标责任制，既然给了全部支配权，又给了与国有百货企业完全不同的激励机制，作为搞了一辈子百货的百货界的第一号人物，没有理由干不好。

"到年底我们只考核三样东西：经营的合法性、经营的合规性、利润真实性。如果审计下来都没问题，按照年化收益的6%归上海办，其他都给具体运营团队。"周礼耀定下了"规矩"。这对吴正林来说，既是压力，更是动力。

赶点开业

在长城资产总部和上海市政府各方面支持下，2001年8月，长城资产上海办又引入其他投资方——另一家办事处可控企业上海金鸿置业有限公司，注册成立了大西洋百货公司，天诚公司和金鸿公司分别持有股权85%、15%。

吴正林出任大西洋百货总经理，陈国清任副总经理——这也是长城资产上海办布下的一个后手。

长城资产上海办要求大西洋百货"背水一战，只许成功,不许失败"，各方只能为了这个目标往前冲。"就是要争口气，给外界证明，资产公司也能把百货搞好！"朱惠良说。

当务之急是，抓紧把商场装修好，并且顺利开业。

开业的日子已经定好：2002年2月2日，当年春节的前一周。"春节前的购物狂潮当时被称为黄金季,这一周的销售业绩或许顶平时三个月,如果错过这个时点,当年的业绩肯定完不成。"陆逊说。

一切都进入倒计时。商场的装修设计在紧急加班加点赶工,长城资产上海办相关同事也连轴转,以加快进度。他们甚至专门派了一个团队,去太平洋百货实地调研。

"就相当于探情报,把太平洋百货在上海的三家连锁都实地考察了一遍。就是为了对标太平洋,当时甚至专门研究了他们的拎包率(购物率),发现他们拎包率在70%~80%。"陆逊说:"陈国清也研究了太平洋的品牌商,特意吸引了一些大品牌的副牌,拉开档位,差异竞争。"

对于百货业来说,沪东金融大厦有个"软肋",就是内部有商场、银行、商办三种使用功能。为了互不干扰,保证相对独立性,在设计上也煞费苦心。同时,留给商场一层的面积本来就不大,还有一个层高较低的夹层,所以如何把客流引到二楼,项目团队也费了很多心思。

陆逊说,为了将三种流线完全分开,就将最热闹、人流量最大的翔殷路作为商场的主要入口,相对较静的国济路侧设置银行,西南与西北角设两个银行入口,而单行道的政旦路上则设置步行办公人员入口。这种建筑外各流线完全独立的设计,避免了相互之间的干扰,动静分开,各种功能得到很好地发挥。同时,银行、商场、商办大堂分别占用底层的一部分,二到五层留给商场。这就将建筑内的各种流线完全分开,使其在使用上互不干扰,打消了部分品牌商的顾虑。

因为杨浦区是老工业基地,有很多国企下岗职工,为了解决他们的就业,长城资产上海办要求大西洋百货尽可能地招聘下岗职工,这一下就解决了上千人的就业问题。杨浦区则相应地在社保、税收上给予支持。

对此,陈安杰说:"当时杨浦区产业工人有60万,下岗职工就有55万。可以说,当时全上海税收最少的就是杨浦区。在转型阵痛期的时候,长城资产给予了很大的帮助。"

临近开业,消防等手续还没有完全办好。杨浦区各职能部门很支持,来到现场办公，提出了整改要求，项目团队抓紧配合完成。

即便各方面都在赶工，但直到开业的前三天，整个商场还是空的，不少供应商还在谈判。最后，在各方努力下，用了三个晚上，将商场柜台"填满"。

天时、地利、人和，缺一不可。2002年2月2日，大西洋百货顺利开业。人头涌动，客流如织。商业贫瘠的五角场，终于有了一个现代化的大型百货商场。

大西洋百货总共有5层，营业面积达15000平方米，经营化妆品、男女服装、儿童用品、皮鞋箱包、中小家电等十二个大类约20000种商品。内部环境和硬件设施不亚于任何一家品牌百货。

长城资产上海办的判断没有错，努力也没有白费，有了如此高水准的百货大楼，周边的消费者不再舍近求远，大西洋百货的品牌逐步深入人心。开业第一年，大西洋百货就实现毛利2800多万元，上缴利税300多万元，净利润170万元，打破了百货业一年亏损、两年持平、三年盈利的惯例，并成为杨浦区商业企业第一纳税大户。

周礼耀当时就说，不要小看大西洋百货的100多万净利润，它对整栋大厦的贡献，对地区和社会的贡献，作用重大。

不少商场甚至想加盟成为大西洋百货的连锁店。同时，大西洋百货也明显带动了整个大楼的招租，国通证券、梅园村酒店等知名公司相继入驻沪东金融大厦。

长城国富置业综合管理部高级经理、曾经当过大西洋百货公司总经理的陈冬青说："大西洋百货的火爆人气，直接提升了沪东金融大厦的价值，后面招商招租容易多了！办公楼的租金和售价逐年上升，还经常有客户主动来求购物业，这番光景，之前是根本想象不到的。"

随着物业价值提升，长城资产上海办也出售了部分沪东金融大厦的房产，以偿还天诚公司的债务。组建大型百货商场带动大楼招商，进而变废为宝的策略，被完全验证。

在笔者看来，大西洋百货就像长城资产上海办苦苦炼出的一剂"药引"，治愈了烂尾，打通了沪东金融大厦的全身经脉，盘活了全局。

不过，再好的策略，在推进过程中也会有波折。接下来发生了两件极为不利的事情，让长城资产上海办陷入被动。

"内忧外患"同时出现

第一任大西洋百货总经理吴正林当时声名显赫，起到了"撑台面"的作用，很大程度上促进了商场的招商工作。

但不得不说，一枚硬币有两面，有利自然有弊。吴正林团队主要还是采取国营百货的一些套路，所以商场的品牌偏老化。同时，吴正林有更大的野心，做了一年之后，他带着团队"集体出走"。

"撂挑子了，自己变卦不算，还把供应商都带走了。这几乎就是致命打击，面临第二天开不了业的局面。"陆逊回忆说："当时是惊心动魄的，整个商场大概有1/4空掉了，留下一片空空的柜台。"

大西洋百货毕竟是长城资产上海办当时的招牌项目，还有着"药引子"的作用，一旦搞砸，会影响内部的信心，甚至招来外部的嗤笑。

幸好，长城资产上海办留着后手。大西洋百货副总经理陈国清，正是周礼耀安插的"备胎"。

"当时觉得她以前做的百货规模小，但经过两年的历练，也成长起来了。做不良资产拉郎配的过程中，要互相信任，但是不得不防，要留着后手。任何事情都要有AB两面，不能被这类大咖或牛人牵着鼻子走，否则将走投无路，所以一定要储备后援力量。"周礼耀说。

陈国清立即承担起了重任，重新组织招商，运用了很多激励机制，甚至睡在商场里加班加点。没过多久，大西洋百货的商家品质和档次，比之前还提升了一大截。

"相当于重新组建了一个新的大西洋百货,但做的确实比原来一点都不差。"孙敏说:"我们对商业隔行如隔山,所以就必须靠专业人才,大西洋百货开业后就很红火,我们甚至有了开连锁的想法,但没想到这期间出现了另起炉灶的事情。当时整个商场在外人看起来很平静,但后面都是艰苦的付出和补救。"

大西洋百货新的管理团队越做越顺手,他们甚至开创了多年后电商才流行的做法:造节。

有节过节,无节造节。那时中秋、元宵、端午等传统节日还不放假,但大西洋百货都会搞各类的促销活动,吸引人气。七夕、重阳节、万圣节、情人节、店庆……"别的同行一年搞不了几次促销活动,而我们有时一个月就有好几个活动。"陈国清回忆说。

2003年,对大西洋百货来说真的是饱经磨难的一年。屋漏偏逢连夜雨,上海当时开始建设中环线,正好要从大西洋百货的大门口穿过,这严重影响了大西洋百货的客流。

"某种程度上截断了客流,要进大西洋百货,就要从脚手架下钻进去。"陈国清说。

长城资产上海办又抓紧召集大西洋管理团队研究对策。"重新设计了新的流线,动了很多脑筋。"孙敏说。

在"内忧外患"之中,长城资产上海办克服了种种困难,最终还是保障了大西洋百货在最困难的两年——2003年和2004年持续盈利。

而直到2011年转让,大西洋百货没有一年出现亏损,租金收入一直保持在千万以上。

"五角场崛起的揭幕者"

"魅力潇洒、经典实惠——尽在大西洋百货"。大西洋百货这一广告语在五角场地区广泛流传，深得人心。

其实，早在大西洋百货开业不久，就有同行纷纷暗中前来"考察"，他们没有想到，在商业低洼的五角场，还会有如此旺盛的消费需求。

大连万达集团董事长王健林，在大西洋百货开业的当年，就找到了时任上海杨浦区委书记陈安杰。

陈安杰回忆，当时王健林刚刚准备进军百货业，选址选了很久。"对于选择杨浦区投资，刚开始人家不敢来的，还没有太大信心。我就对他说，你看看五角场的大西洋百货，是央企旗下的，大西洋百货发展得很好，你还担心什么？我继续介绍了五角场的未来和背景，说你投资了不会吃亏的。"

"万达商业当时还不出名，五角场万达是他们第一个探索项目，也是需要下赌注的，因为普遍不看好五角场。但为什么大西洋百货一开业就有人气？说明有大量需求！"陈安杰说。

一番考察后，王建林下了决心，拍板投资16亿，而其选址，就在大西洋百货的马路对面。

2002年11月20日，大连万达集团和上海杨浦区政府签约，上海第一座万达商业广场在五角场开始建设。

同时建设的，还有当时万达旗下的大洋百货。而其总裁，恰恰就是一年前还不看好五角场地区的太平洋百货总经理王德明。

2002年5月，王德明辞职离开了太平洋百货。随即，他与大连万达集团达成意向，在上海创建了大洋百货（集团）有限公司。王健林出任大洋百货董事长，而王德明任职总裁。

宿命的是，转了一圈后，另一个以海洋命名的大型百货，和大西洋百货比邻而建。

"所以说我要感谢长城资产，没有大西洋百货的蹚路，万达也不会轻易投资五角场。"陈安杰说："现在的万达商业模式，某种程度上也起步于五角场万达，可以说万达就是从五角场飞跃的。所以王健林事后也很感谢我们，他碰到我就说：陈书记，感谢你当时的建议，我一辈子不能忘记五角场。"

某种程度上可以说，没有大西洋百货，万达商业的探索之路还要曲折一些。而大西洋百货激活的连锁反应，愈演愈烈。

对此，陈安杰的描述是："大西洋百货对万达是个鼓舞，是个引导。那么万达来了以后，上海百联做不做？百联的总裁刚开始也比较犹豫。看到万达进来之后，断然决定投资。"

大型商业公司都意识到五角场的价值了，上海百联、东方商厦、苏宁生活广场相继而来。直到2016年，上海合生汇点燃了五角场最后一角，五角场商圈至此收官。诸多商业巨头的汇聚使得五角场分外璀璨夺目。

杨浦区，四平路、黄兴路、翔殷路、淞沪路、邯郸路五条放射形道路汇聚而成的五角场，成为上海十大商业中心、四大城市副中心之一。

五角场的飞跃发展，是上海新型城镇化进程中，最为典型的缩影。而建造沪东金融大厦，继而创建大西洋百货的长城资产，在其中功不可没。

对此，陈安杰高度评价为"五角场崛起的揭幕者"。

陈安杰说，长城资产上海办当时真的是解放思想，实干担当，在五角场乃至杨浦区的整个发展转型当中，起到了重要的、不可替代的作用。

陈安杰介绍，2003年，上海市委、市政府作出了建设杨浦的重大决策，杨浦从此由工业杨浦向知识创新型杨浦转型，区域功能大调整，产业功能大转变。

杨浦区利用集聚在区内的复旦、同济、上海财大等14所高校，打造了大学校区、科技园区、公共社区"三区融合、联动发展"的模式，从曾经的传统工业区向知识创新区成功转型，创业带动就业比例达到1∶7.6，为上海全市最高，远超全国平均水平，走出了一条由传统工业杨浦向知识创新杨浦转型发展的成功之路。

同时，杨浦区政府出资设立政府引导基金，与鼎晖、IDG、达晨、启明、戈壁、北极光、创新工场等机构合作，共撬动了社会资本 100 多亿元。杨浦区希望借助创新创业，带动杨浦从百年工业摇篮，进一步转型为万众创新示范区、知识技术策源高地、技术转移集聚高地。

"现在杨浦区的产业结构完全以知识产业为主，占到 80%。甲骨文、耐克、IBM 等大型跨国公司的总部纷纷搬到五角场地区，真是天翻地覆的变化。"陈安杰说。2010 年，国家科技部确定杨浦为全国首批 20 个国家创新型试点地区之一，2016 年国务院又确定杨浦区为全国 17 个"双创"示范基地之一。

"大西洋百货 2002 年开业，杨浦区在 2003 年提出转型，当时杨浦区政府正在酝酿转型的时候，大西洋百货出现了，所以长城资产在整个发展转型中起到了先导和标杆的作用。"在陈安杰看来，在杨浦区艰难转型过程中，五角场作为当时打造的第一个重点，大西洋百货的成立确实是转折点，为五角场地区带来了集聚和集群优势。五角场地区从一个城乡接合部，变成自主创新创业的高地和城市副中心，杨浦区从老工业城变成智创新城，长城资产的确功不可没。

"五角场的第一个角是长城资产打造的，后面几个角全部发展起来了，现在整个五角场商圈的社会消费品零售总额已经超过徐家汇，排全上海第一。"陈安杰觉得，难能可贵的是，随着杨浦区的转型，沪东金融大厦也在不断调整业态，这种调整也完全符合并呼应杨浦区的城市新业态需要。

孙敏说，对于业态，杨浦区都进行了一些辅导和沟通，在沟通当中寻找一个合适的定位，现在沪东金融大厦里面有很多科技企业入驻。而且对于商厦里的客户，杨浦区都会给予相应的优惠政策，提供一条龙服务。"正因为有了杨浦区政府的扶持，否则不可能有这么好的一个发展环境，这个项目也不会推进得那么快。"

毕竟 17 年过去了，已经退休的陈安杰为了回忆过去的一些细节，专门打电话询问了过去的老同事。当他提起大西洋百货时，大家的记忆匣子被激发了。"时隔这么多年，他们说起大西洋百货的往事还激动不已。"

"都说长城资产当时就是有魄力，最初也有人担心，搞金融的人怎么会搞百货？能不能搞好？事后证明，大西洋百货不但带动了整个大厦的人气，还激活了整个五角场商圈，促进了杨浦区的转型。现在全国都知道五角场变了，媒体报道都叫《五角场巨变》。"陈安杰感慨说，现在的企业家，不仅要懂经济，更要懂社会，要了解政府对整个城市的经济发展规划和格局。

沪东金融大厦经过内部的资产盘活，对一个地区来说，它带来的影响超乎想象。

"五角场地区现在是各大商家拼命想往里挤，从'看不上'变成'挤不进'。真没想到沪东金融大厦这样一个重组项目，能促进整个区域的繁荣。"孙敏说。

再投资：从"并不支持"到"大力支持"

随着竞争对手的不断增多，大西洋百货调整了策略，错位经营，将目标客户群定位为中老年人。

从2002年开业到2011年，大西洋百货不但持续盈利，还创造了近4000万的纳税。

2006年6月，上海天诚置业公司转让大西洋百货85%股权给长城资产旗下的上海投资控股集团。2011年，应银监会各金融机构调整与主业不相关的投资的要求，同时为了调整资产结构，提高流动性，上海投资控股集团决定将沪东金融大厦的商业裙楼与大西洋百货公司股权一同挂牌出售。

"说实话，还是有点舍不得，但毕竟我们不是长期经营百货的，而是为了提高大厦的品质才去做百货。当达到一定边际效益之后，我们确实需要选择时机退出。"杜宏伟说："2011年，大西洋百货的销售收入和租金等都达到了历史新高，我们正好在最佳时点将其转让。"

之所以选择将股权和物权捆绑出售，是因为购买方往往会顾虑百货公司的职工负担，而捆绑之后一同挂牌出售，也有利于大西洋百货公司股权转让后的持续经营，保持职工队伍稳定。

最终石家庄联邦地产斥资 3.6 亿元完成对大西洋百货 100% 股权和物权的收购。

"当时绝对卖到了高位，长城资产华丽退出，可以说整个过程堪称完美。"杜宏伟说："从农行剥离过来的一个资不抵债的项目，通过我们一系列重组运作，实物资产的价值被大大提升。"

运作了 10 年的大西洋百货，在完成历史使命之后完美谢幕，其总体年化收益率至少达到了 17%。

因为沪东金融大厦项目，长城资产上海办蹚出了一条盘活不良资产的新路，但他们显然是在"夹缝中求生存"。因为他们选择的这种着眼长期，通过包装提升不良资产价值的做法，当时并未被明确，仍然需要国家相关部门赋予资产公司适度的再投资配套政策。

随后，长城资产上海办将这一建议反馈给了总部："再投资"能使资产管理公司有心栽花花盛开。同时，要注意吸纳专家型人才进行市场化运作，实现资产回收效益和社会效益最大化。

在周礼耀看来，不良资产的处置不能简单地一卖了之，要区别对待，对那些有升值潜力的不良资产要盘活，只有这样，才能最大限度地提升不良资产的价值，这需要资产公司有一定的投资权，并有投资银行的技术和手段。

彼时，四大资产公司的十年期限近半，有的分支机构资源甚至接近枯竭。四大资产公司将走向何方？近万名员工的最终归宿又是哪里？他们一直没有找到答案。

彼时，不良资产处置变得更加艰难，由单纯的资产处置向包含投行业务在内的新业务拓展，已成为资产公司实现可持续经营发展的必然趋势。

中国人民大学金融与证券研究所所长吴晓求当时甚至建议，四大金融资产管理公司未来的出路有两种，其中一种就是把专业素养较高、做过投资银行业务的专业人员分拆出来，成立"投资银行"式的公司。

2003年10月，十六届三中全会提出了"完善金融资产管理公司的运行机制"的指导思想，长城资产上海办处置不良资产的"大西洋模式"成为恰逢其时的积极探索。

时任长城资产总裁汪兴益接受央视采访时表示："通过我们自己的控股公司来重组大西洋百货，提升不良资产价值，不仅给国家带来好处，给我们的公司我们的员工都带来好处。"

汪兴益当时接受媒体采访时说，2003年3月以来，资产管理公司改革发展问题，成为国务院和国家有关部委关注的重点。中国人民银行对四家公司调查后，形成了专题报告，以《金融情况专报》形式报送国务院领导和有关部门。财政部也进行了大量调查研究，并在广泛征求四家资产管理公司和有关部门意见的基础上，向国务院报送了《关于金融资产管理公司改革与发展问题的请示》。

该《请示》提出了建立资产管理公司处置回收目标考核，实行"两率"（回收率、费用率）管理，对超目标回收现金分档累进给予奖励的责任制方案。为促进目标责任制的实施，还给予了允许资产公司使用自有资金对确有升值潜力的不良资产适当追加投资、允许资产处置快的公司开展商业性委托和商业化收购处置不良资产、允许使用资本金进行国债投资等方面的政策支持，并提出资产管理公司完成资产处置任务后向商业化发展的改革方向。

最终，2004年2月24日，国务院正式批准了财政部上报的资产管理公司目标考核责任制方案，资产公司终于有了"三个允许"的尚方宝剑：允许资产管理公司使用自有资金对确有升值潜力的不良资产适当追加投资，允许资产处置快的公司开展商业性委托和商业化收购处置不良资产，允许使用资本金进行国债投资。

这一方案极大地拓宽了资产管理公司的投资领域，资产管理公司完成资产处置任务后将向商业化方向发展的信号自此释放。

从"并不支持"变为"大力支持",长城资产在其中发挥了积极的作用。

"大西洋"背后

沪东金融大厦项目做成功之后,长城资产上海办上上下下的信心都被提振了。"万事开头难,这是打头炮的项目,这个项目都能做成功,我们就有底气了。百货都能做好,还有什么不能做的?"朱惠良回忆。

长城资产上海办又将视线转移到了沪西。恰好有一个从农行剥离的债务企业,有重组运作的空间。"直接把沪东金融大厦团队移师过去,经历过一次大家都有经验了。"朱惠良说。

经过几次债权重组、腾挪,上海办把这部分很小的债权,转化为了上海黄浦区的一块土地。上海办随后用这块土地作价,引入香港上市公司合作开发,建成了当时上海浦西四大高楼之一的地标建筑,最后又引入了法国雅高酒店管理公司。

不良债权摇身一变,变成了高端的斯格威酒店,化腐朽为神奇。

"52层的斯格威酒店,我们控股91%,资产估值至少35亿以上。土地加建安成本最多15亿,所以净赚20亿。如果当时把债权卖了,会有这么大收益吗?这都得益于当时决策者长远的战略眼光,留下的资产丰厚。"朱惠良说。

让我们好奇的是,这些资产究竟是怎样留下的?

自1999年成立到2006年前后,资产公司接手的基本都是国家划拨政策性资产,不良资产业务总体上以"处置"为主,主要表现为"三打",即打折、打包、打官司,辛苦劳累可想而知。

而长城资产上海办事处却远远不满足于"处置"。

"当时的观念是,资产管理公司就是打折卖资产,但忽视了一个最重要的因素——管理。而当时上海办事处就觉得，我们是资产管理公司，不是资产打折公司。"长城国富置业前董事长徐沪江深知，理念的领先才能造就作为的超前："资产管理一定要有资本运作能力。"

随后，长城资产上海办排兵布阵，启动了"东南西北中战略"：在上海东、西、南、北、中五个方位，上海最核心的内环线一圈，长城资产都要有通过债权、物权、股权三种资产形态的混合重组和交替置换等方式运作的不良资产重组项目，绝对不能将这些宝贵资产简单地一卖了之！

这出于两种考虑：其一，第二次政策剥离的资产数量巨大，但市场的货币供应量是有限的，如果急于抛售，会造成资产的大量缩水；其二，如果把不良资产用各种手段盘活，利润空间就会非常大。这种情况下，随意处置一个资产就相当于损失一个资产。

而沪东金融大厦，正是其中打头炮的项目。

周礼耀向长城资产时任总裁汪兴益汇报，通过对上海1101户不良资产企业的逐一梳理，建议通过资本、人才、技术、管理的有机结合，争取重组20到25家，得到了汪兴益的首肯。

可是，当年财政部对四大资产公司采用现金流考核，不良资产按收回现金进行提成发放绩效工资。

上海有个经典剧目叫《七十二家房客》，里面有句经典台词："三六九，捞现钞。"有少部分员工看不到现钱，产生了种种不满。

"我们是顶着巨大压力去做重组的，一些年轻员工经过解释也就理解了，但一些看重眼前利益的老员工，肯定还是反对这么做。"徐沪江说。

"只要探索的方向是对的，有领导的支持，我们坚定地往前走。"周礼耀此举显然需要魄力，因为他放弃了整个团队的当期利益。但他始终认为："资产公司总会有资源'枯竭'的一天，因为我们是政策性公司，有大限的。处置资产就是在消灭资产，在消灭资产的同时也是在消灭自己。不良资产只要做出一个节奏，它总是有东西的。"

长城资产上海办一方面顶着外界的压力，一方面用多种手段安抚焦虑的员工。比如把某些项目"一单三做",短期回收现金流,中期变成一个可以盈利的项目公司,长期则是将这个项目推向上市,如此兼顾了眼前和未来利益。"我告诉大家,现在是办事处来发工资奖金,未来是这些项目公司来给你们发奖金。"周礼耀说。

在总部支持下,长城资产上海办事处成立了上海投资控股集团,整合了19个投资项目、3个固定资产。没用多久,10亿资本金最后翻了三番。"上海办的资本保值增值率超过400%,在当时四大资产公司114家办事处里,可以说我们的处置效益、不良资产回收率是最高的。更难得的是,回收现金流和资产盘活这两个指标是同时实现的。"朱惠良颇感自豪。

陆逊觉得,当时长城资产上海办的做法确实非常超前。"2001年起就在运用各种手段提升资产价值,而上海投资控股集团是在2006年成立,当时就提出打造'金控',在外面说起'金控'有的人还都听不明白。"

经过多年努力,长城资产上海办成功运作了位于上海东部的沪东金融大厦与大西洋百货、西部的天诚银统大厦与斯格威酒店、南部的金穗大厦与新金穗集团、北部的政华大厦与南证大厦、中部的烟草大厦与城隍庙金豫公司,"东西南北中"战略梦想成真。同时,上海办还利用资本市场盘活了东海股份、PT农垦商社、农工商集团等一批重组项目,实现了不良资产经营价值最大化。

这些从农行剥离的不良资产,经过长城资产的"点石成金",最后竟然都成了上海的地标性建筑,此做法也得到了时任财政部领导的认可。

"东南西北中,我们都是精挑细选出来的。有五家不同的公司在运作,这样对整个上海资产的信息收集,包括价值判断,都大有好处。这种战略思想非常重要,是一种悟性的判断,让资产配置更加科学。"徐沪江坦言,"十几年了,这些资产现在还在为公司创造着利润呢。"

这些数据可以说明理念领先后的成就:上海办事处从农行先后拿到了102亿的债权,经过6年多精心运作,用全国1/30的债权资源,为长城资产创造了1/10的价值。

可以说，长城资产上海办的资产深加工思维至少超前了十年。那时候，不良资产都是按政策性的理念来进行处置的，十年后，才普遍用投行思维、重组手段来嫁接不良资产。

2018年，上海上港力压七连冠的广州恒大夺得中超冠军，而其中很多主力球员都是当年徐根宝在崇明基地一手带大的。组建队伍时，徐根宝就说：10年内别指望有什么成绩，有的话得看10年后。

十年磨一剑，理解长城资产上海办当时的做法，或许要跟理解徐根宝一样：放长线、看长远，收益更是长期的。

一线问答

笔　者　您在做沪东金融大厦项目的时候有什么感悟和感受？

朱惠良　这个项目带来的超额收益及连锁式收获是非常明显的。大西洋百货公司一炮打响，长城资产上海办事处通过间接入驻商业百货业，开了资产管理公司依托不良资产，拓展商业流通领域新业务的先河。沪东金融大厦房产持续升值，经过债务重组后，实现了最大限度保全资产、减少损失和支持经济建设的双目标，更印证了办事处领导当初将"半拉子工程"竣工到底的决策的正确性和前瞻性。

沪东金融大厦甩掉了戴了多年的"半拉子工程"帽子，摇身一变，成为当时杨浦地区的标志性建筑物，时任上海市领导也曾来到大厦制高点，俯瞰五角场周边地区，为杨浦区下一步发展定位进行调研。

长城资产上海办早在2001年就提出，资产管理公司应积极探索资产处置创新业务，一方面使资产处置效益最大化，最大限度地减少资产损失，另一方面通过创新业务，逐步锻炼一批具备面向市场开展投资银行业务能力的专业人才，实现资产管理公司向投资银行或控股性集团公司的转轨，为金融资产管理公司可持续发展经营打下扎实的基础。

可以说，沪东金融大厦项目在当时探索了不良资产处置的新途径，开辟了业务拓展的新天地，取得了资产经营的新突破，也极大地促进了地区经济发展，堪称经典。

而长城资产上海办因为沪东金融大厦项目，也进入了非常好的"良性循环"，办事处员工的收入因这些"资产深加工"项目相应提高，越来越有干劲。

所以，尽管资产公司政策性时期不以效益作为考核目标，长城资产上海办事处却开创了很多新的业务模式，最大化地挽回了资产损失。

笔　者　您作为当时从农行调过来的"老资产"，是长城资产上海办"起家"的42位员工之一，能不能回忆下当时的情形？

朱惠良　印象深刻的是有一位在农行工作的年轻员工，组织要把他选调到资产公司，他的父母知悉后，立即去农行提了很多意见，坚决反对。说为什么不能在银行继续工作，非要调到"办案机关"去？最后说可以试试，如果实在不行的话就必须再调回农行。结果，这名员工还是留了下来，他觉得资产公司做的事情很有意义。

方法论

模式：债务重组 + 资产重组

五大路径

①将对联益公司的债权39126万元剥离到天诚公司，沪东金融大厦35118.42平方米资产同时剥离到天诚公司。

②恢复沪东金融大厦建设。

③自建大西洋百货提升物业人气和价值。

④增值出售沪东金融大厦部分房产。

⑤将大西洋百货的股权和物权捆绑，在高点出售。

启示录

四两拨千斤

"商业带动大楼招商"一招,可谓棋高一着,满盘皆赢。大西洋百货开业后,银行、证券、酒店等相继开业,沪东金融大厦人气自此旺盛起来,从而带动了五角场地区乃至杨浦区的发展。可以说,大西洋百货就是整个盘面的激活按钮。

而在本项目中,长城资产上海办充分利用了"借壳"思维。在现实的不良资产处置中,借力是非常重要的一种思维方式和行动指南。

大英图书馆是世界上著名的图书馆,里面的藏书丰富繁多。有一次,图书馆要搬家,所有书籍要从旧馆搬到新馆去,结果一算,仅搬运费就要几百万英镑,大英图书馆根本没有这笔资金。有人给馆长出了个主意。随后,图书馆在报纸上刊登了一个广告:从即日开始,每个市民可以免费从大英图书馆借10本书。结果,大量市民蜂拥而至,没几天就把图书馆的书借光了。书借出去了,怎么还呢?请大家还到新馆来——图书馆就这样依靠大家的力量完成了搬迁。

四两可以拨千斤。所以,在处置不良资产时,当尽力时尽力,尽力的同时还要学会充分、巧妙地借力。

董事长点评:政策性时期创新不良资产处置的典范

"沪东金融大厦"是长城资产在政策性时期创新不良资产处置的典范。虽然这一时期资产公司没有盈利性要求,但长城资产出于自身可持续发展和资产回收价值最大化目标的考虑,不是简单地将不良资产一卖了之,而是创新业务实践,妥善处理好短期现金回收和整体资产价值提升的关系。对有升值潜力、有再生资源的企业,用再生方式重组，帮助其走出困境，创造新的价值；确因财务成本过高引起的经营困难，可采取商业性债转股。这样，既支持企业扭亏脱困，又为资产公司开辟盈利新路。

以该项目为例，"沪东金融大厦"在收购时，是上海市杨浦区五角场地区的一个"半拉子工程"。长城资产在围绕变现还是续建、续建如何避险、竣工如何租售等三个关键问题进行反复论证的基础上，采取债务重组和资产重组的方式，先由上海办事处可控房地产类债务重组企业将大厦借壳承建，借壳保全；再组建大型百货商场即大西洋百货，带动大厦的招商，促进大厦走可持续发展之路。大西洋百货营业当年即成为杨浦区商业企业第一纳税大户，而建成后的沪东金融大厦已成当地标志性建筑。长城资产在全额收回债权、最大化保全国有资产的同时，创造了近千个就业岗位，改善了城市形象，产生了良好的社会效益。这些都为长城资产后来通过创新开展不良资产并购重组业务服务实体经济发展奠定了基础。

——中国长城资产管理股份有限公司董事长　沈晓明

时间轴

2000

6月　长城资产上海办事处收购了农业银行五角场支行的一笔本金为 3.2 亿元的不良贷款，贷款对应的主要资产是一座烂尾楼。

12月　长城资产上海办将对联益公司的债权 39126 万元剥离到天诚公司，同时也将沪东金融大厦 35118.42 平方米的资产剥离到天诚公司。

第六章 沪东金融大厦：烂尾如何变"药引"

2001

6月 — 经过"借壳承建，借壳保全"，按照甲级5A智能配置的沪东金融大厦竣工，杨浦地标拔地而起。

8月 — 长城资产上海办又引入上海金鸿置业有限公司，注册成立了大西洋百货公司，天诚公司和金鸿公司分别持有股权85%、15%。

2002

2月2日 — 大西洋百货顺利开业。

11月20日 — 大连万达集团和上海杨浦区政府签约，上海第一座万达商业广场在大西洋百货对面开始建设。

2004

2月24日 — 国务院正式批准了财政部上报的资产管理公司目标考核责任制方案，资产公司终于有了"三个允许"的尚方宝剑。

2006

6月 — 上海天诚置业公司转让大西洋百货85%股权给长城资产旗下的上海投资控股集团。

2012

4月 — 石家庄联邦地产斥资3.6亿元完成对大西洋百货100%股权和物权的收购。

第七章 再开先河：让美国花旗"吃掉"23亿不良债权

> 本来无望的事，大胆尝试，往往能成功。
>
> ——莎士比亚

2004年4月27日，临近"五一"，南国花城广州花团锦簇。就在广州知名的花园酒店，一场隆重的签约正在举行。

长城资产与花旗集团正式签署了《贷款购买与出售协议》，将广东惠州、汕尾两地区617户、总值23.26亿元不良资产转让给花旗集团。这一事件意义重大，标志着中国AMC首次将大宗金融不良债权批量转让给外资机构，首次"实现了完整的地区性退出"，开创了向外资整体转让区域金融不良资产的历史先河。

签约仪式上，时任长城资产副总裁张晓松先用中文讲话，又用英文致辞。"农行出身"的长城资产，竟然在国际合作上迈出了登月般的第一步，为今后与外资的深度交流合作，蹚平了道路，树立了样板。

与时间赛跑

2000年3月，长城资产广州办事处成立。广东地处改革开放桥头堡，政策性资产处置时期，广州办成为长城资产系统内政策性不良资产规模最大的办事处。

期间，长城资产广州办政策性收购了农行在惠州、汕尾地区的呆滞贷款共589户、呆账贷款共7415户。至2002年3月，汕尾地区资产处置进度不尽理想，仅有9户债权完成了最终处置。

这是因为农行的划拨资产本身就有"散小差"的特点，惠州、汕尾地区不良资产户数尤其多，地域分布广，涉及房地产、机械、化工、商贸、供销合作、建材、食品加工等行业，总计617户债权。如果不考虑创新，比如打包整体处置，而是继续采取逐户制订方案或小范围打包的方式，按照常规处置手段测算，可能需要9年才能处置完毕。

当时，长城资产广州办对该资产包内6户贷款分3个项目制订了处置方案，但长时间未能按照既定方案签订处置协议。由此可见，惠州、汕尾地区不良资产处置难度大，即使几经艰辛制订出处置方案，能否顺利执行也是个大问题。

彼时，资产公司按照计划是有"生存年限"的，财政部当时已明确资产公司2006年要整体退出政策性资产。这迫使四大资产管理公司要学会"与时间赛跑"。

长达9年的处理周期，肯定会带来盈利不确定、收益难实现的问题。加上不良资产"冰棍效应"（尽管个别资产在长时间持有后价值能够回升，但多数情况下，拖时越长，回收的价值越小，资产贬值的速度就如同冰棍化了一般），因此，如何改变传统处置方式，成为必须直面的难题。

如果采用一次性整体打包转让处置方式，无疑有利于加快资产处置进程，缩短不良资产的变现时间，降低处置成本，提高现金回收率。同时，惠州、汕尾地区的不良资产处置工作可以全面退出。

这意味着一举三得：加快处置、收缩战线、保障回收。

另一个宏观因素是，彼时，全球经济一体化的趋势已经形成，在这样的大背景下，外资机构凭借丰富的市场运作经验与完善的商业投资管理机制，将在处置不良资产的项目中有一定竞争优势。

经过反复研究，长城资产广州办事处选择了大胆创新突破，他们将经济相对发达的惠州和经济相对欠发达的汕尾地区的不良资产捆绑推荐，有意图地向市场推介。

撞"南墙"？立潮头？

现任长城资产广东分公司总经理陈明和副总经理张天翼当时都作为一线人员参与了"花旗项目"。

陈明是一位非常细致的人，他会在受访时让笔者不对着光照过强的窗户坐，并且一有问题，就马上从自己资料备份极全的电脑里，检索出最准确的记录和数据。

陈明回忆说，惠州和汕尾两个地区地理位置相近，惠州经济环境好，资产相对好一些，而汕尾资产质量相对一般，因此就有意地把它们组合搭配在一起——这很像广东人常说的"肥瘦搭配"。

彼时，外资对于进入中国不良资产市场正跃跃欲试，他们往往有国内企业所不具备的资金规模优势，但面对潜力巨大的中国市场，似乎无从下口。而经过整合的不良资产，无疑为境外投资者提供了一个较低的进入门槛。

就在此时，2002年4月，美国泛亚通集团通过长城资产总部找到了广州办，表达了参与处置不良资产的初步意向。

"可能广东是沿海地区开放程度较高，与外资接触的经验也多一些，所以总部当时就直接介绍过来。我们正好把这个搭配出来的资产包推荐给了他们，作为向国际投资者转让不良资产的尝试。"陈明说。

于是，长城资产广州办相当于同时展开了两场探索：跨地区搭配打包处置、引进外资尝试合作。

如果成功，自然会突破不良资产处置的传统局面，加快处置进度，而创新者往往会面对窘境——利用外资，尚无先例，没有任何经验可供借鉴。而且当时关于对外资参与的不良资产处置申报的相关要求和规定尚不明确，即便谈成，国家相关部门能否审批通过，尚是未知数。

但破局者，如果瞻前顾后、畏首畏尾，或许撞的就是"南墙"。唯有坚定信念、勇于尝试，方能敢为人先、勇立潮头。

长城资产广州办决定力推此事。为体现公开处置原则，他们先后在《南方日报》等媒体刊登了转让惠州、汕尾地区债权的公告。公告期内，美国泛亚通集团提交了购买意向。

2002年8月，长城资产广州办就整体转让惠州、汕尾两地区债权与美国泛亚通集团签订了《债权转让意向书》和《保密协议》。同时，长城资产广州办召开了总经理办公会，集体研究确定该资产包的基本交易方式和交易条件，并成立了谈判小组，专门负责该项目的对外谈判和内部协调工作。

项目随后进入了谈判阶段，但没想到，这一谈，就是两年的拉锯战，其中的复杂和艰辛，令当时的参与者回忆起来大为感慨。

一点一点往前"磨"

长城资产期待以引进国际著名投资机构为突破口，开拓不良资产处置的新渠道。花旗则希望以长城资产为起点，迅速介入中国日益凸显投资价值的不良资产处置市场。双方都对自己的"第一次"投入了大量精力，故事颇为曲折。

2002年10月，美国泛亚通集团正式聘请中介机构对长城资产广州办拟处置的惠州、汕尾的贷款进行尽职调查，主要对65户债权金额比较大的贷款户进行调查评估，了解资产质量状况和诉讼时效问题。

事实上，美国泛亚通集团在此之前已多次派员去惠州、汕尾实地了解不良资产的质量和长城资产广州办的处置回收情况。

2002年10月底,长城资产广州办与美国泛亚通集团进行了第一次正式谈判。双方对惠州、汕尾地区资产包的交易方式基本达成共识,即该资产包将通过买断方式进行交易,并采取分期付款方式,其中首期支付20%,剩余价款三年内分6期付清,购买方将提供不可撤销信用证作为分期付款的担保。

但双方在处置价格上产生了较大分歧。近一个月后,双方进行了第二次正式谈判,对于资产包的交易价格,双方的心理预期逐步接近,但又在如何付款上产生了争议。

长城资产广州办方面提出,应增加首期款并压缩付款期,但美国泛亚通集团表示如果付款期由三年改为两年,交易价格必须降低。

谈判是博弈,也是心理战,谈不拢的时候只能暂时搁置。但长城资产广州办的谈判团队一直没有轻言让步,到了2002年12月底,在双方第三次正式谈判中,长城资产广州办不但让美国泛亚通集团的报价超过了自己的"底线",同时也让对方同意了增加首期款并压缩付款期的提议——付款期被压缩在两年内,足足提前了一年。

初期,长城资产广州办只是与美国泛亚通集团对接,直到2003年1月,真正的买家美国花旗方才浮出水面。

原来,美国泛亚通集团只是中介服务商,美国花旗才是真正需要过招的国际大鳄。

长城资产广州办谈判团队觉得,这种情况下,法律是自身最基础、最有力的保障。为了让项目操作更加具有国际水准,他们专门制定了《代理律师事务所选聘方案》,并在《南方日报》刊登广告,组成了考察小组,对应聘的几家律师事务所进行了现场考核,最后确定广东卓信律师事务所作为代理律师事务所。

"当时选的律师本身是高校教师,随后出国深造,曾经在美国执业,对大陆法系、英美法系都很熟悉,有很强的沟通能力和宽广的国际视野。

这得益于前期的精心挑选。"陈明说。

受委托后，受聘律所及代理律师利用长城资产的既有协议，起草了中、英文版本的《债权转让协议》，但花旗集团却认为"不够细致"，并拿出了自己的"协议模板"——将近100页的《贷款购买与出售协议》。

由于篇幅很长，条款又很复杂，而且中英文表述大为不同，造成理解上的困难，因此谈判的进度十分缓慢。

长城资产广东分公司投资投行部负责人苏巧是英语专业出身，同时又在英国深造过，于是当时她被安排旁听了数次与花旗的谈判。

但当苏巧看到花旗认为符合国际上对债权转让交易协议文本格式要求的《贷款购买与出售协议》时，大为感慨："当时我们的协议都挺简单，一个协议可能就两三页，不会有很多对于瑕疵的保护条款，真是没见过这么复杂的协议。单独一个条款就特别长，甚至有几十页，针对某一个事项反复说，各种各样的句式绕来绕去，当时就看得云里雾里，觉得很吃力。而且那个合同中文看着都很绕，英文就更不用说了。"

陈明则生动描述了其中的难点："他们的书写方式跟我们本来就不一样，会把最重要的事放在前面说，所以即便他们请香港的机构把协议翻译成了中文，还是用了很多倒装句。另外香港的中文表达跟普通话其实也有差异的，所以最后成了英语看不懂、中文也感觉不对劲。我记得当时总公司分管领导就说，你能不能把文字改成国内常用的表述方法。"

没想到，改变表述方法竟然成为双方首先要去沟通的事情。

即便如此，项目团队联合代理律师事务所，还是对协议条款"咬文嚼字"，逐一审查，不放过任何一个可能存在的漏洞。随后，他们针对各条款逐一提出修改意见，向美国泛亚通集团进行了反馈。对方表示，美国花旗准备由法律部门和委托律师事务所就《贷款购买与出售协议》的具体条款与长城资产广州办进行深入谈判。

但恰在此时，"非典"肆虐。直到2003年7月底，长城资产广州办才与美国花旗正式接触，该项目进入了第二轮艰苦而漫长的协议条款谈判阶段。

随后，美国花旗委托律师事务所对 617 户债权进行法律方面的尽职调查。就在花旗尽调的同时，双方也一直在进行谈判。

而谈判的关键点落在了两处，一方面是打磨、推敲合同，逐一确认条款，另一方面则是对瑕疵的认定。

在苏巧的印象中，她参与的一次谈判相当有"火药味"："当时就是一条一条地推进，觉得这个事情有进展好难。"

回想当时的情景，陈明发出了三个字的感慨：太累了！

"协议中的每个字，都要去斟酌，一谈就是一整天，如果这一天没有谈完，下次就再来反复。"陈明说，"一个小细节往往就要谈一天，不但中英文之间有差异，中文表述更有争议，所以真是一点一点往前'磨'。"

"两个封顶"

经过数次讨论后，《贷款购买与出售协议》已两易其稿。而更难的，是对瑕疵的认定。

2003 年 11 月，长城资产广州办应美国泛亚通集团和美国花旗集团的要求，派员到北京专门就《贷款购买与出售协议》集中进行了连续一周的谈判。这次谈判，是以逐字逐句讨论的形式展开的。

此轮谈判后，《贷款购买与出售协议》经过四次易稿，双方对主要条款基本达成一致，而分歧最后集中在一个焦点上面："累积性权利"。

按照花旗拟定的协议，一旦长城资产违反陈述和保证，便被定义为"瑕疵"，花旗对有"瑕疵"的贷款有权要求长城资产参与处置或回购，而且不放弃要求进一步赔偿的权利，对赔偿的金额也不设上限。

这意味着，如果长城资产广州办违反陈述、声明和保证，除了可能要参与处置或回购外，还可能承担巨大的赔偿风险。

"简单来说，就是花旗认为有瑕疵的贷款他们都要'退货'。但他们认为是瑕疵，我们不一定认为是瑕疵。另一方面，该怎样回购，以什么价格回购，一直在这方面较着劲。"长城资产广东分公司副总经理张天翼说。

对花旗集团提出的要求，长城资产广州办据理反驳。在此轮谈判最后时刻，花旗对该条款进行了修改，主要内容为：对单笔贷款的赔偿不超过其购买价格加已发生的税费；如该资产包累计回收已超过总购买价格加发生的税费，则不再要求赔偿。但为了最大限度防范风险，长城资产广州办仍未同意此条款。

随后，长城资产广州办提出了对回购和赔偿金额"两个封顶"的要求：即对每笔有"瑕疵"贷款的回购或赔偿不超过购买价格；如果买方处置回收累计达到该项目的购买价格，即使对有"瑕疵"贷款，也不再回购或赔偿。

"因为存在着回购的条款，不能信口开河说多少就是多少，花旗肯定是想实现利益最大化，而我们肯定也要把损失压到最低。封顶就是定一个标准。"张天翼说。

最终，花旗集团接受了"两个封顶"的提议，这让回购和赔偿的风险在具体数额上得到了有效控制。

而花旗集团虽然在这方面做出了让步，却将自己的权益"前置"了。他们提出，长城资产广州办要确保信用贷款债权债务关系成立、保证贷款在债权债务关系成立的基础上其保证关系有效、抵押贷款在债权债务关系成立的基础上其抵押物有优先受偿权。如有违反陈述与保证的债权，则要求长城资产广州办回购或赔偿。

显然，花旗集团收购不良资产的做法和要求，与长城资产广州办原政策性收购农业银行不良资产的做法有着极大的差别。

最重要的附件

2003年10月，按照美国花旗集团的要求，长城资产广州办已开始制作《贷款购买与出售协议》最重要的附件《贷款交易表》。

花旗集团的《贷款购买与出售协议》要求把惠州、汕尾两地区617户债权划分为抵押贷款、保证贷款、信用贷款和已处置贷款4种类型，而且对4种类型贷款进行了不同定义，不同类型贷款又有不同的陈述和保证。

"这个定义明显不同于剥离收购的口径，我们从谨慎原则出发，对惠州、汕尾地区617户债权重新进行了分类，其中重点是对抵押贷款进行了调整。"陈明说。

而在苏巧印象中，《贷款交易表》是一张巨大的表格，每一项都罗列得很详细。

当时长城资产收购的都是政策性资产，有的贷款虽然写着抵押，但根本就没有进行抵押登记，可以说不是十分规范。

"因为当时是第一次打包处置，类似的事情从来都没有做过。从农行接收过来的债权，当时不是特别标准化。抵押必须以登记为准，不能说签了贷款抵押合同，或者仅仅收了一本权证，就把它归为抵押，要根据对方的定义，去完善这些债权管理。"苏巧说。

"手续必须十分完善，花旗方才认为是抵押有效，所以我们就不停地在调整。如果完全按花旗的方法进行认定，大量抵押贷款就变成信用贷款了，而信用贷款自然会拉低估值。所以他们也要适应当时的国情，相互调整。在这方面耗费了大量精力，反反复复谈了快一年。"张天翼回忆说。

长城资产广州办必须一户一户去核实，然后出具法律意见，确保没有瑕疵、抵押有效。而债务方鱼龙混杂，给核查带来极大的难度。

为最大限度防范风险，长城资产广州办与受聘律师事务所签订了《专项法律服务合同》，委托该所提供法律尽职调查服务，对资产包内每户贷款逐一出具《法律意见书》——这为推进谈判进程和形成处置方案提供了详尽的佐证材料。

"为了把债权彻底搞清楚，一方面聘请了律所，另一方面项目经理也要再去核实，就形成了两条线互相佐证。这个阶段，正是债权管理细化的过程。以前项目的某些数据并没有那么精细，但现在要跟花旗去做交易，为了避免之后的一些麻烦，就得逐项去核实、调查。"苏巧说。

600多户债权，对应的只有几个项目经理，强度之高不用赘述。同时，长城资产广州办的管理团队也深入了一线，从农行这个层面继续旁证项目的真实价值。

时任长城资产广州办总经理王良平带队到惠州、汕尾农行进行了实地调研，先后在两地召开了农行各分行支行行长、信贷科长、股长会议，请他们对处置回收价值进行估计。

"当时的总经理王良平曾经当过广东农行的二把手，所以召集相关人员就较为方便。逐一让相关负责人说一说某个项目怎么样，大概能回收多少，这样我们就从农行获取了最准确的信息。"陈明说。

谈判前期，长城资产广州办还委托中介机构对拟处置的惠州、汕尾地区的债权逐户进行了评估。

经过综合判断，各支行的逐户预测价值累计结果与长城资产广州办委托中介机构的评估结果基本吻合，于是，项目团队将该价值确定为该项目的处置价格期望值。

617户债权，可以说被长城资产广州办从四个层面，立体交叉式地摸了个底掉。

价格拉锯

《贷款购买与出售协议》对抵押贷款进行了详细、明确的定义，要求长城资产广州办必须保证抵押有效并享有优先受偿权。于是，经过立体式调研后,长城资产广州办对收购的农行抵押贷款按照协议的定义重新归类,仅把已经办理抵押登记的贷款列为抵押贷款,即使收取权证未办理抵押登记也列为信用贷款,以最大限度减少风险。

2003年11月,长城资产广州办将"抵押贷款"从原来的202户调整为38户。

显而易见,对617户债权进行重新分类大大降低了长城资产广州办违反陈述和保证的风险。相应地,这必然减少了买方处置该617户债权的保障。

此前一直没有"还价"的美国花旗,终于开口了。2003年11月20日,花旗集团提出了交易价格的问题,要求交易价格从贷款本金的14.6%调整为贷款本金的12.6%,其理由正是:贷款类型发生了调整。

长城资产广州办不同意对交易价格进行调整,双方决定对交易价格专程谈判一次。

一个月后,在2003年12月底的价格谈判上,美国泛亚通集团同意交易价格提高到28000万元,但不承担长城资产广州办在成交日前处置该资产包内贷款支付的费用。

跨过元旦,2004年1月5日,双方再一次就交易价格进行了谈判。本次谈判结果是:美国泛亚通集团和美国花旗集团坚持交易价格为28000万元,但最终同意除交易价格外为长城资产广州办处置该资产包内贷款补偿费用300万元。

对此,长城资产总部初步判断:以28000万元的价格加上花旗集团补偿300万元费用整体转让惠州、汕尾地区617户债权,与自行处置回收取得的处置效果非常接近。由于"先易后难"是不良资产处置的必然规律,此外,处置回收成本必将不断上升,净回收现金自然会进一步减少,因此,整体打包处置的方案与继续自行处置相比更加有保障。

随后,长城资产广州办再次组织人员对《贷款交易表》全面进行核对,重点是仅把收购时保证人已在回执上盖章确认的贷款才列为保证贷款,把已经制订处置方案的抵押贷款、保证贷款、信用贷款列入已处置贷款，把保证人未在回执上盖章确认的贷款调整为信用贷款。经过最后调整，《贷款交易表》中 617 户债权抵押贷款涉及 25 户，贷款本金 9407.24 万元，涉及的抵押物评估价值合计仅 1716.92 万元。

这样的操作，让处置价格仅确保优先受偿的抵押物价值 1716.92 万元，而不是评估价值所对应的抵押物评估价值，极大地降低了长城资产广州办履行《贷款购买与出售协议》的风险。

"屏蔽"所有风险

"当时，双方主要纠结在三个方面：一是对瑕疵的定义，二是怎么回购，还有一个则是，怎么让政府退出担保。"张天翼说。

2004 年 2 月，长城资产广州办收到总公司领导对该项目的批示，要求在协议条款中增加买方放弃针对中国政府机构提出任何索赔、诉讼的权利的内容。

但是花旗方面却认为，既然是协议，肯定有一个追责的手段，不同意在协议中增加类似的条款。双方后期就这个点一直在据理力争。

事实上，此前长城资产广州办深入研读了花旗在其他国家购买资产的情况，吸取了相关经验教训，比如，外资利用一些涉及政府或政府部门的债权在境外起诉、追索政府，造成风险。

为此，长城资产广州办在处置前对惠州、汕尾资产包内的贷款再三进行了核对，虽然未发现有政府或政府部门作为借款人或保证人的贷款，但还是主动对资产包内涉及的疑似政府机构贷款、供销社贷款等一些比较敏感的贷款进行了清理，基本上都制定了处置方案，并促使花旗集团作出对获得批准的处置项目，转让后必须按批准的处置方案继续履行的承诺。

即便如此，为了稳妥起见，长城资产广州办继续要求花旗放弃在境外针对中国政府机构行使追索权，否则将无法谈判。

仅此项谈判，又耗时近4个月。艰难的磋商后，双方终于达成了共识，花旗集团同意在《贷款购买与出售协议》中增加了相关内容。

"这其中也有一个比较关键的环节，为了保证债权的真实性、有效性，我们当时向农行通报有国际投资者要购买，所以提醒他们有什么问题要及时反映。这个事情当时也做得比较到位，避免了国际纠纷的发生。"陈明说。

2004年4月，经过近两年时间的接触和8轮艰苦、激烈的谈判，长城资产广州办与美国泛亚通集团、美国花旗集团才就惠州、汕尾地区617户债权的交易价格和条件最终达成一致。

经双方15次修订最后定稿的《贷款购买与出售协议》，共有定义、转让与受让、先决条件、完善所有权、购买价格的支付等28个条款，还有购买价格、贷款交易表、转让通知与完善程序、协议日和成交日先决条件、有关贷款交易的陈述与保证等10个附件，全文篇幅长达90页。

一场艰辛的持久战，终于有了阶段性的胜利。

2004年3月16日，长城资产总部同意了长城资产广州办将惠州、汕尾地区617户债权整体转让给花旗集团的总方案。

方案通过长城资产总部审批后，长城资产广州办的同事们都很兴奋。如果处置方案顺利实施，他们便能短时间内实现在两个地级市完成不良资产的处置工作，并有效地保障现金回收。

但是，大量的推进工作，其实还在等着他们。

闯入"空白区"

长城资产广州办于2004年4月27日与花旗方面正式签订了《贷款购买与出售协议》。随后，长城资产将该项目连同《贷款购买与出售协议》上报国家发展和改革委员会备案。

但大半年过去，国家发改委的备案却迟迟没有下来。

这引起了各种猜测，甚至是误读。彼时，《南方周末》对此报道说："花旗集团和长城资产管理公司一桩堪称样板的不良资产买卖在报送国家发改委审批几个月后仍然没有结果，引起了业界对不良资产处置'冰棍效应'的担心和审批程序的疑惑。"

甚至称："花旗集团和长城资产的一起交易似乎触及了敏感地带。"

事实上，正是因为"第一个吃螃蟹"，带来的"空白区"确实存在，给相关部门审批带来了一定的难度。

对此，时任长城资产广州办事处总经理王良平接受媒体采访时说："我们期待国家有关部门对外资参与不良资产处置的申报能有更具体的要求和规定，以便在实践中遵照操作，从而缩短交易时间。"

当时，苏巧多次前往发改委报送材料，她回忆说："毕竟是转给外资的第一个资产包，从来没有尝试过。当时专门写了一个报告，长城资产总部还有我们办事处的同事一起去发改委做汇报，他们有两个处分别对接此事。之后，我们又去了国家外汇管理局，相关部门都是首次处理这类合作，不良资产转让给外资在当时还是比较特殊的，因此需要做大量沟通和解释工作。"

在苏巧看来，相关部门对于此事都很支持，但因为是首次处理，需要很细致地把每个关键点都解释清楚，所以流程上需要更长时间。

每次去沟通，苏巧和同事们都带着一大堆材料，甚至相关部门有不清楚的地方，一个电话，他们就立即面对面去进行解答。"90页的协议，都需要自己先理清楚，我们搞了一个目录，问到哪里就马上找到相关内容展示出来。"

经过不懈努力，国家发改委于2004年12月1日对此项目出具了《对外转让不良债权备案确认书》予以备案。随后，长城资产按规定持备案确认书、项目报告和《贷款购买与出售协议》，向国家外汇管理局申请办理债权转让备案登记等相关外汇管理手续。

"当时跑外管局，大家真是把工作做到细之又细，连汇率问题都充分考虑进去，争取最大收益。"陈明说，"事实上，这个项目'封包'前，其中有些资产已经处置了，真正履行过程中实际上是一个权益的转让。

具体付款时，花旗其实用过渡期的回款抵消了部分价款。这样的操作手法当时在国内也是很'前卫'的。"

直到 2013 年 4 月，国家外汇管理局方才发布了《外债登记管理办法》，其中第五章为《对外转让不良资产外汇管理》。从这个意义上说，长城资产的前瞻做法，超前了 10 年以上。

项目做成之后，花旗集团与长城资产其他地区的办事处也展开了新的项目谈判。不少知名外资机构如德意志银行、高盛等，也纷纷打听花旗的条款是如何制定的，并说自己的要求"不会高于花旗"。

值得一提的是，正是因为长城资产广州办前期工作做得十分到位，后期仅发生了两三笔资金量很小的回购，由此可见当时的预案之充分、工作之细致。

2004 年 10 月 18 日，在长城资产成立五周年的庆典上，时任总裁汪兴益宣布，为了加快有效处置资产，推进公司转型，拟将所有剩余资产整体打包或组成若干个资产包，向国内外投资者进行转让出售。

对此，媒体当时评论说，长城资产的这一举措将为投资者创造巨大的投资商机，尤其可为国外投资者进入中国市场创造最为便捷的途径。

而此前，2004 年 8 月，在由银监会广东监管局和泛亚太资产管理有限公司联合举办的"金融资产处置、投资论坛"上，当时四大资产公司广州办事处的负责人分别发表了演讲，都不谋而合地说出未来规划：一是为了加快处置速度，不良资产纷纷以各种方式打包，二是积极引进买方渠道，对大型外国机构投资者频递橄榄枝。

敢闯"无人区"的长城资产，为不良资产处置翻开了全新篇章。

一线问答

笔　者　您觉得"花旗项目"最大的突破或者收获是什么？

陈　明　当时长城资产广州办事处的资产相对分散，额度也小，我们人手又少，所以就想着按地区打包，通过批量转让给外资这一创新模式，加快处置进度。如果不打包处置的话，还是一户一户地处置，要在财政部规定的时间内完成任务，基本是不可能的。

广东素来有敢为人先、敢试敢闯的土壤。如果我们没有先行先试的勇气和决心，当时谈判那么艰难，可能就干脆放弃了。

整个广东的不良资产是全国资产量最大的，并且广东身处改革开放第一线，这个项目起到了很好的探索作用，不仅对加快广东地区不良资产处置进程起到了积极的推动作用，而且在业务创新和风险控制方面取得了丰富的经验。

这个项目最大的成功，就是做了一个"范本"。本质上，这是两个司法体系、两个思维方式的碰撞和衔接，我们开了这个头。

当时国内的不良资产管理，还处于一个比较粗放的状态，不少贷款没有办法做得那么规范、那么细致，我们收购过来也承接了很多历史遗留问题。而外资则是非常较真的，在这个背景下，怎么样在"粗放"和"精细"之间找一个平衡点，从而促成这笔交易，同时又怎样把风险降到最低——这是最难的地方。

第一次转让成功后，就探索出了一条路，所有流程走过一遍，后面的项目推进就很快了。我们随后又给外资出售了三个资产包，一个是"呆账包"，一个是湛江地区资产包，一个是佛山地区资产包。不仅仅是一家在购买，形成了竞买的局面，德意志银行与花旗纷纷竞价参与。可以说，通过这个项目，激活了外资参与广东乃至全国的不良资产市场。

近两年，外资投资中国不良资产又火热了起来，并且有了迭代升级，比如本地的服务商都要跟投一部分，形成利益共同体。而这一切，都源于接近20年前的"花旗项目"。

可以说，外资公司管理不良资产的经验和技术，我们当时学到了。比如贷款方式的认定，之前国内分得没有那么精细，而通过合作，倒逼着我们上了一个台阶。现在国内的资产打包处置，某种程度上也基于当时的一些理念启发。

之前国内资产转让的协议，基本不用去谈判，个别条款有疑问解释一下就行。通过此次合作，我们的谈判能力也大幅提高了。今后向投资者交流、推介不良资产，也更加有经验了。

苏　巧　比较起来，当时国内对不良资产的处置方式还处于"催收"阶段，和外资不在一个量级上。和外资接触后，发现他们对不良资产的管理十分精细，后面我们也用这个标准来要求自己。

现在回想，以我们当时的债权管理基础，以及对资产处置的了解，还有当时的政策、环境，能把这个事情做成是非常不简单的。毕竟没有任何经验可以借鉴参考，也没有任何人可以给大家指导，完全是边学习边尝试，边总结边改进。

当时能够把一个资产包卖给花旗，能跟国际巨头合作，还是比较轰动的一件事。但到了商业化处置阶段，我们也变得很严谨，目前的债权管理水平就不比花旗差，经验也丰富了很多。现在我们跟外资打交道，也会说这个"第一单"的案例，他们就对我们的能力和水平心中有数了。

笔　者　花旗之所以购买这个资产包，您感觉他们看中了什么？

陈　明　花旗在全世界做不良资产，和大量发展中国家打过交道，他们有成熟的经验和技术。当时，花旗急需进军中国不良资产市场，他们需要通过不良资产这个桥梁拓展在中国的投资，恰好长城资产此时有让花旗满意的资产包。能不能成，就在于敢不敢突破，同时和反应速度有关系，外资纯粹买断，当时是想都不敢想的事情，但长城资产最后就是拿下了。

我们开了先河后，他们又与其他机构展开了合作。随后花旗在长城资产上海办购买资产，还专门委托长城资产上海办作为服务商，这就是合作后带来的信任。

苏　巧　当时债权投资在国内还是一个新兴事物，还没有形成气候，很多人还没有发现不良资产的价值。

当时不良资产市场还是很低迷的，整个房地产行业也刚刚起步，可以说是一个低点。但外资对市场走向的判断，以及对人民币未来升值趋势的把握，还是很有前瞻性的，所以花旗也能判断出这个资产包的价值。

方法论

四维立体式佐证

在确定项目处置价格以及防范风险时，长城资产广州办用四个层面，立体交叉式地进行了互相佐证。

第一层面：中介机构评估。

谈判前期，长城资产广州办委托中介机构对拟处置的惠州、汕尾地区的债权逐户进行了评估。

第二层面：项目经理调查摸底，农行相关负责人预测。

第三层面：为了合理确定惠州、汕尾两地区不良资产的处置价格，长城资产广州办在与美国泛亚通集团、美国花旗集团谈判的过程中，除了派出项目经理对每户债权进行调查摸底外，几位办事处班子成员还多次实地调研，邀请当地农行各支行的行长、信贷科长座谈，请他们对惠州、汕尾两地区不良资产的处置回收情况进行预测。

第四层面：律师事务所尽职调查。

长城资产广州办委托广东卓信律师事务所，根据《贷款购买与出售协议》的要求，对惠州、汕尾地区617户债权进行了一次尽职调查。包括向买方出具法律意见书，对照《贷款购买与出售协议》及附件对每笔贷款进行调查、核实和情况披露，对每笔贷款的文件进行调查、整理和必要的完善等。

启示录

剔除风险的种子与土壤

长城资产广州办在惠州、汕尾不良资产包的转让过程中，一方面借鉴其他国家的经验和教训，在处置前对惠州、汕尾资产包内的贷款再三进行了核对，虽然未发现有政府或政府部门作为借款人或保证人的贷款，但还是主动对资产包内涉及的疑似政府机构贷款、供销社贷款等一些比较敏感的贷款进行了清理，基本上都制定了处置方案，并促使花旗集团作出对获得批准的处置项目，转让后必须按批准的处置方案继续履行的承诺。

从清查情况看，虽然不良资产包不会涉及政府和政府机构，但长城资产广州办本着稳妥起见的原则，依然要求花旗集团"放弃起诉、追索中国政府部门的权利"。初时，花旗集团坚持不放弃。经过再三洽谈，花旗集团最终同意在协议中增加了"买方将在中国境内依照中国的法律解决该等权利主张或诉讼理由"的条款，实际上放弃了在中国境外起诉、追索中国政府及政府部门的权利。

另一方面，为保证该资产包内贷款的真实性和有效性，在与花旗集团的谈判过程中，长城资产广州办主动向农行惠州、汕尾分行发函，通报了向国际投资者整体转让惠州、汕尾地区不良资产项目的情况和进展，指出债权转让后可能引发的风险，提请剥离行对不良资产真实性进行全面核查。

如果有风险的种子，就去其土壤，而一旦有风险的土壤，就把其中的种子拿掉。可以说，长城资产当时这些举措，将与外资合作产生的风险降到了最低。

董事长点评："样板"交易为商业化经营打牢基础

中国长城资产管理公司与花旗集团正式签署《贷款购买与出售协议》，将广东惠州、汕尾两地区617户、总值23.26亿元不良资产转让给花旗集团，这一事件标志着中国AMC首次将大宗金融不良债权批量转让给外资机构，首次"实现了完整的地区性退出"，开创了向外资整体转让区域金融不良资产的历史先河。该项目的整个处置经过了刊登转让招商公告、中介机构评估、尽职调查，到长达4个月的实质性谈判，到最终达成一致意见并形成《贷款购买与出售协议》，耗时两年，虽然过程艰难，但结局圆满，受到各界赞誉，在金融界引起了极大反响。

对于社会层面来说，此次转让为加快广东乃至国家金融体制改革，为国有银行股改上市和金融体制改革保驾护航，为化解国有银行巨额不良资产负担做出了贡献。

对于长城资产来说，这是一次堪称"样板"的交易。该项目不仅是公司系统首个向外资转让两个地区不经筛选的不良资产的项目，也是中国首次将两个地区的不良债权"一次性打包"整体转让给外资金融机构，"实现了完整的地区性退出"。在此次交易中，批量处置不仅加快了不良资产的处置进度而且还节约了处置成本，增加了外资参与不良资产处置，拓宽了资产管理公司处置不良资产的渠道。国外投资机构的介入不仅拓宽了不良资产处置渠道，还为资产管理公司今后的商业化经营提供进一步合作的空间。同时，外资的参与，为资产管理公司商业化经营提供了有益的借鉴。这次"样板"式的资产处置转让外资的实践，不仅锻炼了队伍，更新了观念，还学到了传统政策性收购处置过程中学不到的知识，对长城资产今后开展商业化经营打下了良好、牢固的基础。

——中国长城资产管理股份有限公司董事长　沈晓明

第八章 纾困贝因美：民族奶企如何迈过生死坎

> 只要活着永远有机会。
>
> ——贝因美董事长谢宏

一个90度的深鞠躬，持续了3秒。

贝因美董事长谢宏最后一个上台，面对众多媒体镜头，他没有拿发言稿，也没有急着说话，而是先用肢体语言表达了自己的心情。

紧接着，他开始了即兴的发言：今天签约后，贝因美就过了生死关……

贝因美的工作人员显然不知道董事长要说出一番肺腑之言，以至于没有进行录音记录。

我们只能从当时媒体报道的一些片段中感受一二："此刻站在这里，感慨很深，不仅是为了自己。贝因美作为国内婴幼儿奶粉的领军企业，所处的行业比较特殊。从陷入困境到今天，最终跟长城国融签约了。贝因美最艰难的关口，肯定是过去了。

"2013年的时候，有人开口300亿元买贝因美，我没有答应。即使被ST了，也有很多人来问，并出价100亿元，但我都坚持下来了。

"去年12月底，我感觉贝因美的形势不乐观，并可能要被*ST。此时，很多领导在电话中送来关怀，并叮嘱我：一定要坚持，挺住。

"现在，贝因美产能是全球最大的，研发全球领先。贝因美的品质，大家更应该放心，国内外任何一家奶企，贝因美都可以与之对比。此次在各方帮助、支持下牵手长城国融，现在无以回报。今后最好的报答，是把贝因美重新做起来，做好，把贝因美这个民族品牌，做成世界级的品牌。"

这场签约仪式，从开始到结束仅用了半个小时，但贝因美的命运就在这半个小时内完全扭转。2018年12月5日，贝因美集团与长城国融投资管理有限公司签署了《关于贝因美婴童食品股份有限公司股份转让协议》，长城资产旗下的长弘基金成为贝因美第三大股东。

"这个是救命的，救命之恩。"时隔半年后，谢宏对笔者解释了当时他深鞠躬的心境。

20年，从萌始到巅峰

谢宏祖籍浙江台州，这里自古从商氛围浓厚，李书福的吉利集团便是从此起家。

在求学阶段，谢宏堪称传奇。1965年，他出生于浙江台州一个普通教师家庭，从小便喜欢读书思考。15岁，谢宏便以优异的成绩考入杭州商学院（现浙江工商大学）学习食品卫生专业。四年后，成绩优秀的谢宏被留校任教，从事食品科学相关研究。但谢宏并不"安分"，1987年又考上浙江大学，做事喜欢刨根问底的他这次选择了哲学专业。

就读期间，谢宏开始接触到婴幼儿养成教育，并对此产生了浓厚的兴趣。1990年代初，外资米粉进入中国，谢宏敏锐地意识到："断奶期"食品或许前景巨大——这在当时的中国还是一片空白市场。

1991年，谢宏将婴幼儿速食米粉研制成功，并被引荐成为浙江余杭一家乡镇饼干厂的新厂长。或许是想乘风破浪于"92派"的下海热潮，1992年11月，谢宏创立了杭州贝因美食品有限公司，主打婴幼儿速食米粉。

创业不易，贝因美要与之竞争的是婴幼儿速食米粉老大——美国亨氏这一当时垄断国内米粉市场的巨头。初期，公司经常发不出工资，供货商也曾上门讨债。

谢宏选择了坚守。他一方面抓紧提升产品品质，让米粉口感细腻、入口即化，另一方面采取了屡试不爽的一招："农村包围城市"。

不到两年时间，贝因美就从农村市场向二三线城市，直至一线城市腹地不断发展，市场份额终将亨氏超过，成为中国婴幼儿米粉市场的黑马冠军。

世界游泳冠军孙杨正是在此时期吃了贝因美的米粉，20多年后，他"现身说法"，因缘际会，他成为贝因美品牌的形象代言人。

后期贝因美发展得如火如荼，踌躇满志的谢宏随即制定了"同心多元化"战略，欲将贝因美打造成囊括0~6岁婴童"吃、穿、用、行"的全产业链公司。凭借着米粉铺开的销售网络，贝因美开始发力婴幼儿配方奶粉。2001年，为了跟伊利、三鹿等当时的一线奶粉品牌竞争，贝因美喊出"国际品质，华人配方"口号，推出"更适合中国宝宝体质"的贝因美奶粉——此做法我们现在还可以看到有人在效仿。

2001年，贝因美的营收便一举突破亿元大关，随后，其通过一次次建厂和并购合作，不断扩大规模。

2003年，阜阳劣质奶粉导致"大头娃娃"事件，引发举国上下对婴儿食品安全问题的强烈关注，整个行业犹如进入寒冬。而一直在品质上坚守底线的贝因美，在行业"洗牌"时反而成为受益者，进一步拓展了市场份额。

2008年，"三聚氰胺事件"爆发，举国哗然，给国产奶粉带来了严重的信誉危机。中国奶粉行业的老大哥、连续17年中国奶粉销售额第一的三鹿，顷刻间灰飞烟灭。

在这人心惶惶的滑铁卢时刻，"独善其身"的贝因美成为少数避过三聚氰胺事件影响的企业之一，他们适时地抓住难得的口碑机遇，凭借可靠的质量占领了国产婴童奶粉市场，利用行业格局剧变的有利时机异军突起，成功坐上国产奶粉一哥的宝座。

彼时，谢宏接受媒体采访时说："中国乳业应该进行自我救赎，并细分市场。目前中国婴童产品的市场规模在5000亿元左右，主要产品需求量年增长率在50%以上，强大的市场需求将给婴童食品用品生产及流通企业带来巨大的商机，未来的3至5年，中国婴童用品行业即将迎来发展的黄金期。"

数据显示，"三聚氰胺事件"后的2009年，贝因美销售收入同比增长67%。受益于2008年至2011年营业收入和净利润的不断增长，贝因美于2011年4月12日在深交所成功挂牌上市，被称为国内"婴童第一股"。

谢宏和贝因美迎来了高光时刻。上市当天，谢宏在当时还甚为流行的博客中写道："本人将视成功IPO为二次创业的起点，继往开来，更加努力，用爱心、专心、责任心，把此爱心事业进行到底，争取以最好的业绩回报大家！"

可就在谢宏说完这番豪情壮语之后的3个月，他突然宣布因健康原因辞去贝因美董事长、总经理等一切职务，创下了至今尚未打破的中国上市公司创始人"闪辞"纪录，市场一片愕然。

多年后，谢宏向笔者还原了当时的细节：上市之后，正好有个朋友推荐，去香港汇丰买一个健康保险，花100万美金可以有500万美金的保额。然后就去做了一个很严格、很全面的体检。结果就查出了毛病，按照现在专业的说法就是我是有重大的基因缺陷，同时有内分泌紊乱，很多指标都到了临界值——按照练武功的说法叫走火入魔，一不小心可能有生命危险，所以当时他们直接给我安排去美国看病。我事后经常说，不要轻易到香港看病，你感冒了都不让你回来的，咱们这边提倡带病工作，他们是没治好不会让你走的。

虽然谢宏退居二线，但依靠产品的美誉度，贝因美的发展依然没有驶离快车道。上市的前三年里，贝因美高歌猛进。2011年至2013年间，其营业收入、净利润分别以13.76%、28.44%的复合增长率上升。当时的AC尼尔森数据显示，2014年，贝因美的市场份额已达到7.4%，超过了伊利、飞鹤等一众国产品牌，成为彼时当之无愧的国产奶粉老大。

2013年，贝因美的营业收入61亿元、净利润7.21亿元，达到了成立后的巅峰业绩，其股价也一路飙升。

祸兮福所倚，福兮祸所伏。巅峰，有时也是拐点。

"很恐怖""很复杂"

查阅贝因美2013年年报可以发现，其当年净利润实现快速增长的原因在于销售费用、管理费用和财务费用三费的费用率占比缩小。但有一个数据就像是千里之堤下暗藏的蚁穴，当时并未引起人们太多重视：2013年贝因美应收账款同比增幅达55%，远高于同期14.2%的营业收入增幅，这一数据似乎印证了当时有机构做出的"贝因美大幅度向渠道压货"的分析。

上市之后，贝因美犯了一个我们似曾相识的错误：在市场过剩时期仍然扩大生产线。其中，贝因美投资建设的黑龙江安达工厂据说是亚洲最大的一条奶粉生产线。产能过大的结果，自然就是不得不向渠道压货。

不可否认的是，创始人永远都是一家公司的灵魂人物，没有谢宏的贝因美，在管理上陷入了混乱，频繁更换管理层就是表象之一。

谢宏辞职后，在贝因美有10年工作经历的元老级人物朱德宇接任董事长。然而1年不到，朱德宇辞去了在贝因美的一切职务，此后贝因美掌舵者由黄小强担任，但他也没能坚持两年，2014年1月，黄小强不再担任贝因美任何职务，贝因美董事长由原总经理王振泰接任。

不断更换董事长和主要管理层的结果，自然就是政策不持续和战略不稳定。上市之后，贝因美进行了大规模的业务扩张，但在2012年11月，贝因美却宣布出售婴童用品相关业务，专注奶粉主业，谢宏的全产业链设想宣告失败。

管理层频繁更替背后，是销售业绩的断崖式下滑。贝因美2014年年报显示，其营业收入同比下滑17.5%至50.5亿元，而净利润同比下挫90.5%至0.69亿元，几乎是"自由落体"般的下滑。年报中，贝因美将业绩的下滑归结于价格、成本和产品的组合因素。不过，贝因美一位资深营销专家在与投资者进行电话交流时，道出了出现问题的真正缘由：

"2014年是贝因美下滑的起点，因为2013年做得不错，2014年管理团队在目标设定上比较激进，导致供应链的组织和协调上出现失误，库存上升较多，违背了公司一贯以来健康销售的原则，最终导致市场出现决堤式下跌。"

贝因美销售费用的激增也广为诟病。在2007年到2015年，贝因美的销售费用率一直在40%左右波动，从来没有超过45%。到了2016年，其销售费用率飙升到了62%。也就是卖100元产品需要62元的销售费用。贝因美的产品毛利率在行业中算高的，但是也没有超过60%——这样能不亏吗？

数据显示，2007年至2013年，贝因美的营收从12亿元增长到61.17亿元，翻了5倍有余，年复合增长率达到31%；从2013年到2016年，贝因美的营收掉头直下，节节败退，从61.17亿元降到27.64亿元，年复合增长率是-23%。

贝因美"国产奶粉第一品牌"的桂冠，也黯然掉落。2016年，贝因美的市场份额首次被竞争对手飞鹤超越。

2017年8月3日，当时的国家食药监总局公布首批奶粉配方注册企业名单，贝因美4个系列12种产品第一批通过国家奶粉配方注册，并且包揽了国家婴幼儿奶粉配方注册的 0001 号到 0009 号。当晚，谢宏兴奋地在朋友圈写下"今夜无眠"。

"配方注册制度是有利于行业发展的监管创新，贝因美具有品类优势和先发优势。"谢宏当时说。

不过，谢宏的兴奋，很快就被惨淡的业绩冲淡。

在 2017 年三季度报告中，贝因美预计 2017 年度归属于上市公司股东的净利润为亏损 3.5 亿~5 亿元。而在 2018 年 1 月 21 日发布的"2017 年度业绩预告修正及存在被实施退市风险警示的公告"中，贝因美却来了一次业绩大变脸：2017 年贝因美的净利润预计亏损 8 亿~10 亿元——这比预计亏损足足翻了一倍。实际上，这已经是贝因美上市后连续第 5 年的第 9 份业绩预告修正了。

当时有人算过账，照此计算，贝因美 2016 年与 2017 年合计亏损近 18 亿元，而公司 2011 年至 2015 年的净利润为 18.40 亿元，两年亏损已接近上市以来的利润总和。

有媒体借此大肆炒作，调侃贝因美为"亏损王"，《贝因美斗过了三聚氰胺、打败了美国巨头，却躲不过十亿亏损》《贝因美之劫：曾经的行业老大到底怎么了？》《贝因美彻底陨落大起底，昔日"奶粉第一品牌"沦为待宰羔羊》等文章横行网络。

让局面变得更扑朔迷离的是，贝因美的第二大股东恒天然集团在其官方网站直接表达了对贝因美的"极度失望"："贝因美没有最大限度地利用在配方注册制的新规则下，其 51 个婴幼儿奶粉配方在早期就注册获批所带来的机会。"

这甚至引发了恒天然反手收购贝因美的市场猜测。

此前，恒天然希望在中国乳制品市场占有一席之地，贝因美也希望通过国际化获得稳定高质量的奶源，二者一拍即合，恒天然在 2014 年发起要约，拟收购贝因美不超过 20% 的股份，并且声称不谋求公司的控制权。这笔交易在 2015 年初完成，恒天然以每股 18 元（较市价高 12%）

的价格，耗资 34.64 亿元完成对贝因美的要约收购，成为贝因美第二大股东，持股占比 18.8%。而贝因美则以 3.6 亿元收购了恒天然位于澳大利亚的达润工厂 51% 权益。

2018 年 1 月 21 日，贝因美还发布了出售资产被董事会否决的公告。董事会中贝因美方和恒天然方已经出现了针锋相对的局面，一方为了避免 ST，希望通过出售资产尽力改善业绩，但另一方却坚决反对。当时有分析说，这些都是恒天然在逼宫贝因美，目的是以更低成本谋求全资并购贝因美。

有乳业专家当时表示，贝因美业绩下滑与行业无关，主要还是其自身在投资决策、财务资金压力、产品销售和成本控制上存在问题。渠道不顺、回款困难，多重压力造成贝因美举步维艰。

人无千日好，花无百日红，企业又何尝不是如此，昔日头顶耀眼光环的企业，可能转眼就濒临巨大危机。曾经拿到最多注册配方的国产奶粉老大，进入了最艰难时刻。

此时，选择逃避而后一蹶不振，还是选择直面问题迎难而上，不但决定着一个企业的命运，更决定着成千上万名员工的未来。

眼看着一手创立的企业，走到面临退市的命运交叉口。"痛心"和"不甘心"两种复杂情绪交织的谢宏决定再度出山："如果我们还改变不了世界，就先改善自己。" 2018 年 3 月 15 日，贝因美官方发布消息称："经集团公司董事会研究决定：聘任谢宏先生为贝因美集团有限公司总裁（CEO），自即日起生效。"

2018 年 4 月 27 日，因连续两年亏损和债务赔偿等问题，贝因美被实施"退市风险警示"特别处理，开始"披星戴帽"，变身"*ST 因美"，曾经的母婴奶粉第一股自此跌落神坛。每个人都知道，贝因美如果 2018 年再亏损就要退市了。

2018 年 5 月 18 日，53 岁的谢宏又重新担任贝因美集团董事长。当晚，谢宏在自己的朋友圈里写道："53 岁从头开始。"

一年多后，谢宏告诉笔者，他认为贝因美之前出现危机，有外因也有内因。外因是2014年海淘的全面兴起和2016年的假冒奶粉事件。

谢宏坦言，此次重新回归，和当年去国外的时候相比，市场发生了很大变化。"这个变化谁都预料不了，变化太大了。"

的确，在谢宏离开的7年间，奶粉行业出现了翻天覆地的变化。

2011年，国内奶粉品牌只有20多个，可是到2017年配方注册制度实施之时，国内大大小小的奶粉品牌多达2000余个，配方奶粉成为群雄逐鹿的战场。2016年市场上出现假冒贝因美，成为贝因美当年亏损的导火索。

"我们之前的一级市场全部都在东南沿海，而东南沿海又是海淘最聚集的地区，因此贝因美的市场份额被海淘吃掉不少。我们宁波分公司旁边，就是保税区，主要就卖奶粉、葡萄酒、尿不湿这三样东西。"谢宏用"很恐怖"来形容海淘带来的冲击："贝因美的营收在2013年达到顶峰，2014年出现海淘，后面又受到新零售的影响，多方面因素综合在一起了。当时敏感度不够，销售模式没有及时应变。"——这是外因。

毋庸置疑，贝因美渠道转型出现了较大问题。随着电商全面爆发，贝因美原本占据优势的商超和经销商渠道开始出现萎缩，同时贝因美在渠道利益分配上"照顾不均"，导致整个销售渠道出现了较为混乱的局面。

对于内因，谢宏坦言内部管理也出现了一些问题："我自己不在管理层，职业经理人做很多事情需要平衡处理。应该说下面也存在一定程度的业务混乱，这里面很复杂。"

"很恐怖"和"很复杂"，谢宏用两个形容词描述出了当时的内忧外困。

谢宏觉得，还有一个原因不得不说："其实我们在2013年以后，更多的精力用在了和外资竞争。因为当时我们觉得公司已经发展到这个程度了，就应该要为民族品牌正名。但和外资竞争，有些因素根深蒂固，不是一天两天能见成效的，资源消耗很大。"

于是，在这个错误的策略下，贝因美原先占领的三级城市以下的市场，被抄了后路。

2018年4月27日，贝因美集团发布2018年一季报，营业收入为5.44亿元，同比下降35.8%。

从幕后走到台前的谢宏面临的，是一个极差的开端。

竭力自救

谢宏回归后，在各个层面进行了大刀阔斧的变革，渠道梳理、高层换血随之展开。

品牌没问题、质量没问题、研发没问题的贝因美为何会落得如此下场？谢宏似乎找到了问题的答案：人的问题。在他看来，解决"人"的问题比改善财务报表上的营业数据更重要，也更难。

2018年7月，贝因美邀请在惠氏做了13年后转战美素佳儿的包秀飞出任总经理。包秀飞曾在杭州娃哈哈集团有限公司、上海百事食品有限公司、惠氏营养品（中国）有限公司先后任职，加入贝因美公司前，就职于荷兰皇家菲仕兰中国业务集团任美素佳儿首席销售官及消费型乳制品总经理，在奶粉行业拥有丰富的从业经验。

此前，包秀飞在美素佳儿的业绩可圈可点，其团队在奶粉行业丰富的营销经验成为贝因美扭亏为盈的有力保障。

加盟之后，包秀飞对贝因美的"把脉"很精准：由于前些年的大举扩张，贝因美的产能严重过剩，很多时候是奶粉生产出来却卖不出去。"贝因美产能当前已经达到了全球第一，如果产能全开的话，一年产值能有300多亿元，相当于全国奶粉的1/3可以由贝因美生产。"

包秀飞觉得，贝因美有足够的优势，包括产能足够大、品牌足够硬、产品线足够长。其问题在于产品结构不合理、成本大于利润。现在要做的，就是从两个维度降低成本：一是变成本为投资，让每一分钱的成本都更有价值；二是建立可持续发展的生意模式，聚焦用户成功降低经营成本。

在谢宏的支持下，针对母婴行业的最新趋势，包秀飞团队重新确立了贝因美三大经营战略：做大超高端、做强大客户、做深三四线，从产品、客户、渠道等多个维度重塑贝因美。

谢宏更加重视渠道的开拓和经营的优化，他为贝因美搭建了一个内部称之为"天罗地网"的系统，力求所有产品双向可追踪，全程可追溯。通过业务模式升级与系统互动，整合资源和大数据，逐步建立以门店为核心的忠诚度体系，获取门店准确的销售信息。这一以"抓客、引客、获客"为核心的"天罗地网"体系，也是互联网+销售中比较常见且行之有效的策略。

贝因美之前面临的两大问题：渠道窜货乱价问题和生产商品积压问题，都迎刃而解。

为了让经销商和自己一同攻坚克难，贝因美还实施了经销商持股计划。随后，喝贝因美冠军宝贝营养米粉长大的世界游泳冠军孙杨出任贝因美品牌代言人，其具有拼搏精神的健康形象为贝因美产品形成了可信背书。

可以说，谢宏想尽了办法，利用各种手段在自救。但贝因美的股权质押危机，却像一个没有泄洪口、行将溃坝的堰塞湖，随时能让山下努力复原的美丽村庄和还未来得及收获的果实烟消云散。

通过贝因美2018年9月28日发布的《关于控股股东股份质押的公告》，可以发现，当天贝因美集团将所持有上市公司的部分股份质押，此次质押占其所持股份比例的28.87%。截至公告披露日，贝因美集团共持有公司股份349852890股，占公司总股本的34.21%；其所持有公司股份累计被质押349850000股，占其持有公司股份总数的99.99%，占公司总股本的34.21%。

由此可见，贝因美集团几乎把上市公司的所有"身家性命"都质押了，仅仅留下了2890股这个零头。

尽调：前前后后、内内外外

2017年下半年，正是贝因美因巨额亏损而焦头烂额的时候，一家券商将长城国融团队介绍给了谢宏，双方开始建立联系。

长城国融投资管理有限公司是长城资产的全资子公司，也是后者拓展实质性重组业务的重要平台。近年来，通过围绕问题企业大力拓展实质性重组业务，长城国融也逐步发展成为业内依托资产公司不良资产主业、通过投资投行和并购重组手段对问题企业开展实质性重组业务的领跑者。

贝因美已经连续巨亏两年了，还值不值得救助，能不能救助，这些疑问让长城国融团队思索了很久。敢啃硬骨头的长城国融团队，开始对贝因美进行全方位的调查和研究。

"有点可惜了，原来很好的一个品牌没有经营好。"这是长城国融产业重组部负责人俞毅坤刚刚接触贝因美的第一感受。他认为：贝因美上市后的资本运作较为粗放，在借助金融手段上可以说较欠缺经验，没有通过合理的资本运作建立一个比较高效的管理体系。事实上，谢宏本人也曾表示，贝因美最大的短板在资本运作和财务筹划。

随后，长城国融团队对贝因美以及乳制品行业的前前后后进行了充分调查和深入了解。

他们的思路是，贝因美当时面临的第一大风险就是保壳，以此倒推，就必须了解公司的问题到底出在哪里，进而对这些问题有一个相对妥善的解决方案。再往后推一步，是什么样的人在操盘？企业外部的监管环境如何，当地政府是一个什么样的态度，会给什么样的支持——

一环扣一环，都得去做相应的分析和尽调。

长城国融团队首先研读了近年来贝因美的所有公告，同时还专门去问了一些适龄儿童的妈妈，问她们怎么看待贝因美的产品。"随时都会去关注，比如看到哪家母婴店里有卖贝因美的产品都要进去看一看。"俞毅坤说。

同时，俞毅坤还询问了相关业内人士。"中国奶粉行业被外资搞得一塌糊涂。我也有一个哺乳期的孩子，周围人都说别喝国产的奶粉。其实在三聚氰胺事件发生后，食药管理部门就把奶粉行业当成药品来管理，产品标准其实远高于国外。但现在中国人对国产奶粉还是不信任，监管部门的朋友告诉我，其实从抽查结果来看，国产奶粉的合格率是要高于进口奶粉的。"

用了不到两周时间，长城国融团队把奶粉这个行业了解透了。"时间还是相对有限，如果还有充足的时间，我们还会继续往下深入，只有持续专注一些深层次的东西，只有长时间沉淀下去，才能挖得更深，理解得更透。"俞毅坤说，"对于问题企业的重组，我们往往采用的就是底线思维，了解其核心问题，然后探索这些核心问题有没有解决的方向。因为问题就是风险，如果问题有解决思路和方向的话，我们就可以有效应对。"

为了熟悉一个项目，长城国融团队经常要付出极大精力研读大量的外围资料。比如，他们之前为运作一个涉及生物工程的项目，就把生物化学、基因工程、干细胞等知识都仔细学了一遍。为了更好地交流，他甚至研读了这家公司科研团队提供的专业论文。"做行业研究的时候我们切入得非常深，看了这些论文，甚至比这家公司的老板还了解他们的产品逻辑，比他们老板还了解这个行业。"俞毅坤笑着说。

有了外围的调查了解之后，2018年10月，时任长城国融总经理的许良军带着团队去贝因美现场尽调，以密集的行程安排，对贝因美的里里外外进行了细致摸排。

长城国融团队和贝因美部分高管做了访谈，以深入了解公司管理者对于贝因美不同角度的看法，了解问题的症结所在。他们甚至专门在贝因美的员工食堂吃饭，和员工攀谈，收集方方面面的信息。

随后，长城国融团队走访了当地政府和一些职能部门。"我们继续访谈了发改委、财政局等部门，看监管部门对于贝因美到底是什么样的一个看法和态度。同时还拜访了贝因美的主要贷款行建行。"许良军说，他们发现，当地政府对贝因美很支持也很有信心，财政局也给予了一些税收方面的优惠政策，同时债权人建行也表示要联合其他金融机构进行扶持。

"金融机构不抽贷，政府部门协助企业渡过难关。所以从这些调查结果来看贝因美的外部环境还是很不错的。"许良军总结道。

通过尽调，长城国融团队觉得，不论从行业还是主管部门甚至自己作为最直接的消费者角度，贝因美的品牌和品质都没有问题，只是在产业布局和产品结构上，出现了一些偏差。

尤其让长城国融团队安心的是，主管部门把国家婴幼儿配方奶粉注册的0001号到0009号批文都给了贝因美，可见主管部门对其的认可。另外，贝因美26年来没有出现一例食品安全事故，从而入选了哈佛商学院的案例，这证明企业的信用没有问题。"制药难在研发，食品难在安全。贝因美26年零事故，这算是一个奇迹。这应该是一家有良心的企业，不掺假不作恶。"许良军说。

而谢宏也曾在公开场合表达过："贝因美是个基础很好的企业，这么多年没有发生一起食品安全事件，没有一起信用违约，没有拖欠过银行一分钱，所以我就是不甘心看到贝因美变成2016年、2017年的样子。"

许良军觉得，贝因美出现困境的两大症结在于：销售渠道没有及时适应市场变化而做出调整；投资规模过大，导致产能过高，负担太重。

归根结底来说，贝因美的关键是能不能把市场做起来，将生产和销售形成一个良性循环。如果有市场，就叫扩大产能，而没有市场，就是盲目扩张。

许良军等人见到了专程从上海赶回杭州的贝因美总经理包秀飞，心里更加有了底。"他有较丰富的专业经验，知道问题的症结所在，整体运作的思路较为清晰。结合行业变化，每一年贝因美要做什么事情，有哪些应对的措施，他们都有很详细的规划。"许良军察觉，当时贝因美的销售已经有好转的迹象。

深入细致的走访后，长城国融团队的纾困思路基本形成：贝因美面临的，表面看是短期的流动性问题，其实还是上市公司的管理和长远发展问题，所以长城资产要做的重点是优化其管理，改善贝因美的基本面。

化解股权质押危机

彼时，贝因美已经面临极高比例股权质押和严重的资金链危机，同时还有一些过桥性质的民间借贷。这一口气能不能缓过来，生死攸关。

双方开始进入实质谈判阶段。其实，在此之前，贝因美也曾与很多金融机构接触过。"综合来讲，长城资产团队的工作效率是最高的，工作也是最务实的。"谢宏说，"最终选择与长城国融合作，是因为整个过程接触下来，长城国融的工作作风、敬业态度、专业性，与贝因美最为契合，大家沟通得也比较好。"

谢宏回忆："在整体推进的过程中，效率是至关重要的。期间设计方案来回往复过多次，因为当时我们的情况也不断在变化，包括金融政策在 2018 年也发生了很多变化，经常这个方案做好了，政策发生变化后又走不通了。但是，只要一碰到问题，不论白天黑夜，不管是不是工作日，我们和长城资产都会在第一时间沟通。"

长城国融团队不断打磨方案的过程也让谢宏印象深刻。"长城资产真的是千方百计帮我们把这个路走通了，除了日常工作外，他们连周末休息的时间也用来打磨方案。要么他们来杭州，要么我们去北京。"谢宏说，

"做方案的时候,既要注重当前,还要着眼未来,心浮气躁肯定做不好,需要我们静下心来安心去做。长城资产的专业和经验为此提供了有力的保障,我本人也在这个过程中学到了很多金融知识。"

双方继续谈判沟通,过程很顺利,但当涉及股权转让的时候,贝因美方面有些摇摆,觉得当时二级市场不太好,如果进行股权转让价格过低。

而进行股权转让的目的,一方面在于给贝因美注入流动性,更重要的则是,深度参与到贝因美日后的管理中,和企业共同成长。

为此,长城资产在投资结构上做了些调整,用基金的模式进入,相当于设置了一个安全垫,未来有了超额收益后双方可以进行分成。

最终,长城国融团队充分考虑到贝因美的现实情况,对未来可能出现的问题做了审慎的评估,为贝因美提供了一揽子、全周期、全产业链的综合金融服务方案。其中,为缓释企业面临的紧迫的流动性压力,参照纾困基金市场化运作模式,长城国融向贝因美提供 5 亿元的资金支持。

方案设计完毕后,当时有贝因美高管对许良军说:你们胆子挺大的,整体来看贝因美的主营业务能不能实现盈利也不好说,因为之前负担很重,而且市场还处于缓慢复苏的过程中。

许良军对这位高管说:我们有信心,你们有能力!

就在方案初步确定之后,发生了一件举国瞩目的大事。

2018 年 11 月 1 日,习近平总书记在北京主持召开民营企业座谈会并发表重要讲话。他强调,公有制为主体、多种所有制经济共同发展的基本经济制度,是中国特色社会主义制度的重要组成部分,也是完善社会主义市场经济体制的必然要求。非公有制经济在我国经济社会发展中的地位和作用没有变,我们毫不动摇鼓励、支持、引导非公有制经济发展的方针政策没有变,我们致力于为非公有制经济发展营造良好环境和提供更多机会的方针政策没有变。在全面建成小康社会、进而全面建设社会主义现代化国家的新征程中,我国民营经济只能壮大、不能弱化,而且要走向更加广阔的舞台。

此前，个别怀疑甚至是否定民营经济的言论甚嚣尘上，刷屏网络。在这个时期，中央召开民营经济座谈会，一下驱除了困扰在民营企业家心头的雾霾，给民营企业家打了强心针、吃了定心丸，更加坚定了他们的信心和信念。

"中央开会要扶持民营企业并进行纾困。贝因美是民族婴幼儿奶粉的第一品牌。在纾困民营企业的大背景下，从道义上来讲，我们作为中央金融企业，有这个社会责任，扶持民族品牌渡过难关，同时也体现我们自身的专业能力。"许良军说，对贝因美的纾困工作要求较高，毕竟事关食品安全。尤其是在中美贸易战的大环境下，保护和支持一个涉及国计民生的民族奶粉自主品牌，长城资产确实有这种使命担当。

"我们前前后后接触了有一年多的时间，实际上已经谈得差不多了，最后借经济座谈会的东风，就把这件事敲定下来，随后开一个发布会对外公布。"谢宏说。

2018年12月5日，贝因美发布《关于公司与长城国融签署战略合作协议的公告》，但这份公告未透露具体细节。两天后，双方的战略合作签约仪式在贝因美大厦位于23楼的舰舱状会议厅举行。

根据《股权转让协议》，贝因美集团拟将其所持有的上市公司5200万股无限售流通股，协议转让给长城资产旗下的长弘基金。股权转让完成后，贝因美集团仍为公司控股股东。

当时的媒体报道称：谢宏复出260天后，贝因美终于迎来了国资的纾困。

在签约仪式现场，许良军表示，贝因美作为中国民族奶粉行业的佼佼者，受内外部多重因素的影响，目前面临暂时性的经营困难和财务压力。为响应党中央、国务院关于纾解民营企业融资难和股权质押风险的号召，长城国融积极参与到贝因美脱困的工作中来，通过纾解企业股票质押融资风险，为企业的健康快速发展提供流动性支持，并积极推动贝因美业务结构调整和转型升级。而谢宏的回归，也进一步增加了长城国融的信心："我们认为，贝因美目前遇到的只是暂时性困难，谢宏和他的团队一定可以把它做好。"

许良军还说，当前，我国对婴幼儿奶粉的管控越来越严格，特别是婴幼儿奶粉实施配方注册制后，奶粉就像药品一样在管控，未来奶粉行业将面临资源的重新配置以及产业结构调整的趋势。"长城国融将助力贝因美集团实现全面产融战略升级，提供更多的资本资源与要素资源支持，为民族品牌不断攀登新高峰提供支撑点和助推器。"

"老员工都跑来向我反映，现在整个团队的执行效率至少提升了一倍。"贝因美集团高管袁芳在签约现场说，创始人谢宏的回归正改变过去影响贝因美发展的团队执行力问题。而贝因美的主业正在快速扭转，只是眼下流动性相对紧张，此次长城国融及时的资金支持将帮助贝因美优化财务结构，摆脱流动性相对紧张的困境，从而更加专注于主业发展。

"双方的合作可以说既依法合规，又完全采取市场化的手段。"谢宏告诉笔者，"这样，既能够解决我们的问题，又完全符合规定。"双方在2018年12月5日签约后，距离年底已不到一个月时间，很多流程都必须赶时间完成。

"包括后来去做股权交割登记、基金备案，因为要在元旦之前完成，都是争分夺秒的。"谢宏说。

长城国融团队于是和贝因美方面分工合作，分头行动，抓紧执行，不断压缩进度，终于在年底前顺利完成了各项工作——贝因美的股权质押危机被有效化解了。

10亿的救赎

除了资本层面的运作，贝因美管理层还对公司现有资产和上游供应链进行了梳理。就在与长城国融签约的同时，贝因美宣布，为了更好优化过剩产能、改善上游供应链体系,将终止与恒天然方面签订的达润协议,拟将持有达润工厂51%的权益转让给恒天然。

2019年1月2日,贝因美发布公告,以5.95亿元的价格,完成了上述转让。

看来,盘活闲置资产、解除产能过剩压力对于改善贝因美经营状况非常重要。俞毅坤说:"终止与恒天然的合作,有利于贝因美去除过剩产能,有助提高贝因美的盈利水平,这符合贝因美的战略安排。"

事实上,贝因美总经理包秀飞也曾多次提出"小而美"的新思路,即将企业现有资源实现效率最大化。

另一方面,同样的事情,换一个角度处理就会得到完全不同的结果。2019年6月,贝因美(安达)奶业有限公司与河北康宏牧业有限公司开展战略合作,合资成立一个新的牧业公司,共同经营安达奶业旗下的牧场。俞毅坤说,"这个牧场本来是亏损的,但是如果做好与贝因美的合作开发,就有望扭亏为盈,并增长经营业绩。"

俞毅坤说:"在对原有产能重新调整、优化布局的同时,贝因美还计划发力高端品牌,占领中高端市场,以避免已经白热化的同质化竞争。"

初见温文尔雅的谢宏,技术专家的感觉扑面而来,他笑言,我不但是贝因美创始人,还是贝因美的首席科学家。

谢宏告诉笔者,与长城国融合作后,谢宏在内部提出三大运作:资本运作、产业运作、市场运作,三位一体、有机结合。

同时,在强化公司内部管理方面,谢宏提出"六重奏":重建渠道、重构体系、重造团队、重塑品牌、重塑文化、重树商誉。这里面最关键的是重造团队和重构体系,毕竟"人"是最重要的。

2019年3月底,贝因美公布年报,2018年贝因美实现营收24.9亿元,实现归属于上市公司股东的净利润4111万元,同比增长103.9%,经营活动产生的现金流净额为2.91亿元,同比增长311%。

贝因美在谢宏回归、长城资产帮扶下,通过产品、客户、渠道、资本等多方面的变革，完成了从亏损 9.6 亿元到盈利 4111 万元，总计 10 亿多元的盈利救赎。

2019 年 4 月 16 日，贝因美发布公告，公司股票自 2019 年 4 月 18 日开市起撤销退市风险警示，证券简称由 "*ST 因美" 变更为 "贝因美"。

"成了！" 谢宏第一时间转发了摘帽公告，还在朋友圈感慨：只要活着永远有机会。

"您有没有想到公司能这么快从下坡路，在一年时间内，艰难而又迅速地爬上坡？" 笔者问。

谢宏的回答很乐观："我没有想到环境和遇到的问题有那么复杂。"

"比您想象的还难了一些？"

"应该是，但运气还是不错。应该这么讲，尽管很困难很复杂，按照浙江省政府的看法，我们属于典型的流动性危机。公司没有资不抵债，主业也很突出，品牌美誉度也很好，整个基础都很好的。"

的确，贝因美的"造血"机制没有任何问题，问题在于当民营企业出现危机的时候，作为金融机构，是否敢于向其输血，能否帮助企业通过有效的调理和调整，恢复可持续发展的能力。这考验着长城资产的专业判断，也考验着长城资产的责任担当。

不过，贝因美已没有过多时间去歇口气，在其低谷时期，国内奶粉行业竞争日趋激烈，飞鹤、君乐宝等品牌相继崛起。在群强环伺的奶粉行业，贝因美想恢复昔日的雄风，还有很多事情要做。

而在谢宏的战略规划里，保壳显然只是其中的第一步。据媒体报道，谢宏办公室里的一张便签上写满了外资奶粉巨头的名字。

"我以前常说我把贝因美当女儿养，但是我现在不这么认为了，贝因美是我的儿子。" 谢宏说，女儿是可以嫁的，但儿子却不是。

未来，充满想象

贝因美 2019 年半年报显示，报告期内实现营收 12.96 亿元，同比增长 5.16%，归属于上市公司股东的净利润 –1.22 亿元。

"最困难、最黑暗的时候肯定过去了。"对于 2019 年上半年的亏损，谢宏觉得，这与策略调整、行业规律等都有关系。"去年我们压缩了很多广告投放，2019 年又开始发力东方卫视《妈妈咪呀》等推广。在母亲节、父亲节、儿童节也做了很多营销工作，而奶粉行业上半年的销售其实又是个淡季。"

谢宏说，贝因美正在打造品类经营体系，对旗下的 100 多个品类进行了详细梳理，有的需要发力，有的则需要做减法砍掉，要将其形成一个强势的矩阵。"目前来说，奶粉肯定还是上市公司的主打产品，未来就不一定。同时，我们在特殊医学方面的研发一直都没停下来，以奶粉业为基础，然后围绕着母婴生态圈布局，是我们未来可能的发展方向。"

在这方面，长城资产也在协助贝因美寻找并购标的，就在笔者采访当天，贝因美专门派了团队去和目标企业洽谈。

可以说，在选择并购标的方面，长城资产团队已经历练得"炉火纯青"，他们已经从中间商撮合型升级为需求导向型。"并购的核心在于，不再是作为卖方去推销项目，而是从买方入手，结合企业自身的发展战略和布局，进行寻找和筛选。"俞毅坤说。

"我们是把长城资产当作金融方面的战略合作伙伴。"谢宏说，跟长城资产的合作改变了他们对央企的印象。"以前觉得央企有些高高在上，不太好打交道，不是特别市场化。这次觉得长城资产的团队确实效率很高，而且很有敬业精神。"

面对当前同行的疯狂"砸广告"，谢宏很理性，他要求贝因美不再做硬广，而是做内容营销、精准投放。

"我们直接用互联网思维来对接真实的用户，比如《妈妈咪呀》跟我们的品牌调性十分相符，受众完全契合。我们会在线下通过门店做海选，让那些妈妈报名参与进来。"谢宏说，"做硬广那一套做法已经落后了，我们多少年前就请了张曼玉代言，打出了一句经典的广告语：专为中国宝宝研制，更适合中国宝宝体质。"

面对贝因美何时能重振雄风、再回巅峰的问题，谢宏很有底气："我们有信心，在30周年庆的时候，也就是2022年，贝因美将重回巅峰，并不断超越自我。我们该付的学费都付过了。"

下面这件事，应该是谢宏眼里的"学费"之一。

2019年8月7日，贝因美发布了《关于持股5%以上股东减持股份预披露公告》，第二大股东恒天然因自身资金需要，拟减持1000万股。谢宏在朋友圈写道：很多人问这是利空还是利好？离婚是好事还是坏事？自己判断吧！

早在2019年5月，谢宏接受媒体采访时说，引进恒天然是其最后悔的决定。因为中外企业理念差异巨大，恒天然的决策效率低下，无法真正理解中国消费品市场反而拖累了贝因美。

可以说，在资本层面，贝因美正在长城资产的协助下，走上了步调一致的快车道。

俞毅坤对贝因美的未来发展充满期待，有一次，他列席了贝因美的董事会会议，发现经过管理优化后，这个董事会不但务实，而且很国际化。"董事会开得非常热闹，对一些事情确实很严格、很较真，不是走过场。公司总经理给战略委员会汇报未来一年他的思路想法，大家就会做一个非常详细的剖析，同时按照定下的目标层层倒推。贝因美将在中国婴童产业上继续深耕发力，这个市场很庞大。在我们看来，这个公司还是大有希望。"

在一次董事会上，谢宏提出了"休养生息"四字战略。俞毅坤记得很清楚，这四个字都有深度内涵，每个字背后都有不同的含义，都有一系列的动作。

"'休'是指不折腾，重塑公司文化，打造愿景组织，优化组织架构，提升管理技能效果，优化企业流程，疏通堵点和节点；'养'意即培养，借助谢宏和孙杨的双 IP 及消费者教育，提升品牌形象和辨识度，同时继续优化品类结构，做强新零售重点客户；'生'则为布局，发挥贝因美产品创新优势，建立长远竞争力；'息'主要是指数据和体系，打造数据化运营体系，打造终端零售和客服体系……"俞毅坤说，如果沿着这个方向去执行，贝因美的基本面将不断走好。

对此，许良军觉得，贝因美本身因为前几年"生了病"，刚刚缓过来，还处于复苏状态，所以这几年确实还是要以"休养生息"为主，直到完全康复。"市场还没完全打开，生产成本现在又上去了。所以说主营业务全面盈利，可能还需要一段时间。可能董事会改组之后，我们也将尽可能地在公司治理上给予一定的支持。在做重大决策的时候，集思广益，做一些把控，让贝因美更像一家公众企业。"

对于未来的贝因美来说，加减法可能同时适用。一方面，围绕战略和发展，减去亏损业务和负担业务。另一方面，增加转型发展的业务，长城资产将在其中发挥重要的撮合作用，他们将辅助贝因美围绕品牌做文章，比如收购一些好的标的，开发诸如生态奶、儿童辅食等新产品。"也不能指望贝因美马上就爆炸性地飞跃发展，毕竟奶粉市场目前是比较饱和稳定的，不能一口吃一个胖子，所以我们也会陪伴贝因美走一段时间，直到企业变得强壮。"许良军说。

国家产业政策层面，也给了贝因美重大利好。回看贝因美的 K 线图，可以发现其股价在 2019 年 6 月 3 日直奔涨停——这一天，国家发改委等七部委联合印发《国产婴幼儿配方乳粉提升行动方案》，提出大力实施国产婴幼儿配方乳粉"品质提升、产业升级、品牌培育"行动计划，国产婴幼儿配方乳粉产量稳步增加，更好地满足国内日益增长的消费需求，力争婴幼儿配方乳粉自给水平稳定在 60% 以上。

笔者了解到，贝因美作为浙江省纾困帮扶第一例，也得到了当地政府的充分肯定，浙江省委政策研究室准备将贝因美案例，作为典型的民营企业纾困案例，上报中央。

麦当劳、苹果、李宁的创始人回归后，三家公司都有了飞跃式发展，谢宏的回归能否复制这一"定律"，继而在商业教科书里写下自己的名字？

谢宏身上的担子显然很大，不过，在这个消费升级、新零售、二胎政策等因素共同铸就的变革时代，一切都有可能发生。

小团队，大作战

在贝因美项目中，长城国融团队只有3个人，但就是这样的小团队作战，打开了局面。

在摩根士丹利等知名投行工作过的俞毅坤，会把每次出差都记录在自己的记事本上。整个2018年，他出差了144天。"如果天天坐办公室里，你根本想不出还有哪些资源、哪些素材可以为我所用，从而组合出一个非常好的方案出来。"俞毅坤说，"马云说工作应该'996'，一周其实才是72个小时。长城资产的一些领导，何止'996'，甚至可以称为是'697'了——早上6点起床，晚上9点下班，一周干七天。"

为了有时间陪孩子，俞毅坤出差就尽量早上走，当天晚上再乘末班机回来，打飞的一样。

"做重组业务，就是需要专业、敬业加勤奋，得有超乎常人的付出。"许良军说。

一线问答

笔　者　除了尽调层面，当时选择介入贝因美项目的背景是什么？

俞毅坤　当前不少实体企业都很困难，在纾困民营企业的大背景下，我们打造了这样一个项目，可以说是金融支持实体的一个典范项目。

某种程度上说，中国的乳制品行业基本被外资垄断，外资让乳制品行业涨价，只要将原材料价格上调，所有产品都得跟着涨价，国产品牌都会受到强烈冲击，因为行业命脉掌握在外资的手上。

中国的畜牧养殖企业也受困于此，刚开始投产的时候，外资将价格恶意下调，就把这些企业扼杀于萌芽阶段了。等产能挤得差不多了，外资开始提价，重新占领市场——这是目前行业的现状。在中美贸易战的背景下，确实应该扶持民族奶粉产业，不能再受制于人。

这些产业影响到国计民生，作为中央金融企业就有义务去帮扶。所以资产公司也是很有使命感的。

笔　者　贝因美当时也接触过其他机构，从您的角度看，贝因美为何会选择长城资产？

俞毅坤　确实，有一些机构可能接触得比我们时间还久，最后没有推进下去。所以说专业性很重要，金融行业从业人员很多，专业性其实代表的是你对一件事情的态度。有人说，金融行业有一些"忽悠"成分，但我们在合作中只提能力范围内的事情，包括客户提出的一些想法，我们就会明确告诉他们，哪些可行，哪些不行，甚至会把最后产生的风险，比如控制权丧失等各种可能都告知客户。

这样让客户感觉，跟我们合作很踏实。因为并不是站在一方的利益上去考虑，还是希望跟企业一同成长。这种合作其实也跟"谈恋爱"一个道理，首先"三观"要合，我们团队和贝因美有共同的理念，很多事情能谈到一块去。另外团队的执行力很强，只要定好方向，我们就会想尽办法去推进。比如贝因美和恒天然的合作现在到了分手期，他们对于产业的理解是完全不一样的，所以在公司战略方面会有很多分歧。

贝因美首先认可我们所提供方案的大方向，围绕这个大方向，如果有走不通的步骤，我们会从外界再引进一些资源，共同往前推进。在纾困扶持企业的过程中，我们尽量跟企业建立深厚的关系，同时借助各种金融手段和资源，协助企业发展壮大，最终把一个有需求的客户，变成一个忠诚的客户，从合作关系转化成伙伴关系。

笔　者　在设计重组方案方面，您和同事们有什么心得和经验可以分享？

俞毅坤　一个多赢的方案设计很重要，任何一方面的利益最大化，都可能会导致项目的失败，进入死胡同。

我们设计方案的理念是根据各种边界条件，达到多赢。我们想真正能够培育出一个优秀的客户，而不是说从自己的利益角度去考虑问题。我们希望把蛋糕做大，然后大家一同获取成果，所以设计出的方案不会把对方"逼急了"，往往会给企业一个缓和的空间。

方案有可能不断地更新，不断地优化。数学里有一个最优化理论，没有绝对的最优，只是在多个限制条件里给你一定资源，组合出最优。所以有时候，需要创造性地去想各种可能性，然后再根据边界条件，将想法约束在可行的范围之内。投行思维就是，别人看起来不可能完成的事情，你怎么让不可能变为可能。

问题企业重组是千人千面的事儿，不可能每个人的重组手段都完全一样。每个项目都是个性化的，没有任何标准模板。这个项目的交易条款，在那个项目上就是行不通，因为边界条件不同。能借鉴的就是尽调的方法，比如这家企业存在这个问题，另一家企业会不会也存在类似的通病。同时，创新的思维角度，也是相通的，思维方式是可以借鉴的。

整个长城国融团队是很专业化的，很多同事都有投行或者律师、审计师从业经验，所以执行力很强大。为赶一个专业性很深的报告，大家可以两天不睡觉，或者来车轮战，你上半夜我下半夜。大家可以说比"996"累多了，但都没什么抱怨。重组方案有时候也需要灵感，我记得有一次抱着孩子哄睡觉，脑子还在想方案，孩子睡着放下后，赶紧把思路记录下来，生怕又忘记了。

重组问题企业，必须介入到问题的本质，对于企业的表面问题和深层问题，以及一些冲突矛盾，都要做深入的了解。因为重组不是简单出个方案就能执行下去的，中间会面临各种各样的问题，所以真的要沉下心做很多事情。

笔　者　从您的角度看，长城资产的"投资+投行"战略和其他投行、投资机构有什么不同？

俞毅坤　投行有很多，比如券商投行，就是安心做一些中介服务。有的投行则采取嫁接手段，用创造性的思维，开发一些新的业务机会出来。中资投行做重组，往往是企业定好方向，你来帮着执行。外资投行可能就会和客户进行深谈，企业发展到这个阶段，此时应该做哪些并购和融资，哪些应该舍弃，哪些应该加强？通过激发客户的需求，设定一个资本运作计划，从而创造出业务机会。

大家都知道，一些PE投资、VC投资，都喜欢市值能够快速成长的企业，尤其喜欢TMT行业。因为这些行业估值高，好讲故事。和这些投资机构的思维不同，我们团队还是偏重于实体企业，更多接触的并不是如日中天的好企业，我们往往看中其重组价值，然后把重组设想变为逻辑，再变为步骤和路径。

互联网企业喜欢喊噱头、编故事，然后一轮一轮接盘，最终找个接盘侠买单。这些互联网企业变现快，靠流量、靠客户就可以把估值吹得很高，人们只是为了赚钱而赚钱，金融服务实体企业的责任完全没有。去追一些市场追捧的热点，其实技术含量并不高。说实话，很多东西仅仅是模式有所创新，基于中国庞大的消费市场，靠规模带动。

我们会深度介入上市公司的经营和资本运作中，运用投行的理念和手段，实现价值的最大化。这期间需要考虑方方面面的问题，一家企业的行业前景如何，解决问题的思路和方法是否有效，是否符合现行法律法规的监管，都需要去运筹帷幄。我国在芯片、装备制造业等核心领域还很薄弱，作为金融机构还是要做一些有价值、有意义的项目，踏踏实实帮扶问题企业成长，协助实体企业良性发展，我觉得这才是体现人生价值的事情。

方法论

三大路径

先通过债务重组的方式"输血"，帮助企业改善负债结构、降低杠杆率，走出困境，再通过追加投资、资产重组、债权转股权等多元化的功能手段，帮助企业获取未来可持续发展的有效资产，实现对企业的"换血"。三大路径为：一是长城国融出资5.03亿元，以受让股权和股权收益权方式，纾解企业股票质押融资风险，帮助贝因美优化财务结构，摆脱流动性紧张的困境，集中精力做强做优主业；二是向贝因美派驻董事，改善公司治理，全面参与制定发展战略及经营计划，协助解决企业经营问题，有力扭转资本市场对企业的预期，促进企业股价提升；三是推进贝因美与相关牧业项目的整合，推动贝因美业务结构调整和转型升级，优化企业资源配置，促进企业内生价值提升。

启示录

反映到财务上的问题，背后其实都是管理问题。所以贝因美的核心问题还是在管理上。贝因美在上市后曾发生过9次业绩"变脸"，这并不是偶然,而是公司在经历持续的人事动荡后,开始陷入战略方向混乱、经营决策失误、业绩连续下滑的泥潭中,最终导致出现流动性危机。

壮大主营业务根基,少开枝散叶

贝因美的品牌和质量都很不错,导致其出现困境的根本原因,在于过剩产能和销售渠道、能力的不匹配。贝因美的原有战略较为发散,只顾盲目生产,营销渠道却出现了问题,其产业布局相对缺乏整体规划,跟行业发展出现了一定程度的脱钩。其实,大量实体企业出现问题,都是犯了盲目扩张、盲目多元化的通病,从某种意义上说,贝因美还是分散了自己对于主营业务的关注度,以及对主营业务的投入。一个实体企业基础不牢固的话,大厦从何建起?

从2011年隐退到2018年回归,谢宏对"激进"的危害有了全新的认识:它会让行业和企业偏离方向,贝因美也深受其害。

归根结底,贝因美后期在长城资产帮扶下采取的措施,都是在补救A股上市时的盲目扩张。所以,壮大公司的主营业务根基,尽量少开枝散叶,及时调整策略,不要用老办法来解决新问题,是贝因美给我们的最大启示。

在贝因美的公司展厅,可以看到有很多奶粉子品牌,让人眼花缭乱。其实,任何一家企业,都需要一个自己主打的王牌。除非是新的产品品类,否则没有必要再另起炉灶设立新品牌,这样只会增加推广和营销成本。

很多企业上市前怎么管理、怎么经营都很懂,但有了大量资金后反而迷茫了。公司的治理改进没有跟上,上市之后反而打乱了企业自身的发展节奏,和行业迭代变化没有相应同步、吻合。作为一家上市公司,不可能所有的收购和扩张全都靠自有资金或借债融资等一己之力完成,股、债的结合要达成一个相对合理的配比,包括股东层面,也应该想方设法去盘活自己的资产,不能完全依赖债务去维持。

总之，贝因美项目给我们带来了三点忠告式启发：首先，一定要控制负债率，特别是银行的有息负债率一定要严格控制，不能过度负债经营。债务规模、投资期限和企业发展周期应当做到相匹配，不能出现错配。其次，坚持稳健经营，不要盲目地扩大规模和产能，先要小而精，小而美。再次，一定要做好管理，推行先进的公司治理结构，同时要舍得投入，招聘优秀的高端人才。假如永远是家族企业的局限性思维，企业根本做不大。应该给优秀骨干以股权、期权奖励，提升他们的归属感，从而将付出与回报真正形成正比。

企业出现问题，无非就是战略、发展、管理这三个方面有欠缺，而这三个因素就能左右一家企业的前途命运。不论是成熟期的企业管理者还是创业者，都应该吸取相应的经验教训，从这三方面严格把握。

家族企业创始人如何交权学问深

民营企业大多数以家族企业为主，但家族企业往往有其发展的局限性。企业发展壮大后，需要有专业的职业经理人团队，来协助管理公司。

贝因美案例中，掌管公司命运的职业经理人高频次更换，关键时刻还需要创始人再度出山，这本身就是公司机制不够完善的缘故。权力的频繁更替会对企业发展造成不良影响，而要让家族成员认为职业经理人这一"外人"可以成为"自己人"，安心地将企业管理的大权交出，是一个漫长而复杂的过程，创始人需要谨慎安排、提前布局。否则，稍有不慎就有可能会让企业伤筋动骨、错失机遇。

创始人是公司的灵魂，但制度依然重要，如何做一家离开创始人，依然保持可持续发展的公司，需要每一位企业管理者思考。

方太集团创始人茅理翔在《家业长青》一书中，曾经深入剖析了家族企业发展的"三阶段理论"，结合贝因美案例，我们或许更能看到其中的"纹理"。

初级（创业）阶段：其共同特点是创业家族百分百控股。董事长、总经理等高层决策者以及财务、人事、采购等要害职位都由家族成员承担。而对副职与部门经理等执行层领导，采取外聘。同时，也都在积极引进、推行现代企业管理制度，与之相适应，家族企业结合自身实际，也在铸就自己特有的企业精神与企业文化。

中级（发展）阶段：其特点之一是股权开放，形成在某些行政和业务骨干或具有不可替代能力的职位上任用外人，给予股权。特点之二是中高层的大部分管理岗位为外聘经理人，实行专业化管理。家族一般控制70%以上股份，至少在51%；关键岗位和关系决策的岗位，如董事长、总经理，还是由家族成员担任；企业仍然沿袭初级阶段已基本形成的主要企业精神，推进企业文化建设，这没有发生根本变化。与初级阶段的最大区别就在于，家族创业者开始从个人经验专断治理向制度化的科学管理过渡。

高级（成熟）阶段：其特点之一是进入股权社会化，以至成为上市公司，创业家族只是相对控股，可少于50%，最少可小于10%。特点之二是经理层专业化、职业化，而创业者对企业的控制是通过多年形成的企业文化，使所有员工仍本着多年形成的价值观行事。茅理翔称之为"理念控制"。沃尔玛、福特、西门子、松下、三星等世界著名跨国公司都进入了这一阶段，实行与此阶段相适应的管理模式。

家族企业发展"三阶段理论"总结出了家族企业走向兴旺发达的几大准则：家族绝对、相对控股；依靠专业化、职业化管理；时刻注重战略思路明确；严格治理规范，形成制度，以保证安全稳妥的科学决策；强调以价值观为核心的先进文化；关键还在接班顺畅、成功。

可以看出，贝因美在把控文化价值观和时刻注重战略思路层面，之前有不稳定之处，从而让自己并未始终处于"成熟阶段"，导致由盛而衰。

董事长点评：为民族品牌提供资本与资源助力

长城资产出资 5.03 亿元，以受让股权和股权收益权方式，纾解企业股票质押融资风险，帮助贝因美优化财务结构，摆脱流动性紧张的困境，集中精力做强做优主业。同时，长城资产向贝因美派驻董事，全面参与制定发展战略及经营计划，协助解决企业经营问题，有力扭转资本市场对企业的预期。

此次贝因美与长城资产的深度合作是本轮国有资本参与纾困民营企业的典型案例，是落实中央关于纾困民企政策部署的具体行动。贝因美集团通过长城资产实现全面产融战略升级，享有更多的资本资源与要素资源支持，为民族品牌不断攀登新高峰提供资本与资源助力。长城资产正在努力把与贝因美的战略合作打造成为国资参与纾困民营企业的典范。长城资产凭借丰富的实质性重组专业经验，依托长城资产不良资产主业优势，着力为贝因美提供一揽子、全周期、全产业链的综合性解决方案，将有力促进贝因美转型升级、提升核心竞争力，并助力打造民族品牌。通过双方共同努力，精诚合作，一定会为中国新制造助力、为共创国资民企合作的新局面加码，实现国有资本与民营企业双赢发展，探索培育具有全球竞争力的民族品牌的新路径。

——中国长城资产管理股份有限公司董事长　沈晓明

⏱ 时间轴

2018

4月27日　因连续两年亏损和债务赔偿等问题，贝因美被实施"退市风险警示"特别处理。

5月18日　53岁的谢宏又重新担任贝因美集团董事长。

9月28日	贝因美发布《关于控股股东股份质押的公告》，截至公告披露日，贝因美集团共持有公司股份349852890股，占公司总股本的34.21%；其所持有公司股份累计被质押349850000股，占其持有公司股份总数的99.99%，占公司总股本的34.21%。
12月4日	贝因美发布《关于公司与长城国融签署战略合作协议的公告》。
12月5日	贝因美集团与长城国融投资管理有限公司签署了《关于贝因美婴童食品股份有限公司股份转让协议》，长城资产旗下的长弘基金成为贝因美第三大股东。

2019

3月底	贝因美公布年报，2018年实现营收24.9亿元，实现归属于上市公司股东的净利润4111万元，同比增长103.9%。
4月16日	贝因美发布公告，公司股票自2019年4月18日开市起撤销退市风险警示，证券简称由"*ST因美"变更为"贝因美"。

第九章 信邦制药：一个"好汉"三个帮

> 凡事预则立，不预则废。言前定则不跲，事前定则不困，行前定则不疚，道前定则不穷。
>
> ——《礼记·中庸》

2019年10月，胡润照例发布本年度的百富榜。此次发布的榜单中有7位贵州企业家上榜，其中，身价50亿元的信邦制药张观福位列贵州第三名，位居总榜单828名。

就在10年前，张观福也没有想到，自己可以把企业做到这么大。而正是与长城资产的结缘，改变了信邦制药和张观福的命运。

特别的108万注册资本

1965年，张观福出生在贵州的一个偏僻乡村，虽然家境贫寒、靠天吃饭，但是凭借良田沃土，从来没挨过饿，从小就身强体健。

张观福很少接受媒体采访，所以他的早年经历外界知之甚少。张观福曾经透露，自己年少时最大的愿望是当律师、当记者，因为当律师仗义执言，当记者惩恶扬善，但没想到的是，父亲的病改变了他的理想。

因为父亲患了慢性肾炎，不能下地干活，母亲一个人挑起了全家的担子。那时的张观福正在读高中，他决定改学医学，因为"农民太苦了，看不起病！"

16岁的张观福被贵阳医学院药学专业录取，1985年毕业后，他被分配到贵州省中药研究所。

照理说，农家子弟有了一个铁饭碗，应该"图安稳"才是。但任何有心胸的企业家，都不会这么想。张观福在1988年去了海南，先是在海南制药厂工作，一年后就又辞职开始做药品销售——俗称"医药代表"。

凭借敢拼敢闯、不怕吃苦的劲头，张观福积累了人生第一笔财富。事实上，即便做着销售，张观福也没有放弃自己所爱好的法律，他挤出时间自学了法律专业。

1994年，《公司法》出台，对法律很敏锐的张观福，觉得这是一个重大转折点，也是一个创业的好时机。他回到了贵州，和几位贵阳医学院的同学、校友一拍即合，决定自己开一家制药厂。

但当时的医药行业有着严格的准入限制，幸运的是，张观福发现国家级贫困县罗甸县的一家制药厂，由于亏损严重濒临倒闭，大量工人下岗，正在引入外部资本。张观福向相关部门打了包票：一定让这家制药厂盈利，并让职工们过上好生活。

于是，1995年1月初，张观福拿出做药品销售积累的资金，和几位合伙人注册了贵州信邦制药有限责任公司。据说，张观福十分喜爱武侠，"信邦"这一名字颇有几分江湖侠气，而他特意将注册资本，定在了108万元——因为梁山好汉正是108将，他们是仗义、侠义的象征，张观福也想把这种文化带入自己的企业。

张观福觉得，一个企业会打下创业者的烙印。公司名为信邦，就是想建立一个诚信、公平的信誉之邦。因为药品是一种特殊的商品，它的安全性应该是摆在首位的。

湿润多雨的贵州地区，大部分山区都是立体性气候，十分适宜中药材生长。在全国统一普查的363个重点品种中，贵州有326种，占

89.8%。其中有地道药材如天麻、杜仲、吴茱萸、三七、银杏、茯苓、石斛、半夏、何首乌等数十种，总蕴藏量为6500万吨，人均拥有1.9吨。所以，信邦制药可谓坐拥得天独厚的药材资源优势。

当时的罗甸县制药厂厂房破烂不堪，设备陈旧落后。张观福引进新技术、新工艺、新产品、新思维，通过三次技术改造，盘活了这家特困的国有企业。

2000年2月，信邦制药整体变更设立为股份有限公司。随着不断发展，信邦制药从1995年刚成立时的产值300余万元，到2004年产值已飙升至2个亿，当时信邦已发展成为总资产规模2.8亿元的农业产业化国家重点龙头企业，主打心脑血管类、消化类两大系列产品。信邦同时打造了两大GAP种植基地以及研发公司，形成了从种植—科研—生产—营销的产业化经营，连续九年被当地政府评为"纳税大户"。

与其他药企相比，当时信邦制药的产品并不多，仅有30余种。因为张观福觉得，药品是特殊的商品，安全性是第一位的。如果新药开发带有不安全性，他宁可不做。这也造成信邦制药的新药开发周期较长、成本也高。

而令外界难以想象的是，尽管经过临床试验，张观福仍会把公司生产的每一种药都分别吃上一个疗程，看究竟有没有安全保障。

2005年，信邦已经成为现代化味道十足的制药企业。不过，信邦的影响力始终局限于贵州本地，发展似乎也遇到了些许瓶颈，找不到新的突破口。

而在张观福心里，目标依然宏大，他在2005年接受贵州本地一家媒体采访时说，信邦制药适应了贵州的省情，充分利用贵州丰富的中药材资源，十年来摸索出一整套管理企业的经验，企业的自身力量得到加强。"我们打算一步一个台阶地发展、壮大企业，使之成为能够参与国际竞争的制药公司。"

如何突破，如何跨越，张观福苦苦追寻着。

成为"二股东"

长城资产成立之初，中国农业银行划拨了 100 亿元资本金，由固定资产、现金、投资三大部分组成。而农业银行当时并没有真正意义上的投资，所以其中部分资本金是以项目债权代替，是为"贷款转投资"。

一些相对还算优质的贷款项目，便由此转给了长城资产。2005 年 2 月 6 日，长城资产贵阳办事处与农行贵州省分行签订了《贷款债权转让协议》，信邦制药 9850 万元债权作为农行贵州省分行资本金项下投资项目划至长城资产。

接收信邦制药债权后，当时的长城资产贵阳办事处管理层觉得这家公司很有潜力，所以并未将其作为一般债权项目处理，而是觉得可以"做点文章"，进一步保值升值。

长城资产贵州分公司高级经理艾力告诉笔者，当时贵阳办事处经过尽调后，觉得企业发展较快，信誉较好，股东和管理层文化水平较高，管理层年轻有活力，市场适应能力较强。

"原有的管理团队很优秀，文化层次比较高，他们都是贵阳医学院的校友，配合默契，敬业、执着、有激情，员工忠诚度也比较高。"艾力说。

而长城资产更看重的是，信邦制药核心产品是否具有一定的竞争力，企业是否有较强的研发能力，中成药产品的市场知名度是否较高等。"当时觉得企业一方面踏踏实实做药，产品质量不错，另一方面引进的新药有助于提升其在资本市场估值。"艾力说。此外，由于中成药生产已成为贵州省经济发展的支柱产业，当地政府对这类企业的扶持力度较大，良好的外部环境有利于企业快速发展。

于是，长城资产贵阳办决定突破传统不良资产处置思维，对 9850 万元债权进行重组：一部分转化为对企业的股权，运用专业优势，辅导企业上市，实现超额收益；另一部分作为债权，改善企业现金流。

事实上，对于上市，在长城资产介入前，信邦就已经有明确的目标，长城资产尽调团队发现，信邦制药的各项工作基本就是按照上市公司的标准去做的。

可以说，张观福对企业的构想，一开始就站位不低。比如在资本市场还不是特别发达的2000年，就成立了股份有限公司。张观福的理念很前卫，一直希望把信邦建成一个现代化的企业，财务制度、纳税等都相当的规范。

"所以双方可谓是三观一致，一拍即合。"艾力说，"当时信邦制药规模还比较小，但未来为什么能取得长远发展，就是因为在合作问题上，大家的理念十分相符。管理层对自己企业的期望和远期规划，往往和长城资产的想法不谋而合。"

时任长城资产贵阳办总经理夏小蟾告诉笔者，长城资产介入信邦制药项目时，该公司已经发展了10年，由于资金和管理方面的问题，信邦发展速度并不算快。如何让信邦制药的发展驶入快车道，同时让9850万元的债权实现大幅度增值，是此次并购重组的动因和目的。

夏小蟾还原了当时与张观福的沟通细节：当时他觉得只要把企业做好了，效益出来了，职工有奖金了，这个企业自然会越做越大，对于资本市场还不是特别了解。"张观福跟我说，其实信邦不想负债经营，当时他们只在农行有几千万的贷款，用来在央视打广告。如果不做这个广告，把银行的贷款给还了，就一分钱也不欠了。"

随着沟通的深入，长城资产让本想"远离"融资的张观福想通了，毕竟，优质的企业合理借助资本，会如虎添翼、飞跃发展。

达成共识后，双方都开始行动起来。张观福开始布局，重金挖来了一家上市公司的财务总监，进一步理清公司的财务制度。

长城资产贵阳办事处则请示总部获得批准和授权。2005年2月22日，长城资产总部以文件的形式批复了对信邦制药实施债权重组。2005年3月11日，信邦制药临时股东大会对此决议通过。2005年4月19日，贵州省人民政府同意了对信邦制药进行增资扩股。

万事俱备，在长城资产投行部的指导下，长城资产贵阳办开始设计相关方案，为下一步辅导上市打下基础。

经过缜密设计，长城资产贵阳办事处对信邦制药的重组分为两步走，可谓递进式重组。

2005年3月，长城资产与信邦制药原有股东——重庆浩源经贸有限责任公司签订《股权转让协议》。经协商，信邦制药其他股东均同意重庆浩源按每股2.35元的价格同长城资产进行债权置换，即长城资产以1292.50万元的债权换取了重庆浩源持有的550万信邦制药股份。

2005年4月，长城资产与信邦制药管理层充分协商并取得股东大会的同意，长城资产与其他六名股东签订《增资扩股协议书》，以3548.5万元的债权按每股2.35元的价格对信邦制药进行增资扩股，即长城资产将3548.5万元债权转为信邦制药的1510万股权，本次增资扩股及股权转让价格参照评估结果协商确定。

增资扩股后，信邦制药股本变为6510万股，长城资产合计持有信邦制药2060万股，持股比例为31.64%，为第二大股东。至此，长城资产对信邦制药的债权下降到5009万元。

通过上述复杂的操作，长城资产相当于以4841万元债权的代价拿到了信邦制药2060万股股权。

可以说，第一次重组完成后，优化了信邦制药的资产结构，降低了其负债比率，企业法人治理结构逐步完善，为其上市奠定了坚实基础。

对此，艾力觉得，长城资产作为一家大型央企，股权项目还是有颇多限制，当时入股一个很小的主体，并不多见。"而这都是跟信邦高管做了充分沟通后，认为他们有条件，有优势去冲击资本市场，才会这样布局。"

对于为何没有进一步进行债转股，以提升至"大股东"位置，更好地操盘整个项目。艾力解释说，一方面是考虑风险，同时也是谈判、博弈的结果，毕竟股东和债权人的权利、义务是完全不一样的。另一方面，当时信邦制药已经初具规模了，制药行业的专业性也很强，行业壁垒也比较高。

长城资产如果直接管理如此专业化的一个企业，可能并没有间接参与管理效果好。所以长城资产"甘愿"做了二股东，很好地维持了信邦制药的有序经营。

"没有把整个企业的控制权全部都揽在手上，这个其实也是需要心胸的。"艾力说。

重组完成后，信邦公司改选董事会，董事会成员由9名增至13名，其中长城资产派任3名董事，并可由长城资产另外推荐一名独立董事；同时改选监事会，监事会成员由3名增至5名，其中长城资产推荐2名。

"这具有很大的推动性，长城资产推荐的独立董事是全国著名的医药专家，对企业的后期发展大有帮助。"艾力说。

长城资产的派驻人员进入后，马上与信邦签订了上市辅导协议。虽然长城资产贵阳办深度介入了信邦制药的经营管理，但难能可贵的是，他们只把控战略方向，从来没有干涉过信邦制药的正常决策。

当时长城资产派去的董事严格做到了这一点，只是在股东会和董事会层面去发表意见，没有去影响企业的实际经营。长城资产贵州分公司副总经理孙廷华曾经做过信邦制药的董事，他回忆说："双方信任是开展一切工作的基础，不论是上市前还是上市后，我们都没有干预信邦制药的任何经营活动。"

专业的事交给专人的来干，这似乎是长城资产与各类企业打交道的一条不成文的原则，更是一个策略。

向"应收过大"开刀

就在长城资产贵阳办紧锣密鼓地进行上市筹备时，财政部的一项政策让他们陷入了被动。

2006年，财政部要求四大资产公司的政策性债权和股权，在年底前都要退出。而当时信邦制药的资金链还很紧张，如果要"赎回"相关股权和债权，至少要拿出1个亿的现金，这对信邦来说，无异于致命打击。

起初，信邦制药也被列入了强制退出的名单，长城资产贵阳办的相关领导多次到长城资产总部反映这个项目的特殊情况。在长城资产贵阳办的坚持下，当时的长城资产高层，对信邦项目进行了深入研究，他们用长远发展的眼光重新审视这个项目之后，做出了将信邦制药作为培植上市的特例项目，予以保留的重要决策。

"可以说就是反复协调，始终坚持，如果这个项目没保留下来，那么就太可惜了！"艾力感慨。

战略上定了调，战术上更要讲究方法，稳步而又高效地推进信邦制药上市的关键，是要准确分析出其优势和短板。

客观现实是，当时的信邦制药没有特别核心的拳头产品。"他们没有特别独家的产品，比如银杏叶片、六味安消丸，这些实际上都是大众品种。但信邦的优势在于品质和价格。"艾力说，张观福对产品质量一直非常重视，所以他们生产的不少药品都被医药管理部门列入了"优质优价"保护。

所谓优质优价，是为了杜绝药品招投标过程中，容易中标的低价药品带来的质量风险，保障药品的品质。于是，管理部门对于品质优良的药品，进行了价格保障。

在差异化竞争策略下，品质好，价格也合理，成为了缺少独家药品的信邦制药的核心竞争力。

随着上市工作的进一步推进，信邦制药的一个短板暴露了出来：应收账款过大——这直接导致其第一次上市的内核会没有通过。

这让张观福的信心或多或少受到了影响。"当时问了他几个问题，可能准备不够充分，回答得也不是很好。"夏小蟾回忆说，"张观福的心理出现了一些反复，说干脆不上市也挺好，有点想放弃。"

此时，长城资产贵阳办一方面需要给张观福打气，另一方面需要尽快解决信邦应收账款过大的问题。

其实，造成应收账款过大与医药行业的结账周期有关，下游的销售商和医院，回款会很慢。这让信邦当时的财务结构"很难看"。

而信邦制药的招股说明书，则对此做出了详细阐述。他们认为，应收款的形成主要有两大原因：2006年之前财务控制能力较弱导致了借款的积累，公司营销管理模式改革过程中产生了部分恶意欠款。

对于财务控制能力较弱，信邦制药自我剖析认为，在2006年之前，公司产品产销规模不大、营销队伍素质良莠不齐，加之医药市场前几年的无序竞争，信邦制药在一定程度上对营销队伍具有依赖性，造成公司对营销业务被动地采取粗放式管理，产品的销售、货物的流通、营销费用的预算与使用以及货款的回收等职能集中在公司营销部，缺乏有效的制约和监督。

在粗放式管理阶段，信邦制药的客户资源主要依赖于营销人员，营销部根据营销计划负责审批营销人员各项费用计划的借款申请，营销人员直接支配相关市场营销费用的支出。因此，管理层对营销人员的营销行为跟踪监督不到位，难以掌握和控制相关费用是否实际支出、支付额度多少以及借款的回收，导致挪用、拖欠借款行为的发生。

而对于因变革而产生的恶意欠款，信邦制药也做了深刻分析：2006年，随着国家对医药行业的整顿力度进一步加大，公司开始积极改革营销管理模式，提高营销管理水平，全面贯彻落实预算制管理。一方面加强对商业客户管理，实现物流、货款彻底同营销人员分开，坚决杜绝营销人员申货、侵占货款等现象发生，实现对物流、货款的主动控制，并于2007年5月份成立商务部进行专门管理。

另一方面，信邦制药加强了对营销费用的预算管理，把营销费用细化到具体项目，由公司根据市场拓展规划和需要主动组织实施学术推广会议等营销手段，主动掌握和管理客户资源，摆脱销售依赖营销人员的被动局面。

信邦制药坦言，在此过程中，部分营销人员出于个人利益不能及时转变观念，甚至出现阻挠公司营销管理改革的现象，造成部分营销人员恶意占款行为。

至2006年，信邦制药营销人员各项借款余额居高不下，所以对营销人员累积借款的清收和处置势在必行。

长城资产进驻信邦制药后，对提高公司财务管理尤其是营销人员借款内控管理提出了明确要求。

然而，由于涉及营销人员较多，同时又要最大限度保证信邦制药的营销工作不受影响，单纯依靠信邦计划财务部门催收方式，显然难以顺利推进。

骑虎难下，信邦制药管理层决定，对挪用、拖欠借款以及恶意占款，利用公司第二大股东长城资产在资产管理方面的专业优势，集中进行清收。

2006年12月，信邦制药委托深圳天健信德会计师事务所以2006年11月30日为基准日，对账面价值为3412.49万元的应收款项资产包进行了评估，评估值为2807.85万元。

于是，长城资产再次对信邦制药的债权操刀，充分发挥不良资产处置的专业优势，再次通过资产置换方式，用持有的2800万元剩余部分债权对价收购了信邦制药账面价值3412.49万元的应收账款资产包，帮助信邦制药改善财务状况，优化资产结构。

"3000多万的应收账款，从数量上看并不多，但很大程度上优化了信邦制药的财务结构，降低了其债务包袱，对提高其自身流动性、改善财务指标有很大帮助。"艾力说。

长城资产这一招着实高明，将重组对象的应收账款进一步剥离，利用"老本行"进行专业化处置，不但加快了应收账款的回收，也让重组对象的财务报表更加靓丽，加速了冲击IPO的速度。

信邦制药也觉得，重组效果极其明显：经过本次重组，公司的资产结构得到优化，其他应收款余额大幅下降；同时，公司继续提高了营销管理水平，使营销人员临时借款降低到了营销网络正常运转所需的合理水平。

值得一提的是，信邦制药营销管理模式改革后，发生了很大变化，主要体现在三个方面。

借款审批上，以前对于营销人员的借款申请缺乏实质性的审核与控制，完全根据领导审批意见决定。变革后，在领导逐级审批的基础上，增强了财务部门的预算控制，对前一考核期未能达标或存在逾期借款的营销人员提出的借款申请不予批准。

营销费用的使用与控制方面，之前是信邦公司控制最高支出限额，营销人员在限额内根据业绩考核结果核销。实施全面预算管理后，信邦制药保持对具体项目的监督管理，营销人员的拟组织活动及拟支出项目经有权部门审批后，公司会派人监督营销活动的实际组织情况，财务部负责派专人监督费用的实际支出情况。

借款清收也完全不一样了。之前可谓责任不清，缺乏有效控制措施。变革后则责任明确，信邦为此制定出了细则：财务部有权从营销人员的工资、奖金以及报销费用等款项中优先扣除，营销部、财务部以及批复领导对营销人员借款的清收负有连带责任。

可以说，这三大改变，让信邦制药对产品销售终端进行了直接控制，进一步细化了全面预算管理，由原来的总额预算改变为直接项目预算，对借款的全程进行监控，确保了营销人员借款的安全性，有效降低了其他应收款的损失风险。

在重组经验十足的长城资产专业帮扶下，信邦制药的营销管理，由过去的较为粗放，变得极为精细化。

完成资产重组后，信邦制药董事会对公司营销人员借款及营销费用控制的财务管理提出严格要求，一是通过新老划断后坚决杜绝产生新的逾期借款现象，二是重组完成后坚决彻底地贯彻落实预算制销售管理模式。

而精于坏债回收之道的长城资产对应收账款资产包进行了认真梳

理，制定了处置清收方案，同主要欠款人员签订了还款协议。截至 2009 年 6 月末，已累计回收 2835 万元。

同时，为了确保资产的流动性，并考虑信邦制药未来一段时期内现金流的实际状况，长城资产决定继续保留剩余 5009 万元债权，并对偿还条件进行修改。经双方协商约定，剩余债权期限为 5 年，按 5% 的年利率计息，每年 12 月 20 日付息，自 2008 年起开始按期还本，截至 2009 年末本息全部还清。

"这相当于继续给信邦制药融资，缓释它的流动性，毕竟企业发展需要时间，需要耐力。"艾力说。

耐力——笔者觉得，这个词可谓是长城资产不良资产处置的基础逻辑。毕竟，一家企业的发展不可能永远是百米冲刺，更多的是配速均匀的耐力赛。企业在爬坡阶段气喘吁吁的时候，给其适当补给能量，甚至陪他们跑一程，是长城资产经常做的事情。这个时候，如果催已经喘不上气的企业快跑，甚至短视地断掉补给，无疑只能前功尽弃。

经过长城资产入股和两次重组，信邦制药克服了"顽疾"，补足了短板，更加身强体健，基本具备了 IPO 条件。

可以说，即便张观福当时有上市的想法，无疑也是单打独斗，而长城资产则提供了非常专业和规范的赋能，这是几何量级的差别。信邦制药上市的筹备工作，对企业各方面的发展本身就具有很大的推动作用。

补足元气的信邦制药，准备向资本市场冲击——它就像一个从小受到专业训练的职业球员，具备到顶级联赛上去拼一拼的实力了。

久违的 IPO

2007 年 4 月，长城资产牵头启动信邦制药上市申报工作，成立了信邦制药上市工作领导小组。由于当时长城资产还没有券商牌照，他们担任了本次发行的副主承销商，同时长城资产贵阳办找到了民生证券，担任主承销商。

夏小蟾回忆，当时提交 IPO 资料，也费了一些心思。因为医药行业有周期性，一季度和二季度往往是推广期，花销比较大，所以报表上的数据并不"好看"，不能反映信邦的真实盈利状况。"但当时没有赶上在 2008 年初上报，直到 2008 年 6 月，也没有上报成功。"

如果再延迟到下半年，就意味着信邦要带着并不靓丽的一季度和二季度报表，去接受审核，这无疑增加了通过的难度。

夏小蟾有些着急，他觉得必须在 2008 年上半年报送，否则后期工作将遥遥无期。

2008 年 6 月 8 日，是那一年的端午节。赶在端午节前，长城资产贵阳办与信邦制药、民生证券开了三方会议。

"当时做了会议纪要，我让民生证券的人'签字画押'，必须在 6 月底之前提交招股说明书。"夏小蟾说，"当时我还半开玩笑地说，如果这项工作搞不完，我就让各位在贵州过端午节了。"

在各方全力配合、全速推进下，信邦制药终于在 2008 年 6 月底之前顺利上报了 IPO 资料，证监会发行部予以正式受理。

按照 IPO 计划，信邦制药的募集资金将按照轻重缓急顺序投入固体制剂 GMP 生产线、植物提取物 GMP 生产线和药物制剂中试生产基地三个项目的建设。

经过长城资产数年深耕，信邦制药终于一步步接近上市的终点。

到 2010 年，历经 16 年的发展，信邦制药已从刚成立时的 300 多万元产值，发展成为产值过亿的企业。当时的信邦制药共有国家药品批准文号品种 44 个，国家医保目录品种 24 个，已拥有发明专利 6 项，另有 35 项专利申请被国家知识产权局初审合格或受理，其中 12 项已进入实质审查阶段。

同时，经过多年经营，信邦制药已积累下丰富的品牌资源：2008

年,"邦消安"商标被贵州省工商行政管理局评为"贵州省著名商标",主导产品六味安消胶囊(1997年)、参苏胶囊(1999年)荣获"贵州省优秀新产品、新技术"二等奖,信邦牌银杏叶片、邦消安牌六味安消胶囊等产品先后荣获"贵州省名牌产品"称号。

2010年1月11日,证监会发审委召开会议审查信邦制药首次公开发行股票方案。彼时,信邦制药冲击IPO,被贵州省寄予厚望——这个渴望跨越式发展的西南省份,已经5年没有新的上市公司了,最近的一家还是2005年登陆中小板的黔源电力。

在发审委开会的前两天,贵州本地媒体甚至以《信邦制药有望成贵州近5年来首家上市公司》为题报道此事。

夏小蟾回忆说,当时贵州省政府对长城资产扶持信邦制药上市确实非常重视,也非常满意。在金融领域,贵州当时某种程度上还有些落后,特别渴望有所突破。

1月11日,信邦制药顺利过会。沉寂了五年的贵州资本市场,终于迎来一次久违的IPO。

2010年4月16日,信邦制药(002390)在深交所中小企业板挂牌交易,成为贵州第18家上市公司,股权分置改革后的第一家上市公司。

信邦制药当日开盘价格59元,收于52.62元。长城资产是信邦制药的第二大股东,持有1866.48万股,占公司总股本的21.503%。以收盘价计算,长城资产所持股权由最初的9850万元,变身为市值9.8亿元,升值近10倍。

精耕细作5年后,长城资产对信邦制药的债转股项目终于取得了良好的社会效应和丰厚的经济效益。

上市之后,张观福带领信邦制药围绕打造高科技医疗医药集团的核心战略,聚合力、拓市场、强管理、增效益,实现了医疗服务、医药流通、医药工业三大业务板块的持续稳定增长,营业收入在2017年突破了60亿元,成为贵州医药行业的执牛耳者。

信邦带来的底气

长城资产贵州分公司副总经理黎明没有参与信邦制药项目，但却熟知这个项目。"因为很经典，如果这个贷款继续留在农行，就是按部就班地还款了。转到长城资产后，如果还是继续按照传统处置手段，可能这些债务几年内也就偿还完毕，不可能有后续的故事。这个案例即使放在当下，也是非常'前卫'的，能给我们带来很多启示。"

黎明将信邦制药项目总结为四个字：债、变、新、赢。"围绕债务，可以做很多选择，也可以做很多文章，但长城资产选择了保留，当时还是有一定风险的。'变'和'新'，则是利用投行加投资的理念，敢为人先，勇于创新。作为第一个吃螃蟹的人，长城资产贵阳办当时把这层窗户纸捅破，是需要勇气和担当的。最后，实现了多赢、双赢。"

黎明觉得，长城资产与重组企业能够达成合作，是一个相互之间的选择。"我们会看企业主要负责人的能力和魄力，企业也会判断长城资产提供方案的水平。这都是上下协同、群策群力、集思广益的结果，需要我们和企业之间在反复沟通的基础上，真正达到一个"情投意合"和"志同道合"。我们搞药业肯定不如信邦的掌门人张观福。但我们可以提供思路和辅导，另外毕竟我们接触了这么多家上市公司，可以引进资源、改善战略。"

后期，依托上市公司，长城资产还协助信邦制药围绕上下游的资源进行了产业并购。

在后期产业并购方面，比如信邦收购了不少知名医院，发展了互联网医疗服务平台，实现线上线下的全面医疗布局，对于这些闭环收购，长城资产都是大力支持的。

信邦制药项目，让长城资产贵州分公司更加有了底气，已经成为他们洽谈项目的一张"名片"，起到了"背书"作用。

黎明从外地调至长城资产贵州分公司后，明显感觉到大家对于信邦制药项目都是津津乐道，不论是内部学习讨论，还是外部洽谈客户，都会说起这个经典项目。"经过介绍后,客户都会深入了解长城资产贵州分公司的过往战绩,促成了不少合作。"黎明说,"信邦制药项目还是有很强的品牌作用,但相信它肯定不会是绝版,肯定还会有更加出彩的项目。"

黎明所言不虚,长城资产贵州分公司的最新"力作"浙江商城项目,就是又一创意味道十足、全盘皆大欢喜的经典项目。

浙江商城公司及其原股东面临内部分歧巨大、拆迁安置无解、巨额负债结构复杂等问题,导致浙江商城项目二期开发迟迟未能推进,搁置长达10余年,造成资源板结,企业经营陷入困境。众多知名房企及金融机构都望而却步,但长城资产贵州分公司敏锐地洞察其中暗藏的商机,主动介入,提出具有可操作性的重组方案,以主动出击收购金融不良资产包作为实施并购重组的切入点,综合运用城镇化专项基金、债务重组、债股置换等多种手段,引入知名房企碧桂园集团,使搁置数年的项目起死回生,成功化解了32家法人、自然人的5.8亿元不良债权,实现了700人的员工安置就业。

"为什么这些棘手的项目我们有底气敢去接?就是因为我们有大量类似于信邦制药这样的经典项目,大家有了历练,见了世面,攒下了经验。"黎明感慨。

一线问答

笔　者　作为长城资产当时派驻信邦制药的监事,您对于这个项目有什么感悟?

艾　力　信邦项目的成功不是偶然的,是从收购开始就精心安排运作的项目。长城资产当时与农行"分家"时,贵阳办当时的副总经理王仕轩看中了信邦公司良好的资质和发展前景,主动和总部、农总行以及农行贵州省分行协调，将信邦这个农行的优质项目作为资本金项下投资划转到分公司。接收信邦债权后，贵阳办并未将其作为一般债权项目处理，而是在长城资产总部投行部的指导下，立即对其进行债务重组并进行了债转股等项目安排，为下一步辅导上市打下了良好的基础。

信邦项目是一个目标清晰、布局合理、安排得当的投行项目，把项目的短期、中期、长期目标结合在一起，逐步推进，层层落实，是长城资产自主培植投行项目的典范。说实话，2004年的长城资产贵阳办还看不清楚信邦项目的未来，虽然信邦制药的资质不错，行业有前景，但离上市的目标还很远。毕竟信邦制药当时还是一家小型民营企业，在公司治理结构、经营运作等方面，还需要进一步的梳理、提升和规范。

因此，长城资产贵阳办对信邦项目制定了管好债权、确保本金利息准时到账的短期目标，帮助企业建立规范的财务制度和理顺治理结构，在三年内达到上市公司的基本要求的中期目标和在五年内完成上市的长期目标。长中短期目标相结合，逐步推进，层层落实，可以说暂时牺牲了贵阳办的短期收益，没有因为考核现金流的短期目标而放弃项目上市的中长期目标，最终完成了对项目的培植。

笔　　者　您觉得信邦项目的借鉴意义主要是哪些？

艾　　力　我觉得信邦项目可以带来三点启发：

第一，要去积极发现和寻找，主动联系和培养投行项目，通过各种通道尤其是不良资产的收购等方式介入投行项目；

第二，根据现有的政策合理植入投行项目；

第三，对投行项目制定短中长期战略目标，对其采取综合金融服务手段促成双方合作。

方法论

模式：资产置换 + 债转股 + 债权重组 +IPO

重组步骤：

第一步，资产置换 + 债转股。

一是以中国长城资产 1292.5 万元的债权按每股 2.35 元的价格置换信邦制药原第二大股东重庆浩源经贸有限公司持有的信邦制药 550 万股权。

二是以中国长城资产 3548.5 万元的债权按每股 2.35 元的价格对信邦制药进行增资扩股，转为持有信邦制药股权 1510 万股。

三是保留 5009 万元债权，并对偿还条件进行修改。

第二步，债权重组。

一是帮助企业在短期内改善应收账款和其他应收款管理制度，最大限度减少新的应收账款和其他应收款的产生；二是发挥金融资产管理公司清收不良资产的专业优势，以资本金项下的债权置换信邦制药应收账款及其他应收款资产包，减轻企业财务负担，使企业能够轻装上阵，集中精力搞好经营。

第三步，IPO。

启示录

成功基因：去家族化、坚守品质

信邦制药在长城资产的运作下成功上市，其优良的"质地"是不可或缺的基础，长城资产贵州分公司的受访者回忆整个操盘过程，概括为"四平八稳"——正是因为其董事长张观福的经营理念和质量意识，才让公司有了持续不断的竞争力，才让这个发展于偏隅之地的小公司成为贵州省耀眼的明星企业。

从文中可以看到，张观福从创业初始就想打造一个公平、讲究诚信的公司，所有股东的家属都不能进入公司工作，以拒绝裙带关系。这确实难能可贵，试问有多少民营企业可以做到这一点？不知有多少家族企业在发展的中后期遇到了瓶颈和管理难题，而张观福从一开始就让信邦去掉了"家族基因"，不得不说，此举成就了信邦。

另一方面，张观福始终视产品的安全性和质量为生命，他甚至品尝过公司出品的每一种药，这种有些"极端"的工匠精神极大地保障了信邦的药品品质。信邦手里并没有什么传世秘方和独家产品，但却可以做到价格合理、质量上乘，从而进入了监管部门的"优质优价"药品体系。有了品质，何愁市场份额？有了情怀，何愁公众认可？

可以说，规范发展、苛求品质、情怀加持，是我们可以从信邦制药这家公司学到的精髓。而这些，从创业初期就要坚守，不论你想不想上市。

董事长点评：解决"硬伤"的点睛之笔

信邦制药是长城资产资本项下投资企业首个实现IPO的项目。在项目运作过程中，长城资产充分发挥在财务管理、企业经营、公司治理和资本运作等方面的专业优势，派出专人对企业进行辅导，帮助企业完善财务制度，规范管理，改善经营。此项目中，长城资产提供多元化的金融服务和全面支持是双方走向共赢的重要因素。比如，信邦制药在2006年虽然基本达到上市条件，但因为企业应收账款指标一直很高，对上市审批过会来说是"硬伤"。长城资产立即采取非金收购即应收账款收购优化其财务指标，最终使其快速达到上市要求——这既发挥了长城资产的"老本行"特长，又让企业的财务问题得以治标治本，可谓此项目的点睛之笔。

——中国长城资产管理股份有限公司董事长　沈晓明

时间轴

1995

1月 — 贵州信邦制药有限责任公司注册成立。

2005

2月6日 — 长城资产贵阳办事处与农行贵州省分行签订了《贷款债权转让协议》，信邦制药9850万元债权作为农行贵州省分行资本金项下投资项目划至长城资产。

3月 — 长城资产与信邦制药原有股东——重庆浩源经贸有限责任公司签订《股权转让协议》。

4月 — 长城资产与信邦制药其他六名股东签订《增资扩股协议书》。至此，长城资产持股比例为31.64%，为第二大股东。

2006

12月 — 长城资产再次通过资产置换方式，以持有的2800万元剩余部分债权对价收购了信邦制药账面价值3412.49万元的应收账款资产包。

2007

4月 — 长城资产牵头启动信邦制药上市申报工作，成立了信邦制药上市工作领导小组。

2008

6月 — 信邦制药IPO资料正式报送证监会。

2010

1月11日 — 信邦制药上市申请正式通过证监会发行审核委员会审核。

4月6日 — 信邦制药在深交所公开发行2170万股股票，总股本达到8680万股。

4月16日 — 信邦制药挂牌交易，长城资产持有信邦制药的股权价值得到大幅提升。

第十章 粤东不良资产包：三个月转乾坤

> 惟能前知其当然，事至不惧，而徐为之图，是以得至于成功。
>
> ——苏轼

"长城资产报价：2.345678亿。"2016年3月23日，当广东省农行的工作人员念出这一很"顺口"的数字时，台下一片躁动。

有人吃惊——长城资产广东分公司有些时间不"收包"了，怎么这次如此"大手笔"。

有人准备看笑话——广东省农行此次推出的资产包本金20亿元，涉及223户，分布在经济相对落后的粤东地区，包括被外界认为"很排外"的潮汕地区，处置难度很大。而且之前农行经过8年的清收，资产散小差情况更加突出，不少人认为剩下的都是没什么肉的"烂骨头"，回收预期极低，有人只愿出到本金的5%，而长城资产的这一报价，是本金的11.99%。

有人懊恼——在广东省一度逢包必收的一家同行曾对此资产包进行过详细尽调，虽然他们向外抛了烟幕弹，说价值不大，但也报了11%的"高价"，却还是比长城资产低了0.99%。

也有人替长城资产担忧——资产包内一项重要资产据说涉及贪腐案件，怎样妥善处理好这一资产，无疑让人想着就头疼。

但谁都没想到，不到 100 天内，长城资产就拆分处置完毕了这一外界看来棘手又烫手的"粤东资产包"，盈利 1.99 亿元，不足三个月，年化收益率超 400%。

如果要把"十大经典项目"和十大精彩进球类比，这个"进球"无疑是最快的一个……

背景：不得不谈的两次大转型

说起粤东资产包这一经典战役的战略意义，就不得不提资产公司的诞生背景及两次大转型，如此，我们才能更好地理解和熟悉为何长城资产在当时情境下对粤东资产包志在必得，又为何能在短短一百天内顺利处置完毕。

自改革开放以来，因国家产业政策调整、部分国企改制后一时未适应市场经济激烈的竞争环境，以及银行自身经营不善等众多复杂因素，国有银行体系积累了大量不良资产。而这一问题在 1997 年亚洲金融危机爆发后，到了"不得不处理"的极点。1997 年年底，四大国有银行资本充足率，远低于巴塞尔协议（全球范围内主要银行资本和风险监管标准）8% 的最低要求。

然而，处置银行业数万亿元的不良资产谈何容易？ 1999 年，国家相继成立信达、华融、长城、东方四大资产公司，分别负责收购、管理、处置相对应的中国建设银行、中国工商银行、中国农业银行、中国银行四大行所剥离的不良资产。

当时，财政部为四家资产公司分别提供了 100 亿元资本金，由央行提供 5700 亿元再贷款，同时允许四家资产公司分别向对口的四大行发行了固定利率为 2.25% 的 8200 亿元金融债券，用于收购四大行 1.4 万亿元不良资产。

财政部给四大"接盘侠"预设的年限是10年。这也是汲取了国际经验，因为美国的资产管理公司大概是8~10年的运营周期，所以便有了"十年之约"。

顺理成章，这些成立之初就被设定生存期的特殊金融机构，初始阶段只能从对应的四大银行里抽调人才，但愿意主动来的人却不多。

为什么没人愿意来？一句俗话可以概括：原来在银行是别人求着放款，而在彼时的资产公司，成了"天天去讨债"的。从效益、待遇都不错的"好银行"，一下子转到做不良资产的"坏银行"，几乎没人认为这是好事。

四大资产公司这种尴尬境地，长城资产尤甚——因为"出身最不好"。长城资产承接的是农行的不良资产包，"散、小、差"是其最大特点：3458亿元的不良资产，竟涉及195万户、475万笔！其中170多万户的不良资产分布在全国各个县乡。当时，不良资产基本上是平均分配给四大资产公司的，但长城资产的户头却是其他三家之和的10倍还要多。

长城资产当时最小的一笔债务只有三分钱，这是20世纪50年代农村信用社的一张借据。但这也是呆账！

户数多、质量差，自然给处置带来了很大难度。从那时起，"干苦活、干累活，干没人愿意干的活"就成为长城资产第一批老员工的真实写照。为了最大化处置回收这些政策性不良资产，不光流血、流汗，有时甚至还要用生命去维护这些金融债权。

除西藏外，哪个角落都有长城资产的业务，与195万户对应的却是全公司区区3200人。不像工行资产大多在城市里面，管理半径小，农行资产却大部分在县乡，农行有从总行到分行、支行、营业所、分理处的完整体系，触角可以伸到各个乡镇，但资产公司哪里有，只能靠业务人员从省会、地市一次次的跑腿。

在长城资产，2000年、2001年两年时间就有三人殉职了……有出车祸的，有过劳心肌梗死的……

到了 2000 年 8 月底，四大资产公司累计完成 1.4 万亿元不良贷款的剥离与收购工作，使四大行不良贷款率下降超过 10 个百分点。看到效果之后，在 2004 年前后，四大资产公司对四大行的不良贷款再次进行大规模剥离。最终，四大行均成功实行了股份制改造，光鲜上市，获得后续长远发展的基础。

中国银行业协会首席经济学家巴曙松对此表示，正如国有企业改革，坏资产、历史包袱留在集团公司，而将好的资产包装成股份有限公司上市。国有银行"剥离—注资—上市"的路径和国有企业改革类似，把坏账、历史包袱拨给了资产公司，而以优质资产成立股份公司上市。

不得不说，长城资产及其他三大资产公司为四大国有银行轻装上阵、相继改制上市并成为国际一流商业银行，创造了重要的历史先决条件。

自 1999 年成立到 2006 年前后，资产公司接手的基本都是国家划拨的政策性资产，不良资产业务总体上以"处置"为主，主要表现为"三打"，即打折、打包、打官司，辛苦劳累可想而知。

而在长城资产，却远远不满足于"处置"。当时的观念是，资产管理公司就是打折卖资产，而忽视了一个最重要的因素——管理。而当时长城资产高层就意识到，我们是资产管理公司，不是资产打折公司。理念的领先，才能造就作为的超前："资产管理一定要有资本运作能力。"

这出于两种考虑：其一，第二次政策剥离的资产数量巨大，但市场的货币供应量是有限的，如果急于抛售，会造成资产的大幅缩水；其二，如果把不良资产用各种手段盘活，利润空间就会非常大。这种情况下，随意处置一个资产就相当于损失一个资产。

2006 年，距离国家当初设立资产公司 10 年大限还有 3 年时间。各大资产公司基本把政策性的东西都处置完了，面临有上顿没下顿、何去何从的问题。

四大银行股改上市后，不良资产不再对口剥离。在 2005 年的时候，长城资产又收购了准商业化的 2569 亿元工行不良资产包。虽然此次收购让长城资产没有"断顿",但这些资产都在 17 个不发达省份。

"长城资产的资源基础较为薄弱,特别是在收购了 2570 亿元中国工商银行债权之后投入了巨大的人力和物力,承受了巨大的盈利压力。"长城资产总裁周礼耀告诉笔者,"为这个事又整整干了七年,而且当时只有 17 个办事处有饭吃,剩下 13 个就没有什么资源了。"

而不少接受笔者采访的长城资产中高层,都着重描述了当时这个特殊的"自求平衡"阶段,可见"刻骨铭心"。

在这艰难处境之下,主管部门又对资产公司的转型明确表态:第一,区别对待,即转型方向、定位由各家公司根据自身情况寻找。第二,在政策性不良资产处置完结后,给资产公司一个三年的转型过渡期。过渡期后,仍没有出路的公司将由其他公司兼并或关闭。

这个表态,表明了资产公司可以突破十年大限,但"一司一策",想"活"下去并不那么容易。

彼时,甚至有资产公司高管在媒体上撰文描述转型的"五道槛":文化、理念、意识及效率均不能满足市场化运作;没有形成有效的公司治理与财务基本面;摊子大,负担重,难以适应市场化战略布局;考核体系不健全;自主创新能力差。

长城资产开始对商业化转型的艰难探索,资产公司开始自主经营,资金来源从政策性贷款转向市场化融资,不良资产业务要承担资金成本、财务成本、经营成本以及相关税费。

其他同行的转型,都是在抓紧拿金融牌照,往金融控股机构发展,有的已有成效。长城资产也效仿了这一做法,但屡屡碰壁。恰好此时,一家名为"广电日生人寿"的合资保险公司进入了时任总裁赵东平的视野。该公司成立于 2003 年 9 月,日本生命保险集团和上海广电集团各占 50%股份。上海广电作为中方的股东要脱离出来,这是一个很有难度的好机会。经过 2 年的拉锯战式谈判,长城资产终于"拿下"这家日本最大的人寿保险公司、世界排名前十的保险企业——日本生命保险集团。这个保险公司的牌照，对于当时正处于"生死存亡"时刻的长城资产来说，十分关键，为今后飞速发展赢得了"喘息"的时机。

在此背景下，长城资产积极探索商业化转型，开创了资产公司商业化收购的先河，先后收购了华夏银行和光大银行资产包，并围绕提升不良资产价值搭建一系列提供综合性金融服务和全方位技术手段的运作平台。

经过多年的攻城略地，长城资产通过整合、收购、创设、重组、调整等方式，先后拿下了保险、信托、投资、置业、交易所、登记结算等不同行业的八个平台——长城资产内部给这些牌照起了一个形象的名字：工具箱。

实践证明，这些旨在服务不良资产主业而搭建的经营平台为长城资产创新不良资产经营实践、促进公司在不同阶段的发展起到了重要的转型过渡作用。

在对不良资产进行资源整合的过程中，长城资产正是通过旗下银行、证券、保险、信托、租赁、基金等多元化金融平台协同打业务"组合拳"，把牌照功能运用到极致，"创意般"提升不良资产的内在价值。

第一次商业化转型后，完成两轮不良资产处置的四大资产管理公司，陆续转型发展成为金融控股集团。

2016年以来，日趋严格的金融监管政策和措施细则陆续出台。2017年，银监会相继开展了"三违反""三套利""四不当""落实银行业风险防控工作""市场乱象整治"和"深治市场乱象"等一系列专项治理检查。2018年3月5日的政府工作报告，提出健全对金融控股公司监管，国务院要求央行牵头制定金融控股公司监管规则。

2017年底，银监会颁布《金融资产管理公司资本管理办法（试行）》，针对资产公司内部具有投融资功能、杠杆率较高的非金融类子公司，提出审慎监管要求，确保资本监管全覆盖。同时还要求资产公司进一步聚焦不良资产主业。

此政策力度很大，资本约束考核方面不亚于对银行的监管。自此，监管部门对资产公司提出了"回归本源，专注主业"的具体要求，"强监管"成为资产管理公司面临的新常态。把主要精力回归于不良资产处置，已是大势所趋。

在新的监管与市场环境下，四大资产公司纷纷提出回归主业。第一次痛苦转型的余温尚存，长城资产又要面临第二次艰难转型。

回归主业：加法容易减法难？

尽管长城资产不良资产主业在整个业务中的占比，包括不良资产带来的收益，都不逊同业，但长城资产高层在公司内部讲话时，仍着重说了几个字："真正摒弃规模速度情结。"

毕竟，在经济新常态下，高速发展、多元化发展在这个时代已经不可取了。长城资产管理层对于密集出台的监管政策高度关注，在长城资产总裁周礼耀看来，所谓战略化决策，不仅仅是指战略高度的选择，也指战略高度的放弃。他在一次发言中，特别修改了讲话稿里"平台在公司发展过程中做出了巨大贡献"这句话，在"贡献"前面加了"阶段性"三个字。"大而全"是特定时期的一种状态，在瘦身的过程中必须根据形势变化做战略的调整。所以，不能用传统的思维思考问题，不能用传统的行为来处理事情，不能用固有的经验去研究问题。

同时，"稳中求进，量力而行，在'改革、创新、发展、基础、管理'十个字上下足功夫""进一步加大不良资产主业的收购和处置力度"等语句，也多次出现在长城资产高层的讲话中。

长城资产董事长沈晓明认为：长城资产已经进入严监管下规范发展的新时代、股份制改革后稳健发展的新时代，回归主业中创新发展的新时代。未来，长城资产将进一步树立不良资产主业的核心地位，以问题资产、问题债权和问题机构为重点，重新定义不良资产内涵和外延，将"不良资产+"进一步升级到"问题资源+"。

如果说之前长城资产商业化是第一次转型，现在强监管政策背景下的主业回归又是一次转型。无疑，此次转型比上次难度更大，将是一个痛苦的过程。

第一次是做加法，第二次是做减法，长城资产能否收放自如？

"主业本身就是我们的看家本领，难点在于过去是政策性资产处置，现在是商业化资产经营，所以一定要掌握好收购时点。同时，当前不良资产的成本随着时间的推移都在慢慢抬高，对未来的处置也会带来难度。要切实防范在处置不良资产时，把自己也变成了一个问题企业。"周礼耀说。

就在长城资产上上下下把"回归主业"作为价值观般的"守则"时，粤东资产包，恰逢其时地出现了，可谓关键时点上的关键项目。

但现实的情况是，长城资产广东分公司的部分员工已经很长时间没有接触资产包，对于能不能拿到、拿到后能不能处置好，大家心里都没底。

广东，一直是改革开放的桥头堡，长城资产在此的分支机构——广东省分公司，各项工作也一直跑在前列。此时，在"前沿阵地"树一个标杆，显然意义重大。

长城资产广东分公司时任总经理陈泽南觉得，初期切入资产包项目，不能打持久战，必须打闪电战，如此，打一个彻彻底底的"翻身仗"，方能提振整个团队的信心，方能找到一个切入口，把不良资产业务做大做强。

于是，长城资产广东分公司果断调整了经营思路，转战到不良资产主业战场，及早布局、调整机构人员、发动全员收集信息。

但是，处置不良资产是一个技术活，这必将考验长城资产广东分公司整个团队的尽调能力、估值能力、价值提升能力。

这场"翻身仗"，显然不好打。

"翻了一倍！"

2008年，中国农业银行上市之前，将8000亿的不良资产进行了剥离，由财政部委托给农行相关部门进行处置。

当时财政部定的时限是8年，到了2015年底，农行便准备将仍未处置完毕的资产打包出售，向四大资产公司做了相关推介。

其中的粤东资产包引起了长城资产广东分公司的高度关注，项目本金20亿元，涉及223户，分布于粤东揭阳、汕头等地——这里是潮汕地区，被称为"中国犹太人"的潮汕人精于经商，最出名的代表便是国美黄光裕。他们也十分爱抱团，某种程度上，也给外界留下排外的印象。

得知消息后，长城资产广东分公司立即派团队进行了调研。

粤东地区的语言环境和珠三角大不相同，语言比较难懂，双方交流，前几分钟用普通话自我介绍，之后全部用的是方言，外人根本听不懂，有人调侃甚至需要"翻译"。

长城资产广东分公司只好派员一家一家去进行尽调。"农行已经清收很多年了，他们能处置的早就处置了，剩下的都是一些小企业，可以说都是难啃的骨头，语言也不太好懂。当时就有一个初步思路，不能一家一家地去推，而是要打包起来分步骤来推进。"长城资产广东分公司专家张伟平回忆说。

正因为是"硬骨头"，当时同业们的预期普遍都不太高，广东农行预期回收率大约8%。做预推介时，各界普遍反应冷淡，认为包内资产时间长、户数多、无抵押、管理成本高，而且粤东当地经济在广东相对落后。

但长城资产广东分公司经过充分调研发现，虽然粤东地区实体经济不景气、股市房市低迷、投资渠道不多，但当地属于侨乡，不少华侨投资者的投资欲望还是很强烈的，存有在不良资产中"淘金"的热情和意愿。但2016年上半年各家资产公司的主要精力放在收包上，大规模处置还没有启动，不良资产在二级市场的供给很少。

所以，长城资产广东分公司研判认为：粤东资产包质量较差、价值不高，却有债务人不断主动上门要求解决在农行的历史债务问题，说明有处置线索，有潜力可挖，收购后只要做好营销挖掘，可以有很大的想象空间。

此时，一个消息传来，四个资产管理公司的广东分支机构，有一家机构当时"逢包必收"，所以对于粤东资产包也信誓旦旦地必须拿下，甚至连下一步怎么处置都做了规划。

之前没有和这家同行正面竞争过，但当时长城资产总部回归主业的呼声一直很高，长城资产广东分公司团队便捕捉四面八方的信息，里里外外做了大量的调查工作，为竞价做了最充分的准备。

在收购竞价环节，长城资产广东分公司认真分析了同行的报价规律和心态，将静态估值与运作空间、市场供求等结合，果断报出了"本金11.99%"的"高价"——于是方有了本文开头所描述的一幕。

折扣率接近12%的报价，真是让竞争对手们"吃了一惊"。竞价往往都是"明修栈道、暗度陈仓"，农行前期摸底时，有同行报出很低的折扣率，这当然有些放烟幕弹的性质。最后，这位"势在必得"的同行出价到11%，但他们绝对没有想到，长城资产会报出更高的价格。

"我们当时反复研究，价格定在一个上下波动的范围内。能拿到这个资产包，真是需要斗智斗勇，也需要一些运气成分。"长城资产广东分公司副总经理张天翼说。

张天翼口中的"斗智斗勇"，其实更像是一种博弈。但最后参加竞价的同行，都觉得长城的报价"高了"。"当时大家都认为你这一单肯定亏了，因为与初期农行询价的6%相比，我们几乎翻了一倍！"专家张伟平说。

而长城资产这次"惊人之举"，显然不是匹夫之勇，也不是"艺高人胆大"，为了这一个看似简单的"百分数"，他们背后不知跑了多少腿，问了多少路，目的只为一个：把尽调做扎实，还原资产的真实价值。

拨云见日

收购前后，长城资产广东分公司分别两次组织调查深挖资产包的价值，集中调动了项目经理、法律、评估等相关人员深入原贷款行，找到原来经办的管户信贷员，对潜在的线索逐一进行了"现场+非现场"核实，想方设法获取多方信息——这都为后续营销推介预备好了"素材"。

这里有不少让长城资产广东分公司团队记忆犹新的故事：比如冒着暴雨，去企业现场实地走访，比如多方调研，辗转联系当地农行的"老信贷"们侧面打听情况。

"基本上所有项目我们都逐户去挖掘了，所以接下来怎么处置，心里面还是有底的。比如说'汕尾包'，本身报价是五六千万，而我们实地走访调研后发现，价值至少是8000万，而这个部分最后出让价值突破了1亿——所以说如果没有充分的尽调，就不会有充分的信心和后期的高收益。"张伟平说。

张伟平的一句话概括了广东团队在处理"粤东包"时的"工作原则"：基本不在办公室看资料，都要去现场调研佐证。当笔者追问是否算过去现场尽调的次数，得到的答案是那真是"不计其数"了。

有一次，长城资产广东分公司的几位高级经理，陪同深圳的客户去汕尾实地调研，正值那天下着暴雨，结果客户的车在高速路上打滑，转了好几个圈才停下来，幸亏后方没有车，否则后果不堪设想。

长城资产的尽调有一个特点，那就是在调查的时候往往就展开了"拉郎配"。

长城资产广东分公司资产经营二部高级业务主管陈效良就觉得："不仅仅是我们自己在挖掘项目价值，尽调的同时就在牵线搭桥，就在给客户规划描绘升值的空间。"

资产包里有汕头地区的一个供销社项目，因为涉及旧城改造，所以外界觉得处理起来很有难度，普遍不看好，长城资产广东分公司却把其中的"亮点"充分挖掘了出来。

因为供销社和农行之前有交集，所以广东分公司团队对这个系统很了解，他们经过认真剖析，还是看出了此项目中隐藏着的"宝藏"：仓库及门店。

张伟平说："不少同事在农行时与供销社打过很多交道，一看农行初步的处置报告，马上就能看出门道，并在这个基础上去继续挖掘。当时就觉得，这里面不但'有得做'，而且有可能速战速决。"——这就是经验的优势。

当时他们就设想，如果能够将供销社的资产释放出来，引来投资人进行改造，不但能帮助供销社解决历史包袱问题，升值潜力也很大。

而汕头供销社的负责人刚接手时，就觉得这是一个"烂摊子"，超过一千人需要安置，原来的债务问题也没弄清楚，对外承包经营有一些隐患，所以信心有些不足。

团队成员们就帮助供销社理清思路、分析利害，这些都激发了供销社主要负责人的信心——毕竟信心是最重要的！

供销社主任开始全力配合长城资产广东分公司的工作。为此，张伟平还经常在晚上给供销社管理层上"辅导课"传授经营思路，比如怎么写报告给主管领导，怎么争取优惠政策等。

事后证明，这些都为之后的"多方共赢"打下了坚实基础。

三个月！

在外人"不看好"的情况下，怎么顺利地处置粤东资产包，是摆在长城资产广东分公司面前的一个大考验。拿下项目后，他们顾不得缓口气，立即将工作重心切换到营销上。2020年初的一场新冠肺炎疫情，让不少公司都转变了营销思路，从上到下全员上阵，每个人都被"激活"

成了销售员。

而长城资产广东分公司当时的营销思路，几乎与此类似。从总经理到项目经理都深入到了一线，他们先后与20多家机构或个人进行营销洽谈，讲解资产亮点，传授经营思路，分析处置难点，以提升投资者的盈利预期。同时，他们打破常规，在省级报纸和当地报纸连续刊登营销公告，最终成功吸引了十多家投资者参与了竞价。

可以说，当时长城资产广东分公司管理层既是"指挥员"也是"战斗员"，上下拧成一股绳，一方面从主管部门那里争取支持，一方面通过农行和债务人侧面打听，再通过潮汕籍有意向、有兴趣的受让人去做直接沟通，去两头传话。

彼时，不良资产市场有升温迹象，买家明显增多，于是长城资产广东分公司决定：趁热打铁——"当季收购、当季处置"，这意味着要在三个月内解决战斗，可谓是超常规加快处置！

"大家都非常清楚，这个资产包必须一炮打响，成功以后，才有后面大量'收包'的可能性。所以整个过程必须'短平快'，全公司都憋着一股劲，'力出一孔'地为项目处置奋战。"长城资产广东分公司副总经理张天翼说。

而他们面临的是，把可能需要一年到两年的工作量压缩到三个月！

长城资产广东分公司的内部系统基本都没有对这些资产做录入，目的就是为了加速推进。而当季处置是抢时间，能不能最后实现盈利，能不能顺利成交，谁也说不准。

时间缩短了，手续和流程却完全是一样的，刊登营销公告、处置公告等法定程序一个都不能少。必须一环扣一环，否则根本来不及。而其中如果有一个环节出问题，都会让结局发生逆转性改变。

同样的流程，同样的标准，工作强度的加大可想而知。

"三个月的时间里，整个团队的工作就像天气预报一样，每天都需要将事情处理进展做成动态报告，汇报给主管部门。"陈效良说，"当时是按天计算排日程，真是一点都不敢耽误。"

张伟平则从另一个角度阐释了"压强"之大："你想想看，这些资产如果放在农行，有多少分支机构、有多少人在管理，而分公司只有60来个人，直接经办这个项目的人更少。"

人少，事情还要照常干，长城资产广东分公司副高级经理李勇的一番话，充分说明了这确实像是一个"不可能完成的任务"。

"按照以往的处置流程，需要先接收资料，然后清点核对，再出债权转让公告、处置公告，找客户制订方案，往往这一套流程走完，可能一年就过去了。有时因为资料不全，可能仅仅接收就需要用半年时间。"李勇说。

这种情况下，就必须倒推出各个流程的"节点"，同时用结果说话。

"这就要求，必须在依法合规的前提下，把各项任务完全安排好，不管是加班还是不睡觉，到了时间点，就必须拿下！"陈效良感慨说。

按照财政部相关规定，处置公告按照标的大小，审核通过一般需要20多个工作日，而这个资产包的体量至少需要一个月时间。

广东团队只好在依法依规的情况下，同时并行开展一些流程，另一方面提前做好各项准备和预案，与时间赛跑。

但，即便如此"赶工期"，推算下来也无比紧张。

"当时我们要准备很多审批的基础材料，比如说法律意见书、评估报告等，都需要一边做、一边完善。200多户的基础资料，分给四五个人来做，每个人就需要对接50户。"陈效良回忆说，前中后台三条线只能加班加点，通力配合着。

整个团队只能更加齐心协力、一鼓作气，时任长城资产广东分公司总经理陈泽南每天都给项目组成员们打气。

而陈效良觉得，每天都像是在百米冲刺："大家的干劲都很足，感觉三个月很快过去了，每天都很充实，一睁眼就知道自己要做哪些工作。其实处置不良资产，同事们还是有股说不出来的兴奋劲，都想充分发挥自己的优势、特长。"

冲刺，也要讲究方法！长城资产广东分公司综合资产价值、市场反馈及投资者能力等因素，采取了"大包收购、分包处置、统筹经营、充分营销"的策略，按照汕头、潮州、揭阳、汕尾四个地区分包后对外公开转让，并按照"先易后难、先重后轻"的原则，在竞价的规则、顺序、流程上周密安排，确保转让的合规性和效益性。

先处理容易的，自然会加快处置进度，从而降低资金成本。而按四个地级市来分类，这样也相当于运作四个独立的项目，也让并行推进有了可能性。

"开始有整包出售的想法，但这样'体量'太大，无疑会增加出让难度。而分包处理的目的，就是为了各个击破。"张伟平说。

一切都按照计划快速运转着，但整个团队没有想到，一个定时炸弹也在"倒计时"式地逼近着。

根治症结

尽管长城资产广东分公司有所准备，但事情的进展还是超乎了他们的预料：推进到一个存有争议的项目时，出现了影响项目走势的大问题。

资产包里包含粤东地区一个名为陆丰的县级市的数块土地，这些地块地处深圳与汕尾的经济合作区附近，又有高铁开通的概念，所以前景较为广阔。

但当地政府有关方面，直接"一刀切"地希望长城资产广东分公司暂停甚至放弃这部分处置工作。

当地政府主管领导专程来到广州，和长城资产广东分公司管理层沟通此事。刚开始沟通的时候，因为着急，地方政府领导甚至狠拍了几下桌子——可见此事确实棘手。

"但我们完全是按照正常程序推进的,从尽调到处置、转让,完全符合法律规定,没有任何的瑕疵。"张天翼回忆说,"当时我们就摆事实讲道理,特别指出契约精神对于央企的重要性。"

最后双方沟通到了中午一点多钟,他们叫来了盒饭,继续在会议室边吃边谈。

随后的日子里,地方政府的主管领导甚至深夜 12 点还要给长城资产广东分公司的高管打电话沟通细节问题。"我们反复强调两个关键词:依法合规、合情合理。"张天翼说。

进而,长城资产广东分公司主动担当,把自己的角色定位为"总协调人",多方协调,一方面协调地方政府、买家、债务人信息互通、达成谅解,同时帮着地方政府出主意、提建议;另一方面寻求"最大公约数",在时间十分紧迫的情况下,反复研究出了令各方较为满意的处理方案。

长城资产广东分公司相关负责人还多次向广东省主管领导当面汇报、争取支持理解。事情终于有了转机,涉及此事的一个个"疙瘩"被逐一解开。

"期间真是经历了各种迂回曲折、各种峰回路转,甚至恐吓,但我们始终坚守维护公司合法利益的底线原则,配合地方政府化解风险,终于拆除了这颗'定时炸弹'。"张天翼说。

各方最终皆大欢喜,历史遗留问题得到妥善解决——而这样圆满的多赢结果,与长城资产广东分公司直面问题的坚持、坚守和解决"顽疾"的信心、恒心是分不开的。

"当时如果放弃的话,很有可能会影响到全局。所以想尽办法推动,而非不了了之,显得尤为重要。"陈效良说。

可以说,正是因为长城资产广东分公司团队精准把握了政策,操作又极其规范,所以才会有彻底解决问题的底气。

"农行方面也来感谢我们,因为把历史遗留的棘手问题一并解决了。"张伟平说,有家开发商一直想开发这个项目,但一直在观望,问题解决后，就立即推进了开发工作，也极大地促进了当地的经济发展。

把这个"结"解开之后，可谓"牵一发而动全身"，整个项目就如顺水行舟。对四个资产包分别竞价那天，陈效良印象特别深："当时采取的是现场竞价的方式，整个分公司很久没有那么热闹过，走廊上都坐满了人。"

最终，长城资产广东分公司在三个月内（2016年3月23日购入，同年6月18日卖出）完成了这场闪电战，整个项目实现盈利1.99亿元，年化收益率超过400%——成功实现"当季收购、当季处置、当季盈利"的预期。速度之快，效率之高，堪称传奇。

成为"导火线"

当监管层提出回归主业的要求后，长城资产的回应是最积极的，因此长城资产广东分公司的动作也极为迅速。

"时任分公司总经理陈泽南很有前瞻预见性，立即决定瞅准时机尽快收包，不过当时整个分公司新人不少，有些老人手也不愿意去干这个'苦差事'。"李勇说。

于是，当时的长城资产广东分公司管理层研讨后就有一个想法：能买、能卖、能赚钱，并且短时间内处理。"所以收购粤东不良资产包的目的很明确：就是为了树立信心，而非精耕细作，首先把大家的信心树立起来！"张天翼说。

一旦有了信心，就会极大地激发积极性，回归主业的过程就会顺畅很多。

广东省独特的地理位置，决定了其在各个历史承转点，都要肩负大任。长城资产成立初期，当时的广州办事处，是长城资产政策性处置时期不良资产接收与处置贡献最大的经营单位，当时接收了农行剥离的政策性不良资产共计392亿元，接近农行所有债权的四分之一，涉及债务人1万多户。至2007年完成国家下达的目标时，长城资产广州办成功实现了上百家国有企业的可持续经营，数千职工免于失业，对维护广东地区的经济社会稳定发挥了重要作用。

而资产公司的这一次关键转型，长城资产广东分公司又将扮演什么角色？

时任长城资产广东分公司总经理陈泽南就提出，再造一个广州办，以前能独占鳌头，现在也应成为排头兵。

再造的设想无疑是"大手笔"，但设想归设想，如何执行和落地却是个大难题。

那段时间，即便有资产包长城资产也未必也能收到。其他几家资产公司，以及外资、地方AMC，在广东省竞争极为激烈。

甚至，几次快到嘴边的"肥肉"，眼睁睁地看着被别人抢走。

而粤东资产包"一炮走红"后，引起了各方广泛关注，长城资产广东分公司的社会名片终于打得更加响亮了，不少业内朋友也前来取经。

"影响确实很深远，有一段时间，资产包竞价时，几家银行都不主动找我们，现在不论是哪家银行还是信托，都会来问问我们是否参与。甚至有几位同行开玩笑说，只要长城资产参加竞拍，他们甚至不用尽调，就看到时长城资产出多少价，再加一点就够了——他们觉得长城资产的尽调已经很准确了！"张伟平说，有一次，广东省相关机构推出了四个资产包，长城资产广东分公司一鼓作气拿下了前面三个——有了粤东资产包背书，各方面都越做越顺。

这几年，长城资产广东分公司积极参与了各家金融机构不良资产转让的竞标活动，在银行密集推包时，曾一度调集近40%的人员参与尽职调查，因此，他们收购不少资产包的报价只略高于次高价。有两次，长城资产广东分公司以分别高出对手0.3%和0.57%的报价，成功收购两个总额40亿元的资产包，成为"江湖传说"。

在长城资产广东分公司总经理陈明看来，资产管理要敏锐地捕捉商机，看到他人看不到的价值和机遇，开展细致缜密尽调，善于整合各方资源，提出合理精准报价，制定科学高效的处置策略，从而提升项目价值空间。

2016年以来，长城资产广东分公司收购了多家银行业金融机构的不良资产包35个，债权总额近500亿元，远远超过2000年成立之初接收政策性不良资产的规模。

可以说，粤东不良资产包这个标杆项目，成为长城资产广东分公司转型回归主业的一个样板工程，也为其日后数百亿元的不良资产包收购起了"导火线"的作用。

一线问答

笔　者　反过来推，当时收购粤东不良资产包时，外面有风凉话，收购成本又看似很高，是不是压力也挺大的？

张天翼　在资产质量差、同业不看好、回收预期也很低的情况下，整个团队通过精心运作实现短时间大幅盈利，再次用事实证明了分公司收购资产包，绝不仅仅是靠"胆子大、运气好"。

当然，资产估值是永远的难题，需要底气，也需要理性，更需要一定的激情。这个项目里，长城资产在尽调过程中，并非单纯依托中介评估机构，而是充分挖掘了相关资源，这就让自己有了"先天优势"。比如，利用了原有的供销社系统的一些人脉，和一些粤东地区的本地生意人。充分挖掘人脉，对于做好尽调是十分重要。其实我们尽调，就是解决信息不对称的问题。谁能获取更贴切的信息，谁能核算出更精准、合理的报价，谁就能占得先机。

另一方面，理性估价的时候还要揣测竞争对手的心理，否则如果特别慎重，心机算尽，最后被别人抢走了，也没自己什么事了。当时我们还是敢于出看似很高的报价，这也需要一种信心和魄力——我们感觉到里面是有实实在在的"金子"的。

张伟平 有一段时间，我们一直都没有收到资产包，大家都憋着一股劲。我们曾经专门开过一个资产研讨会，甚至用检讨的方式来讨论。为什么"收包"不成功？是尽调不到位还是有什么其他问题？广东这样一个经济潜力巨大的地方，为什么这方面没有形成优势？

回归主业的号角吹响后，长城资产总部也提供了一些经营成本上的优惠政策和特别激励机制，所以才有了后面的"闪电战"。

压力肯定是有的，但我们当时也充分分析了各家对资产包的态度，不会盲目出击。当时外界普遍认为这个资产包农行已经处置了八年，剩下都是骨头肯定没有肉了。但是全方位分析一下，长时间的处置，也说明农行的前期基础工作肯定没有问题——换个角度思考，就完全不一样了。

最近几年不良资产市场的热度也相应提升，资产价格整体拉高，银行也很高兴，有的项目甚至把本金都能收回来——这都离不开粤东资产包项目的开拓作用。

笔　者 您觉得这场"闪电战"，长城资产广东分公司最终获胜的关键点在哪里？

张天翼 当时主管领导定的基调就是，这一仗是"信心之战"，同时也是一个"闪电战"，不能慢慢打，不能拆分过细。如果这个资产包慢慢来做的话，需要耗费更多的时间，资金使用成本也很大，真的有可能达不到预期目标。

尽调时，我们就带客户同去，第一时间"预营销"。可以让客户见到"实物"，同时给他们解释项目的发展空间在哪里，亮点有哪些？这样的推介就更加直观、更有效率，所以营销的效果也很好。

另外在处理资产时，各方面都很规范，同时也用自己的专业判断，防范了各类风险。当时整个团队也都顶着比较大的压力,但也坚守着自己的原则。

整个粤东地区的经济大环境,增长是比较乏力的,因为这个地区以做实业的中小企业为主。所以粤东资产包做完尽调后,发现亮点并不是很多,因为它毕竟是农行的"尾包"。

但整个团队就是一鼓作气,一边尽调、一边准备报价、一边营销寻找客户,这三个工作同时在开展,这样也让客户通过二级市场来帮我们"反证"市场价值,甚至有时带着客户一起去做尽调。如果说收完资产包以后再开始找客户,是不可能三个月内完成的。

笔　者　您觉得这个项目有哪些深远影响?

张天翼　刚开始,还是能感觉到团队有一定的畏难情绪,毕竟整个项目还是充满不确定性。但通过大家努力,打响了第一枪,打了一个"翻身仗",大家都意识到不良资产真是一个宝藏。特别是这些年招聘进来的年轻人,对不良资产的认识还不够充分。通过这个项目,他们对不良资产运作认识得更全面了。

资产包方面,长城资产广东分公司从 2015 年开始布局,2017 年资产包价格攀升后,收购份额相对减少,但因为有一定的存量,盈利基本都是处置这些不良资产带来的。

就因为有前期收购的铺垫,这几年以处置为主,所以我们近几年现金流回收还是很可观的。粤东不良资产包项目就是在树信心、挖地基,整个不良资产处置的"大厦"方能拔地而起。

方法论

六大亮点

①尽调到位:收购前后两次组织调查,深挖资产价值和线索。

②综合定价：将静态估值与运作空间、市场供求等结合，以确保盈利为前提合理确定报价。

③巧妙组包：综合资产价值、市场反馈及投资者能力等因素，最终确定了分五个资产包运作的策略。

④营销到位："走出去"营销推介，讲解资产亮点，传授经营思路，提升投资者的兴趣和信心，吸引十多家参与竞价。

⑤"变废为宝"：在资产质量差、同业不看好的情况下，通过营销运作实现短时间大幅盈利。

⑥实现共赢：勇挑重担、多方协调、坚持原则，引导各方寻求"最大公约数"，最终圆满解决，政府、买受人、债务人及长城资产实现"四赢"。

启示录

神操作："多线程"、后期工作前置

此项目中，长城资产广东分公司一边尽调、一边准备报价、一边营销寻找客户，三项工作同时开展，甚至有时带着客户一起去做尽调。而后期处置过程中，操盘者在合法合规的情况下，把能同时推进处理的事项，都一并进行。

这种"多线程"操作，如同大厨在炖汤的同时，有条不紊地继续做另一道菜，是三个月内完成战斗的绝对前提，值得学习和借鉴！

让"问题"成为"亮点"

金融就是在风险的海浪中游泳，就是在刀尖上跳舞，如果一味地循规蹈矩、按部就班，一味地强调"风险第一"，也许会你好我好大家好、平安无事，那结局也只能是一事无成。

董事长点评：回归本源，专注主业

回头看，长城资产商业化转型发展的大方向是正确的，是符合国家意志和监管要求的。但我们也必须意识到，由于我们对市场把握、趋势判断和自身认识的一些局限性，我们的改革发展也走了一些弯路，犯了一些错误。尤其是前些年，看到金融市场的资金空转和过度杠杆，脱实向虚和套利行为风行，我们也形成了"固收思维"，这不仅偏离了中央的精神，更背离了我们的初心和使命。

现在看来，监管部门对我们提出的"回归主业"要求十分正确、也十分及时。在公司持续改革发展的道路上，我们必须坚决贯彻落实中央精神，坚决服从银保监会等上级决定，积极"回归本源、聚焦主业、做精专业"，不忘我们"防范化解金融风险"重任，牢记我们"守护国家金融安全，服务支持实体经济发展"职责，努力防范化解金融风险，维护国家金融安全，坚决打好"防风险攻坚战"。

金融强监管是金融机构在当前进一步深化供给侧结构性改革过程中必须经历的一个"大并购、大重组、大去劣"的过程，是中央推动中国经济从"量变"到"质变"、从"治标"到"治本"的过程；其目的是抑制资产泡沫，创造更适宜的金融环境，防止潜在的系统性风险，并推动金融机构更有效率地服务实体经济。金融靠信用而立，信用靠守信为本，守信靠自律捍卫。近年来，我们按照监管部门的要求，进一步加强业务经营，完善管理体制。一是主动调整发展战略，强化不良资产主业。以"问题债权、问题企业、问题机构"等"问题资源"为对象，以"坏银行、好银行、投资银行"为手段，以"逆周期收购 + 分类处置、顺周期处置 + 差异化经营、跨周期重组 + 价值平衡"为策略，积极发挥不良资产处置的主渠道作用，担当中国经济金融体系的"守门员""清道夫"和"中西医",体现防范化解系统性金融风险"国家队"和"主力军"的存在。二是将加强风险管控作为战略重点深入落实到一系列战略行动中,确保各项业务依法合规经营。三是围绕强化不良资产主业,重构"大资管、大投行、大协同"业务模式的内在逻辑。三者之中,以不良资产经营管理为主的"大资管"是核心,是公司发展的主业和基石;"大协同"是工具,是发挥综合金融服务优势促进提升不良资产价值的功能组合;"大投行"是手段,是资产公司在发挥"大协同"功能服务"大资管"主业的过程中,对债务重组、资产重组、股权重组和产业重组等并购重组方式的综合运用,其运作水平的高低决定了不良资产价值的提升效果。

当然,在金融强监管的政策背景下,外部市场和机构受到的冲击较大,对资产公司的资本消耗和资产负债管理产生了重要影响,也使资产公司面临着严峻考验。总体来讲,对资产公司而言,强监管既是挑战也是机遇,既是压力也是动力,将进一步引导资产公司聚焦主业、深耕不良,开辟独具匠心、特色鲜明的发展道路。

当前,在防范化解系统性金融风险、服务实体经济发展的大背景下,我们既要充分肯定并积极发挥资产公司在促进经济结构调整和产业转型升级中的重要作用,又要重新审视资产公司在新时期下的功能定位与发展路径;既要舍弃过去与资产公司功能定位不匹配的理念做法,又要重构与服务实体经济相适应的业务模式;既要调整片面追求规模快速扩张、盈利最大化的经营思路,又要严格遵守不破"底线"、不踩"红线"和不碰"高压线"的经营原则。与此同时,随着以强监管、严问责为主要特征的监管政策密集出台,资产公司改革发展还面临不可逾越的天线,即其风险抵御能力、发展规模和速度,以及资产质量均受到资本金的约束。从某种意义上讲,当前强监管政策背景下对资产公司主业的回归也是一次转型。这一次转型较上一次商业化转型的难度甚至更大。这将是一个痛苦的过程，同时也是资产公司解决历史遗留问题、自我完善、适应我国供给侧结构性改革需要、实现自身存在价值的过程。

——中国长城资产管理股份有限公司董事长　沈晓明

代后序

"双循环"格局下资产公司防控金融风险的另类投行策略

周礼耀 | 中国长城资产管理股份有限公司总裁

有一类公司，成立于金融救助，成长于金融救助，转型于金融救助，以"化解金融风险"和"服务实体经济"为主要职责，成立于1999年10月18日的中国长城资产管理股份有限公司（简称"长城资产"）就是其中的典型代表。

虽然成立初期获得的资源"先天不足"，发展形成的规模不是最大，经营积累的盈利也不是最多，但是长城资产20余年来初心不改使命不变，笃守主业矢志不渝，围绕化解金融风险和服务实体经济，创新开展不良资产并购重组业务，并通过成功运作"中国铁物""*ST超日""科迪乳业""沪东金融大厦""东盛""PT渝钛白""贝因美""信邦制药""粤东不良资产包""向美国花旗集团转让不良债权"等具有较大影响力的重组项目，优化了金融资源配置，盘活了社会存量资产，维护了经济秩序稳定，为中国经济结构调整和转型升级作出了积极贡献；与此同时，长城资产也积累了化解系统性金融风险的专业经验，打造形成具有自身特色的不良资产并购重组业务模式和业务品牌。而这些具有代表性的经典案例的运作始末和经验特点，在本书中均得到深度还原和呈现，以期对当下的金融风险化解工作有所启迪、有所借鉴。

代后序　"双循环"格局下资产公司防控金融风险的另类投行策略

当前,作为以化解金融风险为使命的国有金融资产管理公司(简称"资产公司"),面对依然复杂严峻、不确定性不稳定性较大的经济形势,应主动寻求实现在加快形成以国内大循环为主体、国内国际双循环相互促进的新发展格局中的功能作用,尽最大可能提早处置不良资产,尽快疏通当前影响国民经济畅通循环的梗阻并建立长效机制。具体而言,既要加大对社会上存量的大规模不良资产的处置力度,又要做好对受新冠肺炎疫情影响增量的不良资产大量涌现的谋划应对,更要针对不良资产市场呈现的新特点,顺应不良资产处置的投行化趋势,积极开展围绕问题企业的另类投行业务,进而畅通金融和实体经济良性循环的管道,防范化解系统性金融风险。

一、投行化是新时期不良资产处置的发展趋势

(一)不良资产市场呈现新的特点

本轮不良资产产生于近年来在全球经济深度衰退和国内经济下行压力加大的背景下,深入推进的以"三去一降一补"为重点的供给侧结构性改革的过程之中。其特点,除了延续以往商业银行不良贷款余额和不良贷款率的上升趋势外,还有从民企蔓延至地方国企乃至有关大型央企的债务违约事件的不断出现,更有因违约所带来的金融风险的积聚、信用秩序的破坏、社会不和谐因素的增加等问题亟待解决,防范化解金融风险被放在更加重要的位置。

在当前以国内大循环为主的"双循环"新发展格局的加快形成中,为遏制经济活动的急剧收缩而不断扩大的金融活动,将使得近期总体杠杆率和部门杠杆率出现较大反弹,金融机构的坏账可能会大幅增加。鉴于金融财务反映存在的时滞,以及目前的资产分类尚未准确反映真实风险,预计今后一段时期不良资产市场规模还将进一步快速扩大,金融风险很可能会加速显现。

(二)投行化是不良资产处置的趋势

如同2001年我在接受《劳动报》采访时,关于资产公司发展方向

是现代投行的预测那样,当下不良资产处置的投行化趋势日益明显。新时期不良资产市场呈现的上述特点,对资产公司而言,无论是加大对既有存量的大规模不良资产的处置力度,还是做好对受新冠肺炎疫情及中美关系影响而将产生增量的大量不良资产的谋划应对,较以往任何时期,都提出了更高更迫切的处置要求。这是前所未有的,也是大家未曾经历但必须正视的。过去资产公司的业务对象主要是金融机构的不良贷款处置,系统性解决金融领域的潜在风险。如今不良资产业务领域不断扩展,由金融机构扩展到实体企业,由资金市场扩展到资本市场,由金融领域扩展到经济领域。大型及超大型企业集团,私募和公募债发债主体,公开发行的资本市场主体等成为不良资产的主要来源。为此,需要有另类投行的思维,采取个性化的解决方案,一体化的运作思路,多元化的实施工具,精细化的操作步骤,解决复杂的不良资产问题。资产公司商业化转型发展以来业务领域的扩展、运作手段的丰富、技术含量的提高,以及盘活问题资产和优化资源配置功能的强大,都为资产公司围绕主业开展另类投行业务夯实了业务基础和功能基础。随着国内外经济形势不确定性不稳定性的进一步增强,以及以国内大循环为主的"双循环"新发展格局的加快形成,社会问题类资源会越来越多,为资产公司开展另类投行业务提供了广阔的发展空间。而这也是妥善应对新冠肺炎疫情冲击,更好发挥资产公司化解处置风险功能作用,围绕"资产管理"培育投资银行、财务顾问等财技和专业能力,专注打造核心竞争力的重要体现。

二、"双循环"格局下资产公司处置不良资产投行化的主要表现

(一)服务个性化

"双循环"格局下,作为中央金融企业的责任感、防范化解系统性金融风险的紧迫感,以及随着金融业对外开放境外金融机构进入不良资产市场加剧资产公司行业竞争的危机感,都促使资产公司变被动为主动、奋力寻求自身的存在价值。在近年来由被动接受金融机构的资产包转向加大不良资产收购力度的基础上,既主动拓展金融机构、非金融机构的

问题资源，又勇于承担涉及系统性金融风险的重大项目重组，还积极探索针对包括信用违约等在内的个人债务重组业务，最大限度将业务触角延伸至社会经济各个层面。特别是，顺应新时期问题企业风险化解的个性化需求，由原先的以持续完善不良资产业务产品为中心，转向以客户为中心，在畅通问题企业"血液循环"的过程中，根据企业的特色化需求，或为解决企业困难提供所需要的金融资源，或通过资源整合给予其技术支持，或视情况引入外部投资者进行产业合作，最终通过提供个性化的综合性服务促进企业发生实质性的正向变化。

（二）手段多元化

金融是实体企业的血液。新时期资产公司开展另类投行业务化解金融风险、服务实体企业的内在逻辑，在于通过作用于问题企业的机制由"三血"向"四血"转变，来畅通问题企业的"血液循环"，进而恢复其可持续发展能力。具体而言，就是在通过不良资产收购这一"抽血"机制降低企业财务负担，通过追加投资等激发企业自身潜力这一"输血"机制提升企业生存能力，通过整合企业内外部资源这一"造血"机制增强企业内生动力的同时，叠加债务重组、市场化债转股、资产重组、企业重组、产业重组等多元化投资银行手段，改善企业财务状况，提升企业盈利能力，帮助企业"换血"实现转型升级。最终通过"四血"机制的作用，直接或间接化解金融风险、优化资源配置，建立金融与实体企业良性循环的畅通渠道。与之相适应，不良资产的业务形式由原先以处置转让为代表的简单化，转向以资源整合和价值提升为特征的复杂化。

（三）运作一体化

系统性金融风险的防范化解，具有涉及主体多、覆盖范围广、利益冲突大、运作周期长、协调成本高等特征，需要放眼全局的视野甚至全球的大格局，摒弃零和博弈，坚持共赢理念，为问题企业设计一个以盘活重整为目标、兼顾各方利益且能兜得住的一揽子综合性解决方案。其核心是运作一体化，即针对一个具有价值提升潜力的不良资产，运用"综合经营、系统集成"的思维对其进行分解、分类，采取系统处置、有效盘活及投资银行手段加以一体化运作。

以本书中长城资产运作的"中国铁物"项目为例，作为国内首家央企私募债危机事件，中国铁物由于债务规模大、构成复杂、债权人众多，产生了巨大的社会影响。长城资产主动介入，经过"扎实尽调、摸清家底、评估资产"，为企业设计了以"本金安全＋部分还债＋留债展期＋利率优惠＋转股选择权"为主体的一揽子综合性金融救助方案并通过一体化运作，成功化解了中国铁物债务危机，促进企业可持续发展。其中，"七圈模式"是长城资产一体化运作的浓缩提炼。首先，处于原始状态的不良资产是第一个圈。在此圈内，按质量状况将资产分为优质资产和问题资产两个小圈。其次，按主业资产和副业资产对优质资产进行分离，形成优质资产圈中的两个小圈；按有效资产和无效资产对问题资产进行分离，形成问题资产圈中的两个小圈；最终，通过对优势主业资产和问题有效资产进行"逆周期培育、顺周期提升"实现"跨周期"的价值后，来弥补问题资产的损失，进而在实现社会效益的过程中获得不良资产经营的综合收益。

（四）实施精细化

围绕问题企业开展的具有个性化的另类投行业务所需的三大能力，决定了资产公司在具体实施中要做好精细化。一是对企业发展趋势、走出困境的专业研判能力。另类投行主要为重组、清算或破产，不仅需要对企业微观面的深入研究，也需要对行业发展、国内外经济形势等宏观面的科学研判，更需要基于多年实践所形成对企业走出困境判断的专业敏感性。二是对企业价值挖掘、统筹推进重组的打持久战能力。要对此类业务特别是其重组过程烂熟于胸，具有丰富的法律和财务知识，以及对资产估值的专业能力；同时，面对重组可能遇到的种种阻力，意想不到的甚至会导致前功尽弃的各种变数，以及耗时之久可能长达数年的运作周期，我们必须有稳健的心理素质、灵活的应变能力、高超的沟通水平，以及足够的耐心韧劲。三是应对资产标的缺乏流动性和正规定价机制所要求的风险管理能力。这需要我们进行更严格更扎实的尽职调查，实行事前预警、事中控制、事后评估的全流程风险管控。此外，另类投行业务也对我们引入社会资金、受托管理资产的专业运作能力提出了更高的要求。这不仅使得我们要从以前的资金为王转向人才为本，更要实施精细化运作。

三、开展另类投行防控金融风险的方向和策略

（一）覆盖"东西南北"的全域性运作视野

以国内循环为主的"双循环"格局，将重新审视并规划我国的生产力布局，推动各具特色且互为依托的区域经济发展；不断推动我国产业由东向西呈现梯度式布局，并加快能源、纺织等产业向原料地聚集；催生并优化我国科技创新产业的加速发展，不断提升高科技产品的自给能力。与之相对应，不良资产市场所呈现的区域化特点也将随之发生变化。因此，资产公司要把握好"双循环"格局下的新变化所带来的业务机会，用覆盖"东西南北"的全域性运作视野，以开展针对问题企业的另类投行业务为切入点，发挥不良资产处置的主业优势和系统性金融风险化解的经验优势，加大不良资产处置和未来加快显现的金融风险的应对力度，着力支持供给侧改革中的补短板，尤其是产业升级补短板、产业链安全视角的补短板。同时，资产公司应集中优势资源，担当作为，积极投身于当前银行业不良资产处置、中小银行风险化解和资本补充、托管救助高风险机构等重大金融风险处置的各项攻坚任务。此外，随着我国金融业的稳步对外开放，资产公司也要在有效遏制外部冲击向国内扩散中发挥积极作用。

（二）跨越"春夏秋冬"的周期性经营策略

不良资产是企业资源在宏观经济周期和企业生命周期交互作用下出现错配的一种客观存在，并通过各类融资渠道传导至金融机构，沉淀为整个金融体系的不良资产。不良资产会在经济周期性的波动中大规模产

生和积聚，阻碍金融和实体企业的良性循环，如没得到及时有效的市场出清或盘活，会诱发系统性金融风险。另类投行的范围可覆盖全周期。一是"春生"。在经济复苏期，对处于初创阶段盈利能力较弱的企业提供资金支持。在不良资产处置方面，资产公司重点是发挥债务重组功能，收购不良资产包，并做好对有价值提升潜力的不良资产的培育。二是"夏长"。在经济扩张期，对处于成长阶段要素整合能力较强的企业给予多元化的金融资源支持、参与其产业链并购等。这一时期，对前期经过价值培育和提升的不良资产，资产公司可选择合适的时机予以出售；对不具有价值提升潜力或前期提升效果较差的不良资产，按照"冰棍"理论尽快予以处置。三是"秋收"。在经济收缩期，参与处于成熟阶段资产质量较高的企业的结构调整和产业升级机会。在不良资产处置方面，资产公司应注重资产重组、股权重组等价值提升手段的综合运作，发挥"根雕效应"，不断提升不良资产的内涵价值，并择机处置变现，实现资产价值的最大化。四是"冬藏"。在经济萧条期，可寻找衰退阶段的企业重组、清算和破产等业务机遇。这一时期不良资产市场规模会扩大，资产公司可加大不良资产资源的储备力度。综上，基于不良资产形成机制的周期性属性，资产公司旨在化解金融风险和服务实体企业而开展的另类投行，宜采取跨越"春夏秋冬"的周期性经营策略。

（三）综合"加减乘除"的复合式重组手段

一是"加法"。通过对有重组价值的企业追加投资，提供资源供给和技术支持，引入产业合作方等，不仅帮助企业走出困境，还帮助企业做优做强。二是"减法"。通过债务重组减低企业财务负担、资产重组剥离企业无效资产，帮助减掉包袱、聚焦主业，轻装上阵。三是"乘法"。在对问题企业开展另类投行业务时，借助资本市场对提升不良资产价值的"乘数效应"，提高不良资产处置的效果。四是"除法"。即要提高处置不良资产、化解金融风险的效率，使处置速度快于不良资产增长速度，不仅在既定的时间范围内盘活更多的问题企业，还要在既定的投入上实现更多的社会效益和经济效益。总体来讲，资产公司开展问题企业的另类投行业务，要综合运用"加减乘除"的复合式重组手段。

（四）构建"点线面体"的立体式运作体系

一是加大符合另类投行业务要求的人才建设力度，充分发挥其行业经验和专业特长，逐步打造并形成某些行业某一类特色业务的"点"。二是加大客户开发力度，加强与境内外会计师事务所、律师事务所、投资银行、咨询公司、评估机构等方面的合作，将某一类行业的各类特色业务的"点"连成"线"，形成基于单一产业链的客户体系。三是创新符合另类投行业务特点的体制机制，拓展以直接投资、基金为主要形式的资金来源渠道，将数个单一产业链的客户体系"线"形成"面"。四是加强金融科技创新，注重大数据、云计算、人工智能、互联网等在另类投行业务中的运用，建立旨在减少信息不对称、降低不良资产市场交易成本、提高不良资产处置效率和效果的数字化信息系统，强化全流程的风险管控，最终形成以"客户""产业""数据"为三维的立体式运作体系。